KB009079

비판적 사고:
어떻게 다르게 생각할 것인가

비판적 사고

어떻게 다르게 생각할 것인가

마희정 박권수 박기순 박정미 원용준 한상원 지음

이음

차례

삶의 문제를
질문하기 위해서

전국 곳곳에는 권위주의 시대의 유물처럼 보이는 '바르게 살자' 비석들이 하나씩 서 있다. 사람들은 이 비석을 보며 '앞으로는 정말로 바르게 살아야겠다'고 다짐하기는커녕 오히려 조직 폭력배의 팔뚝에 새겨진 '착하게 살자'는 글귀를 떠올리며 웃는다. 과거에 유행했던 '근엄한 훈계의 말'들은 공허함과 경직성으로 인해 웃음의 소재가 되고 있는 것이다.

'바르게 살라'는 말 자체가 잘못된 것은 아닐 텐데도 이렇게 공허하게 느껴지는 까닭은, 그것이 발화되고 회자되던 시대에 우선 기인한다. 즉 '정의사회 구현'을 구호로 내건 정권은 애초부터 정의롭지 못했고 비민주적인 폭력으로 권력을 잡았으며 정의롭지 못한 방식으로 국가를 통치하면서 사회를 정의롭지 못하게 만들었다. 그러면서 '정의롭게 살자', '올바르게 살자', '착하게 살자'는 말에는 오히려 강요와 폭력의 표정이 묻어나게 되었다. 바르게 살자는 말이 글자의 내용을 담지 못했을 뿐 아니라 오히려 '올바르지 못함'의 표정을 담게 되었던 것이다.

사실 '올바르게 살자'는 말만으로는 올바로 살 수가 없으며 올바로 살아지지도 않는다. 왜냐하면 이 말에는 무엇이 올바른지, 어떻게 생각하는 것이 올바른지가 전혀 담겨 있지 않기 때문이다. 그것이 분명하지 않기에, 반대로 이 말들에 묻어 있는 공허하고 경직된 표정이 더욱 두드러져 보이는지도 모른다.

그렇기 때문에 '무엇이 올바른 것인가?'라는 질문을 던지는 일이 중요해진다. 이런 질문은 우리가 살아가면서 항상 던져야 하는 '기본적 질문'에 해당한다. 특히 요즘과 같이 물질적, 문화적 환경이 급격하게 변하는 시대에 이런 질문들은 더욱 중요하다. 새로운 사물이 끊임없이 등장하고 수많은 지식과 정보가 홍수처럼 생산되고 유통되는 상황에서 가치의 혼란과 사고의 혼동을 겪지 않고 살아가고자 한다면 말이다. 이 지점에서 '어떻게 생각해야 할까?'라는 또 다른 질문이 매우 유용하다. 그 질문을 통해 우리는 '바르게 살자'는 말의 내용을 새롭게 채우고 구체화해나갈 수 있다.

물론 이런 고민은 이 시대를 살아가는 우리 모두에게 해당되는 것이겠지만, 세상을 배워나가며 사회적 삶을 본격적으로 시작하려고 하는 젊은이들과 대학에서 가르치며 살아가는 필자들에게는 더욱 절실한 문제이다. 최근 대학들이 인성 교육과 사고력 교육을 강화하고 제대로 행할 것을 요구받는 것도 그런 맥락에서이다. 이 책은 그 요구에 나름대로 답하기 위해서 기획되고 편찬된 것이다.

그렇다면 무엇을 올바름으로 설정하고 배우고 가르칠 것인가? 이 질문에 대해 하던 대로 '착함', '윤리적'이란 말들을 사용하여 대답하고자 한다면, 그것은 자칫 난해하고 복잡한 철학적 논쟁들을 끌어들이거나, 아니면 다시 공허한 말들의 성찬으로 이어질

지도 모른다. 하지만 이 책은 결코 철학적, 윤리적 이론과 논점들을 가르치거나 되풀이하기 위해 만들어진 책이 아니다. 또한 사람들에게 단순히 말 그대로의 '착함'과 '바름'을 습득하고 실천할 것을 강조하는 책도 아니다.

그보다는 이 시대를 제대로 살아가기 위해서는 어떠한 덕성과 자질을 설정하고 길러야 하며 어떻게 사고의 능력을 배양할 수 있는지를 함께 고민해보는 데에 이 책의 목적이 있다. 이러한 이유로 이 책은 특정한 철학적 입장만을 강조하지 않으며, 특정한 사고의 방식을 고집하지 않는다. 이 책이 설정한 올바른 인성이라는 것이 있다면 현대 민주주의 사회의 시민으로서, 한 명의 자유로운 개인으로서, 그리고 사회적 공동체의 일원으로서 살아가는 데에 필요한 최소한의 자질과 덕성이다.

이 책은 제대로 생각하기 위해서 '비판적으로' 사고하자고 제안한다. 비판적 사고란 무엇인지를 논의하고, 나아가 비판적 사고를 통해서 새롭게 등장하는 사회적 담론들과 이론들을 올바로 이해해 참과 거짓을 가려낼 수 있는 능력을 습득하도록 하는 데에 이 책의 목적이 있다. 비판적 사고란, 특정한 사고의 내용이나 사회적 가치를 기계적으로 반복하거나 암묵적으로 추종하는 것이 아니라 이전과 다르게 생각하고 주체적으로 검토하는 사고의 방식을 의미한다. 우리는 독자들이 현대사회에서 일반화되어 있는 사유의 형식과 주제들을, 그리고 통념적으로 받아들이는 가치들을 상대화하여 바라보는 능력을 스스로 배양하기를 바란다.

이 책에 실린 아홉 편의 글에서는 인간과 사회, 노동과 인권, 과학기술과 사물, 예술 등 사회와 세계의 여러 분야에서 제기되는 새롭고 뜨거운 주제들을 다루었다. 비판적 사고가 단지 사고의 형식이나 논리만의 문제가 아니라 사고의 주제 및 내용과 밀접하게 관련되어 있다고 한다면, 삶과 관련된 여러 중요한 문제들을 제대로 다루는 것 자체가 사고를 올바르게, 그리고 비판적으로 하는 핵심적인 방법이다. 또한 이러한 다양한 주제의 글들이 학생들에게 자신의 전공 분야를 넘어서는 폭넓은 지식과 이론들을 접하는 기회가 되기를 필자들은 특히 바란다.

한편 비판적 사고를 다루는 이 책의 내용은 최근 '창의적, 융합적 인재'를 양성하는 교육적 가치로서 제기되는 '비판적 사고력 Critical Thinking'을 키우기 위한 논의들과도 부합하는 측면이 있다. 필자들이 이런 상황적인 요구와 담론에 맞추어서 책을 기획한 것은 아니나 사고의 토대나 교육의 근본적 내용을 다루다보니 시대적 요구와 맞닿았다.

이 책의 편찬을 위해 인문학과 사회과학, 자연과학의 여러 분야 전공자 일곱 명이 2018년 2월부터 약 1년 동안 매달 1~2회의 세미나를 진행했다. 책의 형식을 정하고 주제를 선정하였으며 이후 작성된 글들을 함께 읽고 비판, 토론하는 과정을 거쳤다. 본인을 포함한 여섯 명의 필자 외에도 김윤섭 교수(충북대학교 지구환경과학과)가 마지막까지 참석하여 비판과 조언을 아끼지 않았음을 밝히며 이 자리에서 감사의 말씀을 드린다. 아울러 책 편찬을 위한 세미나에 행정적 지원을 아끼지 않은 김희성 선생에게도 감사한다.

이 책에 실린 아홉 편의 글은 해당 분야나 주제를 완벽하게 설명하거나, 그에 대한 표준적인 입장을 정리하는 교과서적인 글이 아니다. 우리는 해당 분야나 주제에서 다뤄지는 중요한 논의를 제시하고, 독자와 학생들이 스스로 비판적으로 사고해볼 수 있는 기회들을 제공하려고 하였다. 이런 점에서 이 책은 독자와 학생들의 비판에 항상 열려 있으며, 부족하거나 잘못된 부분에 대한 조언은 감사히 받아들여 향후 반영 및 보완해나갈 것임을 밝힌다.

2020년 2월 저자들을 대표해서 박권수 씀

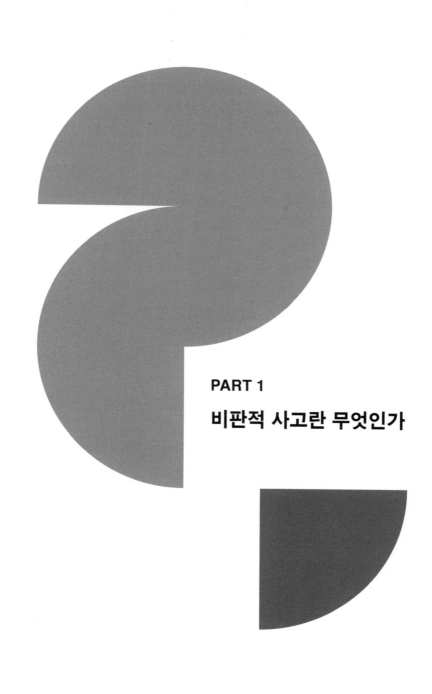

PART 1

비판적 사고란 무엇인가

낯설고 불편한 것을
마주하는 생각의 힘

생각한다는 것은
무엇인가

"나는 생각한다, 그러므로 나는 존재한다cogito, ergo sum." 철학자 데카르트R. Descartes가 했던 말이다. 이 언급이 나오게 된 배경, 이 말이 함축하고 있는 철학적 의미는 다소 복잡하지만, 한 가지 확실하게 말할 수 있는 것은 '나'로 표현되는 인간이 다른 무엇도 아니고 바로 '생각함'이라는 사태에 의해서 규정되고 있다는 점이다. '나는 몸이다. 그러므로 존재한다'도 아니고, '나는 욕망한다. 그러므로 나는 존재한다'도 아닌 것이다. 인간인 나는 생각하는 한에서 존재한다는 것이다.

따라서 이 논리에 따르면 인간이 인간인 것은 생각하는 한에서다. 그러니 생각 없이 살아가고 있다면, 적어도 그런 한에서 그는 인간이 아니다. 그는 다른 동물과 다름없거나 그 이하일 수도 있다. 이렇게 우리 인간이 생각이라는 활동에 의해서 규정되는 것이 옳다면, 더군다나 그 생각한다는 사실이 우리 인간을 좀 더 고귀한 존재로 만드는 것이라면, 우리는 생각을 하면서 살아야 할 것이다. 우리가 종종 주위 사람들로부터 '생각 없이 살지 말라'는 핀잔과 요구를 듣는 것도 이러한 맥락에서 이해될 수 있을 것이다.

그렇다면 도대체 이 '생각함' 혹은 '사유함'이라는 것은 무엇인가? 우리가 생각을 하며 살아야 한다면, 제일 먼저 생각해보아야 할 것이 바로 이 '생각이란 무엇인가'라는 질문일 것이다. 물론 생각이 무엇인지 따져보지 않는다고 우리가 생각을 멈추는 것은 아니다. 그럼에도 불구하고 이 문제를 생각해보아야 하는 데에는 몇 가지 이유가 있다.

첫째, 우리 인간이 이 생각함이라는 것에 의해 고유하게 규정될 수 있다면, 사유 자체에 대한 성찰은 우리 인간 자신, 그리고 우리가 만들어내고 있는 다양한 삶의 형태들을 이해할 수 있게 해줄 것이다. 둘째, 모든 탐구와 앎이 그러하듯이, 사유가 무엇인지를 이해하게 된다면, 그 앎을 통해서 우리는 좀 더 잘 생각하고 좀 더 잘 살 수 있지 않을까, 라는 희망을 가질 수 있을 것이다. 모름지기 모르고 할 때보다는 알고 할 때 더 잘할 수 있을 가능성이 높기 때문이다. 셋째, 사람들이 일반적으로 믿고 있는 것과는 다르게, 모든 사람은 생각이 무엇인지에 대한 나름의 생각을 가지고 있다. 비록 그것을 논리정연하게, 체계적으로 혹은 학문적 용어를 사용해서 표현할 수는 없지만, 생각에 대한 특정한 생각을 암묵적으로 가지고 있다. 그런데 이러한 자생적 믿음은 대부분의 경우 검토되지 않은 편견일 확률이 높다. 그리고 이러한 편견은 많은 또 다른 편견들, 우리와 우리의 삶에 대한 편견들을 낳는다. 따라서 우리가 부지불식간에 갖게 되는 '사유에 대한 사유'를 따져보고 반성해보는 작업은 이러한 편견들에 맞서는 비판적 기능을 갖는다. 그리고 이러한 비판적 반성은 우리가 인간으로서 이전과는 다른 삶, 혹은 더 나은 삶을 살 수 있는 가능성을 열어줄 것이다.

사유는 어렵고
특별한 것인가

　　생각에 대한 가장 일반적이고 뿌리 깊은 믿음 가운데 하나는, 사유한다는 것은 매우 특별하고 고귀한 능력에 속하는 것이라는 믿음이다. 앞에서 언급한 데카르트의 말에도 암묵적으로 그러한 믿음이 전제되어 있다. 동물들처럼 몸을 가지고 있기 때문에 우리가 가질 수 있는 능력들, 예를 들면 감각하고, 상상하고, 기억하는 것 등은 인간의 고귀함을 보여주지 못한다고 사람들은 생각한다.

　　이러한 이유에서 실제로 많은 철학자들은 인간의 영혼이 가지고 있는 능력들 가운데, 순수한 사유라고 부를 수 있는 작용과, 감각 혹은 상상의 작용을 분리했다. 그리고 후자는 우리에게 불확실한 앎을 줄 뿐이며, 따라서 우리가 참된 인식에 이를 수 있는 것은 오직 순수한 사유 작용, 즉 지성을 통해서만 가능하다고 주장하였다. 이러한 분할에 기초해서 그들은 학문science으로 인정될 수 있는 것과 그렇지 않은 것을 구별하였고, 사유와 인식의 특권은 전적으로 참된 앎에 이르는 유일한 능력으로 인정되었던 지성에게 주어졌다. 대표적으로 아리스토텔레스는 인간에게 고유한 이 능력을 감각과 구별하고, 감각을 인간이 다른 동물들과 공유하고 있는 능력으로 간주한다.

"우리가 앞에서 말했듯이, 영혼의 능력들 가운데 우리가 앞에서 말했던 능력들을 어떤 존재들은 모두 가지고 있다. 그런데 다른 존재들은 그 가운데 일부만을 가지고 있고, 또 다른 존재들은 하나만을 가지고 있다. 우리가 앞에서 열거한 능력들은 영양분을 섭취하는 능력, 욕구하는 능력, 감각하는 능력, 운동하는 능력, 그리고 사유하는 능력이다. 식물은 영양을 섭취하는 능력만을 가지고 있다. 다른 존재들은 이 능력 외에도 감각하는 능력을 더 가지고 있다. 그리고 그것들이 감각하는 능력을 가지고 있다면, 그것들은 또한 욕구하는 능력을 가지게 된다. 왜냐하면 욕구는 욕망이거나 기개이거나 의지이기 때문이다. 그런데 동물들은 모두 적어도 감각들 가운데 하나 즉 촉각을 가지고 있고, 또한 감각이 있는 곳에서는 또한 쾌락과 고통이 있으며, 또한 쾌락과 고통의 원인이 되는 것이 있다. 따라서 이러한 것들[고통과 쾌락]을 가지고 있는 존재들은 욕망을 또한 가지고 있다. 왜냐하면 욕망은 즐거움에 대한 욕구이기 때문이다. 게다가 모든 동물들은 먹이에 대한 감각을 가지고 있다. 왜냐하면 촉각은 먹이에 대한 감각이기 때문이다. 사실 오직 건조한 것, 습한 것, 뜨거운 것, 차가운 것만이 모든 동물들의 영양분을 구성한다. (촉각은 바로 이러한 것들에 대한 감각이다. 다른 감각적 성질들은 부수적인 방식이 아니라면 촉각에 의해 지각되지 않는다) 왜냐하면 소리, 색, 냄새는 영양 섭취에 전혀 기여하지 못하기 때문이다. (…) 현재로서는 동물들 가운데 촉각을 가지고 있는 것들은 욕구도 마찬가지로 가지고 있다는 것을 말해두는 것으로 우리에게는 충분하다. 이러한 동물들이 상상을 가지고 있는지에 대해서는 명백하지 않으며, 그것은 이후에 살펴볼 필요가 있다. 이 능력[감각하는 능력과 욕구하는 능력]에 더해 어떤 동물에게는 운동하는 능력이 있고, 다른 동물들, 예를 들면 인간과, 만약에 존재한다면 인간과 비슷하거나 또는 인간보다 우월한 본성을 가진 다른 생명체는 사유하는 능력과 지성도 가지고 있다.[1]

그렇다면 앎의 능력으로서의 지성은 어떤 점에서 우리에게 참된 앎, 즉 학문을 가능하게 하는가? 우선 지성은 '보편적인 것'을 산출할 수 있는 인식 능력으로 이해되었다. 이때의 보편성은 그 사유가 우리의 몸에 의존해 있지 않기 때문에 가능하다. 내가 나의 눈으로, 나의 몸으로 지각하는 경우에, 나의 몸은 특정한 시공간 속에 위치해 있기 때문에, 나의 지각은 다른 시공간에 위치해 있는 사람이 보는 방식과 같을 수가 없다. 지성은 그러한 특수성으로부터 벗어나는 사유의 방식을 일컫는다. 그리고 이렇게 사유가 특수한 조건으로부터 독립적일 때, 그 사유는 사물들의 참모습에 부합하는 인식을 우리에게 줄 것이라고 사람들은 믿었다.

그렇다면 우리에게 보편적이고 객관적인 앎을 가져다줄 수 있는 능력으로서의 지성의 작용은 어떻게 규정될 수 있는가? 달리 말하면, 지성에 의한 인식의 특징은 무엇인가? 지성은 원인cause 혹은 원리principle에 의한 앎으로 이해되었다. '~때문에 그러하다', 혹은 '~로부터 생겨난 것이다' 등의 형식이 학문적 앎의 형태들이었다. 지성은 원인이나 원리로부터 그 귀결을 보여주는 작용이다. 그리고 철학자들은 이 작용을 진정한 인식 혹은 사유로 이해하였다.

---

1   아리스토텔레스, 『영혼에 관하여』, 2권 3장, 414a39~414b10.

예를 들어보자. 내가 사무실 안에 앉아 있는데 밖에서 꽤 소란스러운 소리가 들려왔다. 싸움이 일어난 듯해서, 함께 있던 누군가에게 밖에서 일어난 사건에 대해서 알아오라고 시킨다. 그 사람은 나갔다가 얼마 후에 돌아와서 이렇게 말했다. "A가 B에게 화난 듯 소리를 지르고 있고, A 옆에는 내용물이 쏟아진 커피 잔이 놓여 있었으며, A의 바지에는 커피 얼룩이 묻어 있었다." 철학자들은 이것을 학문적 설명으로 받아들이지 않는다. 결과를 원인에 근거해서 설명하는 것이 아니기 때문이다. 일어난 일들에 대한 단순한 기술記述, 혹은 사실적 자료들을 모아 놓은 것에 불과한 이것은 철학자들이 '히스토리아historia'라고 부르는 것에 상응하는 탐구 혹은 인식이다. 히스토리아는 고대 그리스에서 '사실들의 수집과 탐구', '사실들에 대한 기술'의 의미를 가지고 있었다.

철학자들은 히스토리아 혹은 기술이 아니라 원인에 대한 탐구를 요구한다. 물론 이 탐구는 간단하지가 않다. B가 부주의하게 A가 들고 있던 커피 잔을 쳐서 떨어뜨렸기 때문에 A가 B에게 화내고 있다고 말하는 것으로 충분하지가 않기 때문이다. 두 물체 사이의 모든 충돌이 위에서 언급했던 것과 같은 상황을 일으키지는 않기 때문이다. 강아지가 내 커피 잔을 엎었을 경우에, 우리는 동일한 방식으로 반응하지 않는다. 위 사건을 인과적으로 온전하게 설명하려면, 무엇보다도 이 행위 당사자들인 인간이 어떠한 존재인지를 해명해야 한다. 그리고 인간을 설명하기 위해서는 인간이 한 부분이기도 한 자연 전체에 대한 설명, 나아가 인간은 다른 모든 것들과 마찬가지로 존재하는 어떤 것이라는 점에서 존재 일반에 대한 탐구도 요구된다. 따라서 이 세상에 일어나는 어떤 일을 설명하기 위해서, 그것의 원인을 밝히기 위해서 지성은 세상에 대한 총체적 인식을 가지지 않으면 안 된다.

따라서 지성이 요구하는 앎은 '체계성'을 띨 수밖에 없다. 그리고 바로 이러한 이유 때문에, 지성에 의한 인식 혹은 사유는 체계적 '방법'을 요구한다. 체계적 지식의 획득을 우연에 맡길 수는 없다. 그것에 이르기 위한 방법이 필요하다. 물고기를 주는 대신에 물고기를 낚는 방법을 가르쳐야 한다고 주장하면서, 많은 사람들이 학교 교육 과정에서 사유하는 방법을 강조하는 이유다. 이렇게 사유가 방법을 따를 때, 그것은 체계적인 학문을 산출할 수 있다. 물론 현대의 모든 학문 혹은 과학이 모두 앞에서 말한 완전한 체계성을 갖추고 있다는 것은 아니다. 대부분의 경우 그것들은 제한적으로만 체계적이다. 그러나 그것들은 그 본성상 보다 완전한 체계성을 지향한다. 과학이 철학을 외면할 수 없는 이유, 궁극적으로 철학으로 향할 수밖에 없는 이유가 여기에 있다.

철학자들이 사유라는 작용을 인간의 지성 능력에 고유한 것으로 생각했던 또 다른 이유가 있다. 앞에서 말했듯이 보고 듣는 등의 감각 작용은 우리가 몸을 가지고 있다는 사실에 의존해 있다. 그런데 몸은 우리에게 또 다른 작용을 일으킨다. 욕망이 그것이다. 먹고 마시고 싶고, 놀고 싶고, 쉬고 싶은 등등의 욕구는 우리가 몸을 가지고 있기 때문에 생기는 것들이다. 그런데 이러한 욕구들은 인간을 행복보다는 불행으로 이끈다. 이 욕구들을 충족시키기 위해 타인과 경쟁해야 하기 때문이다. 경쟁에서 이긴다면 물론 그 순간은 행복하겠지만, 한번 이겼다고 해서 욕망이 없어지는 것이 아니기에 우리는 결코 경쟁에서 영원히 자유로워질 수 없다. 불안, 공포, 희망, 분노, 슬픔 등의 감정들에 우리가 평생 얽매일 수밖에 없는 이유이다. 우리가 이렇게 욕망과 감정에 사로잡혀 있을 때,

우리는 사물들을 올바르게 볼 수 없다. 욕망에 '눈이 멀어' 제대로 볼 수가 없기 때문이다. 다시 말하면, 욕망에 이끌려 사물들을 보기 때문에 그것들을 '객관적으로' 볼 수 없고 부분적으로만 혹은 왜곡해서 이해할 수밖에 없다.

이러한 이유 때문에 철학자들은 오랫동안 욕망과 감정들에서 벗어나야만 '진정으로 사유할' 수 있다고 믿었다. 사물들의 그림자가 잔잔한 호수에서만 명료한 형태로 드러나듯이, 세속적인 욕구들에서 벗어난 평정한 마음의 상태만이 사물들을 있는 그대로의 모습으로 담아낼 수 있기 때문이다.

이렇게 보면 사유는 참으로 어렵고 특별한 것이 아닐 수 없다. 플라톤이 말한대로, 인간인 나의 본질은 영혼이고, 몸은 내가 가지고 있는 것에 불과하다고 하더라도, 내가 몸에서 벗어나기란 그리 쉬운 일이 아니다. 우선 완전히 벗어나는 것은 죽어야만 가능한 일이다. 그래서 그는 철학을 '죽음을 향한 연습'이라고 했을 것이다. 대부분의 사람들에게는 이 죽음을 향한 '연습'이 결코 쉬운 일이 아니다. 플라톤과는 다르게, 나는 영혼인 만큼이나 몸이기도 하다고 생각할 정도로 우리는 몸에서 자신을 떼어놓기 어렵다.

진정한 사유가 몸으로부터 벗어나야만 가능한 것이라면, 그러한 한에서만 학문이 요구하는 보편성, 체계성, 객관성을 갖출 수 있다면, 그것은 누구에게나 가능한 일은 아닌 것처럼 보인다. 이러한 이유로 대부분의 사람들은 사유란 어려운 것이며 특별하고 고귀한 것이라고 생각한다. 그래서 그것은 일부 특별한 사람들의 일이라고 부지불식간에 생각한다. 그런데 사유란 정말 특별한 무엇일까?

사유의 방법:
토론과 읽기

사유는 구체적으로 어떤 방식으로 이루어지는가? 사유의 방법은 무엇인가?

이에 대한 가장 고전적인 답을 제시한 사람은 고대 그리스의 철학자 플라톤이다. 그에게 사유란 대화 혹은 토론이다. 그래서 그가 남긴 책들은 대부분 대화로 구성되어 있다. 그의 대화편에는 각각 다루고 있는 주제가 있고, 이에 대해서 대화를 나누는 등장인물들이 있다. 등장인물들은 서로 주장하고 반박하고, 또 다른 주장을 제기하면서 주제에 대한 성찰을 심화시켜 간다. 그래서 플라톤의 방법은 '대화하다dialegesthai'라는 동사에서 파생된 '변증술dialectics'로 불린다. 결국 변증술은 말logos을 할 줄 아는 두 사람 사이의 대화 기술이며, 추론하고 비판하고 논거를 제시하는 능력인 이성logos이 또 다른 이성을 대화 상대자로 삼아 자신의 잠재적 능력을 발휘하고 전개하는 기술인 것이다.

변증술에서 발견할 수 있는 흥미로운 점은 사유는 읽고 이해하고 생각해야 할 대상으로 또 다른 사유를 필요로 한다는 것이다. 요컨대, 사유는 또 다른 사유를 읽고 이해하고 비판하면서 발전한다.

그런데 이후 어느 순간부터 대화 상대자의 자리는 살아 있는 로고스, 즉 우리 앞에 앉아서 우리와 직접 대화를 나누는 살아 있는 사람이 아니라 문자로 된 책이 차지하게 되었다. 말하자면 사유는 이제 살아있는 사람이 아닌 책을 매개로 이루어지게 된 것이다. 이러한 이유로 우리는 사유하기와 책 읽기를 동일시하기까지 한다. 왜 이런 일이 일어났을까? 그것은 무엇보다도 '문자gramma'의 힘에 기인한다. 말이 살아 있는 로고스라면, 문자는 죽어 있는 로고스이다. 말을 걸어도 대답이 없기 때문이다. 그러나 역설적으로 죽은 것이라는 바로 그 사실이 문자의 힘을 구성한다. 죽은 것이기에 특정한 시간과 공간에 얽매여 있지 않기 때문이다. 문자 즉 책은 어디로도 갈 수 있고 심지어는 동시에 여러 곳에 존재할 수 있다. 그리고 그것은 현재라는 시간을 초월해서 거의 영원히 존재할 수 있다. 이러한 의미에서 문자는 '유령'과 같다. 유령은 죽은 것이지만, 바로 죽은 것이기에 모든 곳에 출몰할 수 있기 때문이다. 이렇게 시공간의 제한을 받지 않기 때문에, 문자는 모든 사람들의 대화 상대자가 될 수 있었다. 살아 있는 사람들 사이의 대화는 매우 제한적인 범위에서만 이루어질 수 있는 반면에, 문자는 신분, 출신, 인종, 나이, 성별, 직업 등의 구별 없이 모든 사람들에게 다가갈 수 있다. 이러한 의미에서 문자는 민주주의적이라고 할 수 있다.

"파이드로스, 글쓰기가 이런 기이한 점이 있어서, 정말로 그림 그리기와 닮았다는 거지. 그래서 그림 그리기의 소산 역시 살아 있는 듯이 서 있으나, 자네가 무언가를 묻는다면, 그것은 아주 격조 있게 침묵을 지킬 것이란 말일세. 이야기들도 똑같다네. 한편으로는 그것들이 뭔가를 깊이 사리 분별해서 이야기하는 듯이 자네에게는 보였을 수 있지만, 배우고 싶은 마음에서 자네가 이야기된 것들 중 어떤 것에 대해 묻는다면, 그것은 언제나 한 가지의 같은 것만을 가리키지. 일단 글로 쓰이면, 모든 이야기는 전혀 격에 맞지 않는 사람들 사이에서나 전문가들 사이에서나 똑같이 아무 데나 돌아다니며, 누구에게는 이야기하고 누구에게는 하지 말아야 할지를 모른다네. 한편 그것이 잘못 연주되거나 부당하게 욕을 먹게 되면, 아버지의 도움이 필요하다네. 그것은 스스로 방어할 수도, 자신을 도울 수도 없기 때문이네."[2]

플라톤이 이처럼 문자를 비판하는 이유는 명확하다. 첫째, 문자는 죽은 것이기에 그것으로는 진리 탐구의 방법인 대화가 불가능하다. 물어도 답이 없기 때문이다. 둘째, 문자 즉 책은 "아무 데나 돌아다"녀서 읽어도 될 사람과 그렇지 않은 사람을 분간하지 못한다. 그런데 이렇게 이해력이 없는 사람에게 어떤 책이 전해지면 많은 오독을 낳고, 따라서 쓸데없는 말들의 과잉을 낳는다. 플라톤은 이 쓸데없는 말들의 과잉, 이해할 능력이 없는 사람들이 이해하지도 못하면서 자신들의 생각을 주장하는 것을 민주주의로 이해했고, 민주주의 비판을 자신의 철학적 모티프로 삼고 있다.

플라톤은 이렇게 문자를 비판하고 있지만, 역으로 바로 이러한 문자의 힘 덕분에 책은 모두의 대화 상대자가 되었다. 책이 사람들의 대화 상대자가 되면서, 그것은 우리 눈앞에 살아서 서 있는 로고스와는 다른 특성들을 갖게 되었다. 플라톤이 말하고 있듯이, 다양한 질문들에 답할 수 없기 때문에, 그리고 그 질문들에 답하면서 사유를 전개해 나갈 수 없기 때문에, 책은 제기될 수 있는 모든 질문들을 고려하면서 할 수 있는 이야기들을 한꺼번에, 그리고 체계적으로 제시할 필요가 있었다. 요컨대, 책은 체계적 사유의 대명사가 되었다.

이러한 변화와 더불어 '대화'의 의미 또한 변하고, 그 고유한 의미는 상실되었다. 책과의 대화—이것을 우리는 독서 혹은 책읽

---

2   플라톤, 『파이드로스』, 275d~e.

기라고 부른다—는 더 이상 책의 저자와 내가 어떤 주제를 놓고 나누는 온전한 의미에서의 대화를 뜻하지 않게 되었다. 읽기는 이제 저자의 의도와 사유를 정확히 파악하는 것을 의미하게 된다. 물론 우리는 책을 읽으면서도 질문을 한다. 그러나 그 질문은 이제 다음과 같은 것들이 되었다. '저자가 여기에서 하고 싶은 이야기는 정확히 무엇인가?' '저자는 왜 이러한 이야기를 하게 되었을까?' 이것들은, 나의 사유를 촉발하고 전개하게 해주는 대화를 위한 질문들이 아니라, 이미 주어진 어떤 사유의 내용을 습득하는 배움을 위한 질문들이다.

책 읽기를 이끄는 이러한 질문들은 이제 모든 종류의 읽기 혹은 해석으로 확장된다. 극장에 가서 영화를 보고 난 후 친구들과 영화에 대해서 이야기할 때, 우리는 종종 감독이 영화에서 하려고 하는 말이 무엇인지를 묻는다. 미술관에 가서도 마찬가지이다. 낯설고 난해한 그림 앞에서 우리는 오랫동안 생각하며 서 있다. 이 그림을 그린 작가는 무엇을 표현하고 싶어 했을까, 라는 질문을 던지면서 말이다.

그런데 과연 이러한 질문들은 의미가 있는 것일까? 모두가 알고 싶어하는 그 '저자의 의도와 생각'은 도대체 있기는 한 것일까? 저자 자신은 그것을 알고 있을까? 비평가는 단지 저자를 대신해서 저자의 의도와 생각을 말해주는 사람일까? 만약에 모든 읽기와 해석의 열쇠인 그 '저자의 의도와 생각'이라는 것이 애초에 없는 것이라면 어떻게 할 것인가?

생각한다는 것은
번역하는 것

그렇다면 우리는 왜 그토록 저자의 의도와 생각을 묻는가? 물론 텍스트를 이해하기 위해서이다. 그런데 앞에서 언급했듯이 이해는 그 원인을 인식하는 것으로부터 얻을 수 있다. 결국 우리가 저자의 의도를 묻는 것은 그것이 책의 원인, 책에서 전개되고 있는 사유들의 궁극적인 원인이라고 생각하기 때문이다.

그런데 이렇게 원인으로 설정된 저자의 '의도'라는 개념을 한번 따져 보자. 그것은 저자 스스로 의식하고 있는 의도를 의미하는가? 만약에 그렇다면, 저자가 자기 자신에 대해 갖는 생각이 반드시 그 자신을 가장 정확하게 파악한 것이라고 할 수 있는가? 그에게는 스스로 의식하지 못하는 어떤 무의식적 부분이 있지 않은가? 사실 저자가 어떤 의도와 생각을 갖는다면, 그것은 많은 경우 저자 자신은 의식하지 못하는 원인들과 조건들에 의해서 형성된다. 따라서 소위 저자의 의도는 책을 온전히 설명할 수 있는 원인이 되지 못한다. 저자가 자신의 작품에 대해서 이야기한다고 하더라도, 그것은 가능한 해석들 가운데 하나에 불과하다.

물론 일부 비평가들은 어떤 저자의 텍스트나 작품을 정확하게 이해하기 위해서 그의 생애를 공부하기도 하고, 그가 살았던 시대적 환경을 탐구하기도 하며, 그의 무의식적 욕망에 기대기도 한다. 그러나 이것들 가운데 어떤 것도 텍스트를 설명해주는 궁극적 원인이 될 수 없다. 저자라는 한 개인을 형성한 원인들은 무한히 많고, 더 나아가 서로 복잡하게 얽혀 있기 때문이다. 요컨대 한 개인을 온전히 설명해줄 수 있는 열쇠란 없다.

이러한 사실이 우리에게 알려주는 것은, 책을 이해하는 열쇠로 간주되는 소위 '원인으로서의 저자'는 허구적 개념이라는 점이다. 저자의 의도는, 책이나 영화를 보고 이해한 '결과'를 설명해주는 원리로 독자 혹은 관객인 내가 설정한 것에 불과하다. 따라서 원인 혹은 원리로서의 저자는 존재하지 않는다.

> "'원인'은 결코 드러나지 않는다. 원인이 우리에게 주어진 것처럼 보이고, 우리가 그 원인에 기초해서 발생에 대한 이해를 추정하였던 몇몇 경우들은 자기기만을 입증하고 있을 뿐이다. 우리의 '발생에 대한 이해'는, 무엇인가가 발생했다는 사실과 그것이 어떻게 발생했는지에 대해서 설명할 책임을 지게 될 주체를 우리가 고안해냈다는 데에 있다.

> 우리는 우리의 의지-감感, 우리의 자유-감, 우리의 책임-감과 행위에 대한 우리의 의도를 '원인'이라는 개념으로 통합했던 것이다.

> 작용인causa efficiens과 목적인causa finalis은 그 근본적 개념에 있어서는 한가지인 것이다.

> 우리는 결과가 이미 내재해 있는 어떤 상태가 제시되면, 그 결과가 해명된 것이라고 믿었다.

> 실제로 우리는 모든 원인들을 결과 도식에 따라 고안해낸다. 후자[결과]는 우리에게 알려져 있는 것이다. (…) 반대로 우리는 어떤 사물에 대해서 그것이 어떤 '결과를 산출할wirkt' 것인지에 대해서 미리 말할 수 있는 입

장에 있지는 않다.

사물, 주체, 의지, 의도, 이 모든 것이 '원인' 개념에 내재해 있다."[3]

니체가 주장하고 있듯이, 사실 철학자들이 말하는 원인이나 원리는 '설정된' 것이다. 사람들은 어떤 작용들을 보면서, 그 작용들을 생산하는 어떤 단일한 원인이나 원리가 있다고 가정한다. 그런데 이것은, 그들이 스스로를 관찰하면서 가졌던 생각을 외부 세계에 투영한 결과이다. 내가 이러저러한 작용을 하는 경우, 그 모든 작용들을 하는 것은 결국 '나'라고 하는 단일한 주체라고 간주된다. 이러한 이해에 기초해서, 사람들은 어떤 작용들이 있으면, 그 작용들을 만들어내는 어떤 단일한 실체나 원인이 있다고 추론하게 된다. 그러나 여기에서 니체가 문제를 제기하고 있듯이, 이 추론은 그렇게 자명하지가 않다. 즉 내가 나에 대해서 갖는 인식, 나는 나의 작용들의 단일한 원인이라는 사실, '나'라는 이미 주어진 무엇이 있고, 그것이 다양한 작용을 하는 것이며, 따라서 이 다양한 작용들은 '나'라는 원인에 의해서 설명될 수 있다는 생각은 하나의 가상에 불과하다.

질문을 던져보자. 이러저러한 행위들에 앞서 존재하며, 그것들에 대한 설명 원리가 되는 '나'의 존재는 그렇다면 어떻게 증명될 수 있는가? 내가 나라는 것을 의식하는 것은 오직 나의 특정한 작용들을 매개로 해서만 가능하다. 그것들 없이 '나'라는 어떤 것을 직접 지각할 수 없다. 그것은 그러한 작용들을 보면서 우리가 '있

---

3   프리드리히 니체, 『유고(1888년 초~1889년 1월 초)』, 백승영 옮김(책세상, 2004), 86~89쪽.

다'고 추정하고 있는 것이다. 나의 사유들, 나의 감정들, 나의 행위들 밖에서, 혹은 그것들 이전에 존재하는 것으로 설정된 '나'는 허구에 불과하다. 실제로는 이러한 행위들과 작용들이 있을 뿐이다.

원인과 원리에 의한 인식이라는 철학적 요구가 발생하게 된 출발점에는 이렇게 인간의 자기 인식에 대한 오류가 존재한다. 사람들은 단지 픽션일 뿐인 것을 절대적 진리로 삼았고, 그것을 모든 사물들의 인식 원리로 확장하였다. 사유에 있어서 지성의 특권은 이러한 신화로부터 발생한 것이었다.

따라서 원인 혹은 원리로서의 저자는 없다. 그리고 이는 우리가 책을 읽을 때 알아맞혀야 할 정답이 없다는 것을 의미한다. 찾아야 할 정답이 있다면, 누구의 이해는 옳고 누구의 이해는 그르다고 할 수 있을 것이다. 옳은 답을 찾기 위한 방법이 있을 것이고, 길을 헤매지 않도록 가르치는 스승이나 설명자가 필요할 것이다. 바로 이러한 논리 속에서 모든 종류의 읽기나 사고하기는 수동적인 배움 그 이상이 되지 못할 것이다.

그러나 찾아야 할 정답이란 애초에 없는 것이라면? 그렇다면 읽기란 무엇이 될 것인가? 읽고 이해한다는 것, 즉 사유한다는 것은 무엇인가? 책은 이제 어떤 단일한 원리나 원인을 통해서 설명되고 파악될 수 있는 것이 더 이상 아니다. 그것은 다양한 읽기와 해석을 통해 탐험해야 할 '열려 있는 전체'이다. 자크 랑시에르는 『무지한 스승』에서 다음과 같이 언급한다.

"이해하는 것은 번역하는 것과 결코 다르지 않다. 다시 말해 이해하는 것은 한 텍스트에 상응하는 것l'équivalent을 제시하는 것이지 그것의 근거raison를 제시하는 것이 아니다. 글로 쓰인 종이 배후에는 아무 것도 없다. 다른 지능, 즉 설명자의 지능 작업이 필요한 이중의 바탕도 없다."[4]

텍스트를 읽고 이해한다는 것은, 그것의 근거, 예를 들면 우리가 앞에서 언급했던 저자의 의도와 같은 어떤 것을 제시하는 것이 결코 아니다. 그것은 '텍스트에 상응하는 것'을 제시하는 것이다. 그렇다면 여기서 말하는 텍스트에 상응하는 것은 무엇인가? 그것은 텍스트에 대한 '나의 이해'를 의미한다. 텍스트는 어떤 문제 혹은 주제에 대한 특정한 사유를 담고 있다. 따라서 그것을 읽는 행위는 내가 그 문제와 주제에 대한 사유에 동참하고 있음을 지시한다. 요컨대 책을 읽는 나는 사유의 동반자가 되는 것이다. 이 읽기 혹은 사유 행위는 텍스트에 대한 이해, 따라서 텍스트의 저자에 대한 이해라는 형태를 띠고 나타나지만, 앞에서도 말했듯이, 결코 정답 찾기를 목적으로 삼지 않는다. 정답이 없기 때문이다. 따라서 이 이해는 나의 이해, 나라는 사람, 나라는 사람의 생각들, 꿈, 관심과 욕망을 배경으로 해석되고 이해된 텍스트를 구성한다. 이러한 의미에서 읽기는 번역과 같다.

텍스트text의 번역은 상이한 두 콘텍스트context를 전제한다. 왜냐하면 번역은 하나의 텍스트를, 그것을 생산한 콘텍스트(예를 들면, 미국, 프랑스, 독일 등의 사회와 문화)에서 그것이 읽히게 될 다른 콘텍스트(예를 들면, 한국 사회와 문화)로 이동시키는 작업이기 때문이다. 이러한 이유로 동일한 텍스트는 한 콘텍스트에서 다른 콘텍스트로 옮겨질 때, 결코 동일하게 반복되지 않는다. 즉

---

4   자크 랑시에르, 『무지한 스승』, 양창렬 옮김(궁리, 2016), 24쪽.

번역은 동일한 것이 옮겨지고 반복되는 것처럼 보이지만, 사실 이 반복은 차이를 만들어낸다. 그것이 읽히는 콘텍스트가 다르기 때문이다.

우리 각각은 그 자체로 하나의 콘텍스트이다. 책을 읽고, 그림을 보고, 음악을 들을 때, 우리는 그것을 자신의 생각과 관심에 따라 이해한다. 우리는 '나'라는 특정한 콘텍스트 속에서 읽을 수밖에 없다. 따라서 개인적인 관심과 욕망에서 벗어나서 사유하기를 요구했던, 그래야만 올바른 인식에 도달할 수 있다고 믿었던 사람들은 불가능한 것을 요구한 것이다.

사정이 이러하다면 모든 읽기는 정당한 권리를 갖는다. 누구의 이해는 옳고 누구의 해석은 그르다고 말할 수 없기 때문이다. 2절에서 말했듯이, 사유에 대한 전통적인 이해는 인식 능력들 사이에 위계를 설정하는 것에 토대하고 있다. 그릇된 인식을 산출하는 감각하고 지각하고 상상하는 능력과 참된 인식을 낳는 순수 사유 작용으로서의 지성 사이의 위계적 구별이 그것이다. 이 구별은 보고 듣는 등의 감각적 활동에만 머물러 있는 사람들, 즉 사유하지 않는 거대한 동물로 비유되기도 하는 '대중demos'과, 사유를 자신의 고유한 활동으로 삼는 사람들 사이의 위계적 구별이기도 하다.

그런데, 모든 읽기와 사유가 정당한 권리를 얻는다면, 이러한 위계적 구별은 무너진다. 즉 사유란 어렵고 특별하고 고귀한 무엇이 아니다. 지각하고 상상하는 것과 철학자들이 의지했던 순수 사유도 본성적으로 다른 것이 아니다. 사실 사람들이 고귀하고 특별한 능력이라고 생각했던 지성의 기능은 아주 간단한 것이다. 그것은 어떤 것을 다른 것에 연관시키는 것이다. 지금 읽는 것을 앞줄에서 읽었던 것과, 혹은 지금 보고 있는 것을 이전에 본 것과 연결하는 것이다. 그리고 이렇게 관계를 만드는 작용의 가장 기초적인 형태가 보고 듣고 기억하고 상상하는 행위인 한에서, 감각하고 기억하고 상상하는 것도 온전한 의미에서 사유라고 할 수 있다.

　'사과'라는 단어를 듣거나 볼 때 그 청각적 혹은 시각적 '사과' 이미지를 앞에 있는 사과에 연결함으로써 우리는 사과라는 단어의 의미를 이해한다. 또한 어제 그 사과를 먹으면서 느꼈던 달콤함의 감각을 눈앞에 있는 사과 이미지에 연결하면서 아이는 사과가 맛있는 먹을거리임을 이해한다. 어린 아이가 어떤 스승도 없이 모국어를 배우고, 사물들을 이해하게 되는 것은 바로 이러한 작용에 의해서이다. 모든 종류의 이해는 이러한 단순한 작용에 의해 이루어진다. 모국어를 배우는 아이의 사유와 매우 어렵고 복잡한 문제를 푸는 수학자의 사유는 본질적으로 다르지 않다. 후자의 복잡한 사유 체계 역시 관계 짓고 연결하는 간단한 작용에 기초해 있기 때문이다.

　어떤 것을 보거나 지각할 때, 우리는 그것을 자신이 이미 가지고 있는 지각들에 연결함으로써 이해한다는 의미에서 사유란 또한 기억하는 것이라고 할 수도 있다.

"이렇게 우리는 그러한 인식들을 획득하는 일은 (…) 사유를 통해 기억이 함유하고 있던 분산되어 있는 무질서한 요소들[지각들]을 모으는 일에 다름 아니라는 것을 확인하게 된다. 그리고 집중을 함으로써, 이 요소들이 파편적으로 버려진 채 숨어 있던 기억 속에서 그것들을 정돈하여 그것들이 정신의 지휘에 쉽게 응할 수 있도록 하는 것이다. 우리는 사유함을 통해서 말하자면 기억이 분산되고 무질서한 방식으로 함유하고 있는 생각들을 함께 모으고, 그리고 우리의 관심을 집중하면서 우리는 그것들을 질서정연하게 정리한다. (…) 내가 기억 속에 숨겨져 있는 것들을 일깨우지 않은 채 잠시라도 있다면, 그것들은 신비한 운둔 속에 다시 빠져들어가 흩어질 것이다. 따라서 사유는 그것들을 찾아나서야 한다. 그것들은 다른 주거지를 갖지 않는다. 그것들이 앎의 대상이 되기 위해서는 그것들이 새로운 것들인 것처럼 모아야 한다cogenda. 다시 말하면, 흩어져 있는 상태로부터 그것들을 끄집어내어 결집시켜야 한다 colligenda. 여기에서 'cogitare(생각하다)'라는 표현이 나온 것이다. 왜냐하면 'cogo(모으다)'와 'cogito(생각하다)'의 관계는 ago(행위하다)와 agito(흔들다), facio(만들다, 하다)와 facito(하다)의 관계와 같기 때문이다. 그러나 지성은 이 단어[cogito]를 자신의 것으로 요구하였다. 그리하여 다른 어떤 곳도 아니고 정신에서 모으고 결집시키는 작용은 사람들이 '생각하다cogitare'라고 부르는 작용인 것이다."[5]

'cogito'라는 동사는 접두어 'con'과 'agito'가 결합되어 형성된 말이다. 그런데 'agito'는 'ago'에서 나온 단어이다. 따라서 cogito는 cogo(co+ago)에서 온 것이라고 추론할 수 있다고 아우구스티누스는 말하고 있다. 물론, 이러한 어원학적 추론이 사유가 무엇인지를 설명해줄 수 있는 결정적인 논리가 될 수 있다고 아우구스티누스가 주장하고 있는 것은 아니다. 또한 일반적으로도 어떤 어원학적 탐구도 그러한 결정적 논리를 제공할 수 없다. 오히려 아우구스티누스는 여기에서 자신이 사유에 대해서 이해하고 있는 것이 '생각하다'라는 동사의 어원에 의해서도 지지될 수 있음을 밝히고 있을 뿐이다. 왜냐하면 그에게 사유란 모아서 연관시키는 작용, 특히 기억에 흩어져 있는 지각을 모아서 연결하고 그것을 통해 질서를 구축하는 일이기 때문이다.

예를 하나 들어보자. 같은 제목의 영화로도 만들어진 줄리언 반스의 소설『예감은 틀리지 않는다The Sense of an Ending』는 우리가 여기에서 논의하고 있는 바로 그 '기억'을 주제로 삼고 있다. 지금은 은퇴하고 혼자 살고 있는 초로의 남성 토니 웹스터는 어느 날 한 통의 편지를 받는다. 그리고 이 편지는 그를 잊고 있었던 과거로 인도한다. 거기에서 그는 자신이 기억하고 있는 것과는 다른 것들을 발견한다. 자신이 사랑했지만 온전한 자신의 사람으로 만들 수 없었던 베로니카, 그리고 자신이 동경했던 친구 에이드리언이 연인이 되었음을 알리는 편지를 받고 토니는 에이드리언에게 편지를 썼다. 그의 기억 속 그 편지는 두 사람의 관계를 흔쾌히 인정하고 축복하는 내용을 담고 있다. 그러나 나중에 되찾게 된 기억은 그가 둘에게 저주를 퍼붓는 내용의 편지를 썼다는 사실을 드러낸다. 토니의 기억은 있었던 것을 부분적으로 삭제하고 부분적으로는 없던 것을 첨가하면서 자신이 원하는 모습으로 형성되었던 것이다. 어느 날 예고 없이 찾아든 편지가 촉발한 이 잊힌 기억 찾기는 토니의 삶을 크게 변화시킨다.

"역사는 부정확한 기억이 불충분한 문서와 만나는 지점에서 생기는 확신"이라는 프랑스 역사가 파트리크 라그랑주의 말을 인용하면서, 작가는 기억과 역사는 항상 이렇게 선택적이며, 따라서 왜곡을 피할 수 없다는 점을 말하고자 했는지도 모른다. 그래서『예감은 틀리지 않는다』의 작가는 또한 "말할 수 없는 것에 대해서는 침묵해야 한다"고 말했던 철학자 비트겐슈타인L. Wittgenstein을 인용했는지도 모른다. 토니가 학생이었을 때 어느 날 갑자기 친

---

5   Augustinus, *Confessiones*, 『고백록』, X, Cap.11.

구 롭슨의 자살 소식이 전해진다. 그의 여자 친구가 임신을 했다는 소문, '엄마, 미안해요'라는 편지를 남겼다는 이야기가 그의 자살에 관해 사람들이 알 수 있는 거의 전부였다. 그러나 사람들은 그것들로 이야기를 만들어내고 규정하고 판단한다. 세월이 흘러 그나마 좀 더 많은 것을 알고 있는 사람들이 사라지게 된다면, 롭슨의 자살에 대해 꾸며진 이야기는 확고한 사실이 될 것이다. 기억과 역사에는 이러한 가공할 폭력이 내재해 있다고 소설은 우리에게 고발하는 것처럼 보인다.

그러나 소설 자체가 보여주는 것은 다른 것이다. 토니의 그것처럼 우리의 기억은 편의에 따라 사건을 선택하고 왜곡한다. 이것이 기억의 운명이라면, 의식된 기억 저편에 숨어 있는 기억 되찾기도 마찬가지로 우리에게 부과되는 또 다른 운명이다. 토니가 했던 것처럼 우리는 현재를 재사유하기 위해서는 과거로 다시 돌아가야 한다. 중요하지 않기 때문에, 혹은 마주하는 것이 고통스럽기 때문에 기억 속 깊은 곳에 감춰두었던 것들을 다시 찾아야 한다. 이 기억의 작업이 바로 사유이며, 이러한 사유를 통해서만 우리는 현재를 다르게 살아갈 수 있는 것이다.

창조적 사유와
합리적 사유

사유가 번역과 같다면, 즉 어떤 것을 읽고 이해한다는 것은 '나'라는 콘텍스트 안에서 그것이 다른 것들과 새로운 관계 맺기를 통해서 새로운 의미를 갖게 되는 것에 다름 아니라면, 모든 사유는 근본적으로는 다를 수밖에 없다. 다시 말하면, 모든 읽기와 사유는 차이를 만들어낼 수밖에 없다. 그리고 이러한 한에서 사유는 곧 '다르게 사유하기'를 의미하게 된다. 요컨대, 생각이라는 것의 본성 자체가 '다르게 생각하기'일 수밖에 없다.

이러한 의미에서 사유의 본성은 창조성에 있다고 볼 수 있다. 그렇다면 이 창조적 사유, 창조성은 어떻게 이해될 수 있는가? 탁월한 사유, 혹은 그러한 사유를 할 수 있는 능력을 의미하였던 '인게니움ingenium' 개념은 사유의 창조성에 대한 철학자들의 성찰을 보여준다. 이 개념은 발생 혹은 탄생을 의미하는 단어에서 파생되었다(in+gigno). 그래서 그것은 마찬가지로 '탄생하다nascor'가 어원인 '본성natura'과 같은 의미로 쓰이기도 했다. 그런데 특별히 인간에게 적용되었을 때, 인게니움은 인간의 본성으로 간주되는 '정신'과 동일시되었고, 더 나아가 그 정신이 보여주는 탁월성, 즉 창조성이나 능숙함을 지시하였다. 그래서 이 개념은 종종 '재능talent'으로 번역되기도 하며, 같은 이유에서 칸트는 인게니움 개념을 통해 예술가의 천재성을 설명한 바 있다. '엔지니어engineer라는 말 또한 이 '인게니움'이 어원이다. 이 개념에 대한 원형적 설명은 키케로Cicero에게서 발견되지만, 그것을 적극적으로 발전시켰던 사람은 18세기 이탈리아 철학자 비코G. Vico였다.

인게니움은 흩어져 있거나 상이한 것을 하나로 묶는 능력이다. 라틴어를 사용하는 사람들은 이것에 '예리한acutus'과 '둔한obtusus'이라는 수식을 붙였다. 두 표현은 기하학의 영역에서 가져온 것들이다. 예리한 것은 직각보다 작은 각도로 두 직선을 한 점에 모으기 때문에 보다 빠르게 꿰뚫고 상이한 것들을 통합한다. 반면에 둔한 것은 사물들 속으로 꿰뚫고 들어가는데 어려움을 겪고, 직각 외부의 한 점에 모이는 두 직선처럼 상이한 사물들을 멀리 떨어진 채 둔다. 정신은 상이한 것들을 더디게 통합시킬 때 둔할 것이며, 빠르게 통합시킬 때는 예리할 것이다. 라틴계 사람들은 인게니움과 본성natura을 구별하지 않았다. 그것은 인간 정신이 인간의 본성이기 때문인가, 아니면 인게니움의 기능이 사물들의 관계들을 파악하고 적합하고 알맞거나, 아름답거나 수치스러운 것을 인식하는, 짐승에게는 인정되지 않는 능력이기 때문인가? 그것은 자연이 물리적인 것들을 산출하듯이 마찬가지로 인간의 인게니움은 기계적인 것들을 산출하기 때문인가? 따라서 신이 자연의 제작자라면 인간은 인공물의 신이기 때문인가? '앎scientia'은 '능숙한scitus'과 동일한 어근을 갖는다. 그래서 이탈리아 인들은 후자를 '잘 일치된'과 '조정된'으로 멋지게 번역하였다. 이것은 앎이 아름다운 비례 속에서 사물들이 서로 조응하도록 만들기 때문인가? 그런데 이러한 일은 '재능 있는 사람들ingeniosi' 만이 할 수 있다. 이러한 이유로 그 방법들을 가르치는 기하학과 산술은 모든 학문들 가운데 가장 확실한 학문이며, 그것에서 뛰어난 사람들은 이탈리아 어로 '능숙한 사람들ingegnieri'이라고 불린다.6

우선 인게니움은 흩어져 있거나 떨어져 있는 것들을 결합하는 능력이다. 이것은 우리가 앞에서 사유의 본질적 작용으로 설명한 것이다. 이러한 의미에서 인게니움은 정확히 인간 정신과 동일시될 수 있다. 그런데 이 인게니움은 예리하거나 둔할 수가 있다. 기하학에서 차용된 이 두 개념은 여기에서 정신의 사유 작용을 평가하는 개념으로 등장한다. 탁월한 사유, 사유의 본성을 온전하게 발휘하는 사유가 예리함으로 규정되고, 그 반대의 경우는 둔함으로 정의된다. 그렇다면 예리함과 둔함은 어떻게 다른가? 이것들의 차이는 정확히 무엇인가? 우선 텍스트에서 나타나고 있듯이 빠름과 더딤의 차이가 언급될 수 있을 것이다. 그렇다면 빠르거나 느리게 이해하는 것의 차이가 정신의 능력들의 차이를 규정하는가? 텍스트를 좀 더 자세히 들여다보자. 무엇이 이 빠름과 더딤의 차이를 만들어내는가? 다른 말로 하면, 이 빠름과 더딤의 궁극적 원인은 무엇인가? 비코는 이것을 기하학에 빗대어 설명하고 있다. 사물들을 멀리 떨어진 채 두는 것, 이것은 우리의 정신이 둔각의 형태를 갖는 것과 같다. 그리고 이러한 둔각의 형태는 꿰뚫기가 어렵고 따라서 더디게 이루어질 수밖에 없다. 반면에 멀리 떨어진 것들이라도 가까이 연결시킨다면 우리 정신은 예각처럼 날카로울 것이며, 그만큼 더 사물들을 꿰뚫어 보기 쉽고 따라서 빠르게 파악할 것이다.

요컨대, 정신의 예리함과 둔함의 차이는 본질적으로 빠름과 느림에 있지 않다. 오히려 보다 본질적으로 이러한 차이를 만드는 것은 멀리 떨어져 있거나 아무런 관계가 없는 것처럼 보이는 상이한 것들을 연결시킬 수 있는가 그렇지 않은가의 차이이다. 이러한 관점에서 볼 때, 둔함은 가까이 있거나 유사해 보이는 것들은 쉽게 연결시키지만, 아주 멀리 떨어져 있거나 아주 상이한 것들을 연결시킬 수 없는 정신을 지시한다. 반면에 예리함은 통상적으로 가까이 있거나 관련을 가지고 있는 것들의 연관성을 넘어 사물들 사이에서 쉽게 발견될 수 없는 관계들을 발견하는 정신의 탁월성을 의미한다.

6　　Giambattista Vico, *De antiquissima italorum sapientia*(고대 이탈리아인들의 지혜), 1710, cap. 7, § 3, De ingenio.

　　사물들을 이해한다는 것은 그것들이 서로 얽혀 있는 다양한 관계들을 이해하는 것이다. 따라서 우리 정신이 그 관계들을 보다 많이 파악할수록 그만큼 더 정신은 사물들을 '꿰뚫어 볼' 수 있게 된다. 많은 경우 사물들은 그것들이 우리 삶에 쓰이는 통상적인 기능이나 관계에 의해 이해되곤 한다. 예를 들면, 손은 무엇을 잡는 기능을 하는 신체의 한 부분이고, 눈은 보고 귀는 듣는 역할을 하는 것으로 통상적으로 규정된다. 그러나 손을 신체의 한 부분으로서만, 그리고 오직 잡는 기능에 의해서만 규정하는 것은 손이 갖는 다양한 관계들과 기능들, 한 마디로 손의 본성이 갖는 풍부함을 얼마나 간과하고 있는 것인가? 그것은 울부짖는 손, 사랑하는 손, 잠자고 있는 손 등 더 이상 특정한 기능을 담당하는 신체의 한 부분이 아닌 그 자체로 독립적 개체처럼 자신만의 이야기와 감정을 가진 다양한 손, 다양한 관계와 이야기 속에서 다양한 의미과 기능을 갖는 손을 보지 못할 것이다. 그리고 그만큼 그 정신은 손을 꿰뚫어 보는 이해에 결코 다가가지 못할 것이다.

　　이로부터 우리가 앞에서 사유의 본성으로 규정한 '다르게 사유하기'의 중요성이 이해될 수 있다. 다음과 같은 질문을 해보자. 다르게 사유하기로 규정되는 창조성은 왜 사유의 탁월성을 구성하는가? 왜 둔한 정신보다는 예리한 사유가 사유의 본성을 구성하고, 왜 더 탁월하다고 말해지는가? 앞에서 설명한 것처럼, 예리한 사유는 쉽게 드러나지 않는 사물들 사이의 관계, 일반적으로 무관해 보이는 이질적인 것들 사이의 관계를 포착함으로써, 그 사물에 대한 새로운 이해를 우리에게 제공한다. 요컨대, 창조적 사유는 우리로 하여금 사물들을 보다 '풍부하게' 혹은 보다 '다양하게' 보도록 해주며, 따라서 궁극적으로는 그것들을 '보다 올바르게' 이해하

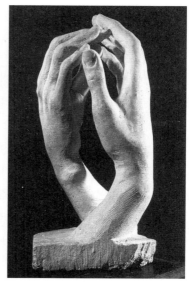

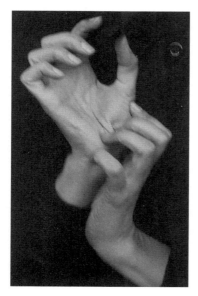

왼쪽 위
오귀스트 로댕, 〈La grande main crispée
(경직된 커다란손)〉, 1885

오른쪽 위
오귀스트 로댕, 〈La Cathédrale(성당)〉, 1908

왼쪽 아래
알프레드 스티글리츠, 〈Georgia O'Keeffe
(조지아 오키프)〉, 1919

도록 해준다. 요컨대, 다르게 사유하기는 결국 올바른 사유로 우리를 인도한다는 점에서 탁월하다.

이러한 결론은 얼핏 우리가 앞에서 말했던 것, 즉 사유란 애초에 정답을 갖지 않기 때문에 답을 찾는 것은 그것의 본질이 아니라는 주장과 어긋나 보인다. 올바르다는 것은 결국 정답과 합치한다는 의미를 함축하고 있는 것처럼 보이기 때문이다. 그러나 이것은 '올바르다'라는 말의 의미를 이해하는 한 방식일 뿐이다. 이 말은 조금 다르게 이해될 수도 있다. 우리는 앞에서 "보다 올바르게"라고 말했다. 이것은 올바름에 정도가 있다는 것을 함축한다. 즉, 올바름을 절대적인 방식으로 이해할 경우, 어떤 인식은 올바르거나 올바르지 않거나 둘 중의 하나이다. 우리가 앞에서 사유의 본성에 대해서 논하면서 부정했던 것은 올바름에 대한 이러한 절대적 의미이다. 왜냐하면 한 사물, 한 개체의 모든 성질들을 설명해줄 수 있는 어떤 통일적 원리 혹은 원인은 없기 때문이다. 그러한 한에서 그것에 대한 절대적으로 올바른 인식이란 존재할 수 없다.

그러나 우리는 올바름을 상대적인 방식으로는 사용할 수 있다. 우리가 한 사물에 대해 오직 하나의 성질만을, 다른 사물들과 맺고 있는 단 하나의 관계만을 보는 것보다 여러 관계들, 그리고 그 관계들에서 나타나는 여러 성질들을 파악할 때 그 사물을 '보다 올바르게' 혹은 '보다 잘' 이해한다고 말할 수 있기 때문이다. 이러한 의미에서 다르게 사유하기는 올바르게 사유하기와 모순되는 것이 아니라 합치한다.

'이성적rational'이라는 말도 이러한 관점에서 이해될 수 있다. 일반적으로 이성적 인식은 참된 인식 혹은 올바른 인식과 같은 말로 이해된다. 그러나 이 말은 일상적 용법에서 조금 다른 의미도

가지고 있다. 우리가 누군가의 말이나 주장에 대해 '합리적이다' 혹은 '이성적이다'라는 말을 할 때, 우리는 그 말을 반드시 그가 옳다는 의미로만 사용하지 않는다. 오히려 좀 더 일반적으로는 생각하지 못했던 측면이나 관점에서 어떤 사태에 대해서 그가 말할 때, 그래서 우리로 하여금 그 사태에 대해서 다른 측면을 생각할 수 있도록 할 때 합리적이라는 말을 사용한다. 다시 말하면, 그러한 말이나 주장이 그 자체로 절대적으로 옳거나 참이기 때문이 아니라, 하나가 아닌 여러 측면을 고려함으로써 좀 더 올바른 인식에 다가가도록 우리를 인도한다는 점에서 합리적이라고 할 수 있다. '생각이 깊다'라는 말 또한 일반적으로 같은 의미로 사용된다. 즉 그것은 하나만이 아니라 다른 점들도 고려한다는 의미를 갖는다.

　　이러한 설명은 우리가 계속해서 사용하고 있는 '다름'의 의미 또한 보다 정확하게 규정해 준다. '다름' 혹은 '차이'가 사유의 탁월성 즉 합리성을 의미할 때, 그 다름은 우리를 보다 올바른 인식으로 인도하는 한에서만 탁월한 것이다. 어떤 사태나 사물, 혹은 어떤 텍스트에 대해 다르게 말하고 생각하는 모든 것이 항상 탁월성을 의미하는 것은 아니라는 것이다. 주어진 것에 대한 어떤 생각이나 주장은 그것에 대한 보다 풍부한 이해를 우리에게 주는 것이 아니라 자신의 주관적 상상에 지나지 않는 경우가 있을 수 있다. 이 경우, 그것은 하나의 사유로서 성립할 수 없게 된다. 다시 말하면 그것은 일종의 난센스가 되어 버린다.

　　여기에서 다시 한번 사유란 번역이라는 점을 다시 상기할 필요가 있다. 앞에서 강조했듯이 번역은 필연적으로 다름을 만들어내지만, 그것은 다른 한편으로는 '동일한 것'을 옮기는 행위이기도 하다는 점을 간과해서는 안 된다. 하나의 텍스트를 나의 콘텍스트 속으로 옮기는 일은 비유하자면 '재료들'을 나에게 가져와서 '재구성'하는 것과 같다. 그런데 이렇게 재구성된 것은 시험을 겪게 된다. 예를 들어보자. 재료들을 가져와 집을 짓는다고 해보자. 나에게는 나만의 욕망, 취향이 존재한다. 그래서 독특하게 구성된 집을 구축했다고 해보자. 그렇다면 이 다름과 독특함은 창조적 사유로서 인정될 수 있는가? 인정되기 위해서는 시험에서 견뎌야 한다. 집을 지었는데 재료들의 성질들을 고려하지 않은 채 구조를 만들어서 쉽게 붕괴된다면, 그 생각은 견고한 것이 되지 못할 것이다. 이처럼 우리의 사유는 다양한 방식으로 시험되고 검토된다. 이 모든 것을 견디어낼 때, 그 사유는 설득력을 갖춘 사유가 된다.

이전부터 존재해왔던 생각들, 그리고 많은 다른 사람들이 하고 있는 생각들은 대부분 견고한 생각들이다. 오랫동안 다양한 시험들을 견디고 살아남은 생각들이기 때문이다. 그런데 이러한 생각들은 견고하지만 새롭거나 독창적이지는 않다. 반면에 스스로를 새롭고 독창적이라고 주장했던 많은 생각들이 있었다. 그러나 그것들 가운데 대부분은 지금은 잊히고 존재하지 않는다. 다양한 논박과 시험을 견뎌낼 만큼 충분히 잘 구성되지 못했기 때문이다. 일부의 생각들만이 그 시험을 견뎌내고 독창성과 견고함을 동시에 인정받아 사상사의 한 페이지를 장식할 수 있었다.

결론적으로, 번역으로서의 사유는 다름을 만들어내는 창조적 사유이자 '동시에' 보다 올바른 사유를 가능케 하는 합리적 사유이다. 다름이 단순한 공상에 불과할 때, 그것은 합리성이 아니라 비합리성을 함축한다. 반대로, 합리성은 동일한 것이 아니라 다른 것을, 하나가 아니라 여럿^{multitudo}을 보는 것에서 성립한다.

역사와 차이를 통해
비판적으로 사고하기

앞에서 설명했듯이 사유란 특별하고 어려운 무엇이 아니다. 지금 보고 경험하고 지각하는 것을 이전에 보고 경험하고 지각했던 것과 연결하고 관련시키는 것이다. 따라서 사유란 인간이라면 누구나 항상 하고 있는 활동이다. 따라서 '나는 생각한다. 그러므로 존재한다'고 말했던 데카르트의 말은 전도되어야 한다. '나는 존재한다. 그러므로 생각한다'로 말이다. 존재하는 한에서, 우리는 생각하지 않을 수 없기 때문이다.

우리 모두는 생각한다. 그리고 이 생각은 크거나 작은 차이를 필연적으로 만들어낸다. 앞에서 이것을 '사유는 번역이다'라는 논제를 통해서 설명한 바 있다. 마지막으로 살펴보고자 하는 것은 이 '번역' 과정이다. 이것은 우리에게 비판적이고 창조적인 사유가 구체적으로 어떻게 생산되는지를 보게 해줄 것이다.

번역으로서의 사유는 서로 다른 두 가지 축에서 고찰될 수 있다. 사유로서의 번역에는 내가 이미 가지고 있는 것, 즉 기억의 측면이 있다. 따라서 비판적이고 창조적인 사유의 생산을 이해하기 위해서는 이 기억의 다양한 작용을 이해해야 한다. 둘째, 나에게 읽을거리로 제시되는 텍스트 자체의 측면이 존재한다. 내가 이미 알고 있던 것을 뒤흔들고 의문을 제기하는 새로운 텍스트, 기존의 인식 틀 안에서는 규정하기 힘든 낯설고 이질적인 것[타자]은 나에게 새로운 사유를 강제한다는 점에서 비판적 사유를 가능케 하는 또 다른 축을 구성한다. 비판적 사유를 구성하는 이 두 축을 우리는 각각 '역사를 통해 비판적으로 사고하기'와 '차이를 통해 비판적으로 사고하기'라는 장에서 살펴볼 것이다.

역사를 통해 비판적으로 사고하기

기억이란 무엇인가? 우리가 과거에 두 개의 사물을 동시에 경험했거나 아니면 어떤 것을 다른 어떤 것에 연결하면서 그것을 이해했을 경우, 이 둘 가운데 하나를 보거나 지각하면 우리는 자동적으로 다른 하나를 함께 떠올린다. 이것이 우리가 일반적으로 기억이라고 부르는 것이다. 예를 들면, 내가 과거에 A라는 사람을 만날 때마다 커피숍에서 들었던 노래 B가 있었다. 오랜 시간이 흐른 후에, 나는 A를 더 이상 만나지 않았지만, 어느 날 우연히 B라는 노래를 듣게 되면 자연스럽게 A를 떠올리게 된다. A와 B는 내 기억 속에 연결되어 있었기 때문이다. 다른 예를 들어보자. 사과의 시각 이미지를 '사과'라는 단어의 청각 이미지에 연결함으로써 우리는 그것이 사과라고 불린다는 것을 알게 되고, 또한 그것을 먹었을 때의 미각을 그 시각 이미지에 연결하였던 우리는 사과를 볼 때마다 그 달콤한 미각을 떠올린다.

그런데 이렇게 이해된 기억은 다름과 새로움의 발생보다는 동일하거나 유사한 사유의 재생산을 설명하고 있는 것처럼 보인다. 실제로 기억, 혹은 지나간 과거인 역사나 전통에 대한 준거는 많은 경우 개혁적이라기보다는 보수적인 사유 방식이나 태도로 이해되기도 한다. 물론 과거의 나와 현재의 나는 분명 동일하지 않고, 따라서 과거의 '나'나 '우리'가 이해했던 것이 현재의 나나 우리 속에서 반복된다고 하더라도 그 이해는 완전히 동일할 수는 없다. 그러나 그렇다고 하더라도 이러한 반복에서 그 차이는 거의 무시할 수 있을 만큼 크지 않은 것도 사실이다.

사실 우리가 일상 속에서 하는 대부분의 사유는 이러한 기억 작용에 다름 아니다. 무수한 반복을 통해서 상대적으로 단단하게 굳어진 사유들은 우리 삶에 필요한 유용한 인식들을 제공한다. 사과는 먹는 과일에 속하고, 불은 연소시키는 성질을 가지고 있으며, 열을 가하면 공기는 팽창한다는 것 등을 우리는 반복적 경험을 통해서 이해한다. 그런데 이러한 종류의 고착된 인식을 만들어내는 반복과 기억은 분할과 선택의 작용에 기초해 있다. 우리는 일반적으로 삶에 필요한 것과 그렇지 않은 것, 유용한 것과 그렇지 않은 것을 나누고, 우리에게 중요하고 유용한 것에만 관심을 가지며 그렇지 않은 것은 있어도 없는 것처럼 보지 못하기 때문이다. 우리 정신이 이러한 방식으로만 작용한다면 우리는 동일한 인식만을 재생산하게 될 것이다. 유용성의 논리에만 사로잡혀 있는 한 우리는 결코 사과에 대해서 '먹을 것' 이상의 다른 의미를 찾아내지 못할 것이다. 말하자면 뉴턴처럼 사과를 보고 만유인력의 법칙을 생각해내는 일은 생길 수 없을 것이다.

앞에서 인용한 텍스트에서 아우구스티누스가 말하고 있듯이 우리의 기억에는 우리가 지각하지 못하는, 무질서하게 흩어져 있는 생각들이 존재한다. 왜 기억에는 이러한 숨어 있는 지각들이 존재하는가? 그것들은 삶의 유용성의 관점에서 볼 때 중요하지 않다고 간주되어 정신에 의해 주목받지 못한 것들이다. 하나의 사물에 대해 우리는 다양하게 체험하고 이해한다. 그러나 우리 정신은 그것들 가운데 중요하다고 생각되는 아주 일부만을 간직한다. 이 작은 일부를 통해 우리는 그 사물을 규정하고 이해한다. 사물에 대한 우리의 이해가 부분적이고 단순화될 수밖에 없는 이유가 여기에 있다. 반면에 우리의 다양한 지각들은 어두운 기억 속에 묻혀 있게 된다. 다르게 생각하기는 바로 이 잊힌 기억들을 되살리는 것에서 성립한다. 정신이 그것들에 집중해서 모으는 것, 이것이 바로 아우구스티누스에게는 기억이고 사유이다. 정신에 의해 다시 일깨워진 이 기억은 현재를 이해하는 새로운 방식이 된다.

따라서 두 가지 의미의 기억 혹은 역사가 존재한다. '의지적인 기억'과 혹은 '비의지적involuntary 기억'이 그것이다. 전자가 삶에 유용한 것의 추구라는 논리에 따라 이루어지는 기억이라면, 후자는 잊힌 것들의 회생이라는 의미에서의 기억을 의미한다. 비판적 사고의 한 방식으로서의 역사는 후자에 속한다. 우리가 '역사적 정신' 혹은 '역사적 태도'라고 부르는 것도 바로 이러한 기억에 대한 탐구로 이해되어야 할 것이다. 우리가 역사로 되돌아가서 탐구하는 것은 현재를 정당화하고 받아들이기 위함이 아니라 현재의 사유 지평을 벗어나서 다르게 사유할 수 있는 가능성을 찾기 위한 것이기 때문이다.

그런데 비판적 사고방식으로서의 이 역사 탐구는 실제로는 문서들documents에 대한 분석과 연구의 형태로 나타날 수밖에 없다. 그 이유는 이렇다. 우선 한 개인의 기억은 매우 제한적이다. 우리가 아무리 많은 것을 경험한다고 해도 그것들은 사물들을 복합적으로 이해하기에는 턱없이 부족하며, 그만큼 그것들에 대한 이해도 아주 부분적이고 편협할 수밖에 없다. 따라서 비판적 사유에 무엇보다도 필요한 것은 기억의 확장, 내가 하지 못한 경험들의 기억을 갖는 것이다. 그런데 이 확장은 과거나 현재의 타인들이 경험하고 생각했던 것들을 전유함으로써 이루어질 수 있다. 다행히 인간은 기억을 돕는 수단을 발명함으로써 다른 동물들과는 비교할 수 없을 정도로 기억을 확장할 수 있었다. 문자가 그것이다. 문자 덕분에 인간은 직접적 경험을 넘어서는 무수히 많은 간접적 경험과 사유를 세계에 대한 이해를 위해 동원할 수 있게 되었다. 문자로 기록된 타인들의 사유 경험들, 이것들은 아직 내가 주목하지 못하고 따라서 의식하고 있지는 못하지만 불러일으켜 가져올 수 있는 기억들, 한마디로 잠재적인 나의 기억들이다. 이러한 의미에서 기록들과 문서들에 대한 독해는 잊힌 기억들의 회생, 기억으로서의 사유이다. 바로 이것을 통해서 인간은 좀 더 올바르고 좀 더 이성적인 인식에 다가갈 수 있다. 이러한 의미에서 인간은 '이성적 동물'이기 이전에 좀 더 근원적으로는 '문자적 인간'이라고 할 수 있을 것이다.

　　고전과 비판적 사고

　　내가 가지고 있지 못한 기억들, 그러나 내가 새로운 사유를 위해 필요한 기억들을 기록해 놓은 문서들 가운데 가장 대표적인 것이 바로 '고전'이다. 우리는 왜 고전을 읽는가? 고전이 무엇이기에 그것을 읽어야 한다고 사람들이 이야기하는 것인가? 앞에서 말했듯이 고전은 과거의 경험과 사유의 기록이고, 이 중에서도 다소 특별한 성질을 가지고 있다. 고전은 나온 지 시간이 많이 흘렀음에도 불구하고 사람들이 계속해서 참조하는 텍스트이다. 그렇다면 살고 있는 시대와 장소가 다름에도 불구하고 왜 사람들은 계속해서 그 텍스트를 읽게 되는가? 그 텍스트가 삶에서 우리가 찾는 지혜와 답을 주기 때문인가? 그렇지는 않다. 앞에서 말했지만, 세상

어디에도 절대적으로 옳은 답은 존재하지 않는다. 따라서 그 이유는 다른 곳에서 찾아야 한다. 고전은 우리에게 답을 주는 것이 아니라 질문을 준다. 우리가 잘 살기 위해서 생각해보아야 하는 질문들을 우리에게 제기하고, 동시에 그러한 질문과 연관하여 따져보아야 하는 논의 주제들을 제시한다. 바로 이러한 이유로 우리는 계속해서 그것으로 되돌아갈 수밖에 없는 것이며, 그것과 더불어 현재의 삶을 고민하게 되는 것이다.

윤리에 관련된 질문은 아마도 우리가 살아가면서 회피할 수 없는 가장 근본적인 문제일 것이다. 어떻게 살 것인가? 좋은 삶이란 무엇인가? 나의 삶을 이끌어가고 있는 나의 욕망과 감정에 대해서 나는 어떠한 태도를 가져야만 하는가? 고전은 이러한 질문들을 구성하고 있는 생각의 재료들이 무엇인지를 제시한다. 이러한 의미에서 우리가 살아가면서 무비판적으로 받아들이고 있는 생각들을 다시 돌아보고 검토해보면서 좀 더 비판적인 사고를 하려고 할 때, 고전은 우리에게 가장 필요한 '사유의 동반자'가 될 수밖에 없다.

전통의 재해석과 비판적 사고

비판적 사고를 가능케 하는 또 다른 방식의 역사 탐구는 '잊혀진 과거로의 회귀'라는 형식으로 나타난다. 사실 사상사를 보면 많은 창조적 사유들은 '~로의 회귀return to', 혹은 전통에 대한 재해석을 통해서 발생한다. 이것을 가장 잘 보여주는 사례가 바로 르네상스 시대의 인문주의자들이다. '르네상스renaissance'라는 말은 '부활' 혹은 '재생'을 의미하는데, 여기에서는 고대 그리스 철학의 부활을 의미한다. 그런데 이때 이들이 되돌아간 고대 그리스는 당대의 철학 사상을 지배하고 있었던 아리스토텔레스주의를 제외한 고대 그리스 문화, 예를 들면 플라톤주의, 스토아주의, 에피쿠로스 학파 등 당시까지만 해도 거의 주목받지 못하고 잊혔던 고대 사상들이었다. 이것들에 대한 새로운 관심은 아리스토텔레스주의와는 근본적으로 다른 사상적 환경을 창출하게 된다.

　　이러한 종류의 예는 무수히 많다. 호메로스의 서사시를 재해석함으로써 새로운 시학을 주창한 비코, 당시의 지배적인 프로이트 해석을 거부하면서 '프로이트로 되돌아가자'라는 기치를 내걸었던 라캉의 새로운 정신분석학은 대표적인 예들이다. 이들은 모두 새로움은 잊힌 전통으로의 회귀, 그것에 대한 재해석을 통해서 생겨날 수 있다는 점을 보여주었다.

　계보학적 탐구와 비판적 사고

　　역사 탐구의 또 다른 방식은 기원에 대한 탐구이다. 어떤 것의 발생의 기원에 대한 탐구는 현재의 통념을 벗어나 그것을 새롭게 볼 수 있는 지평을 열어준다. 이 발생과 기원에 대한 탐구는 '계보학genealogy'이라는 이름으로 불리곤 한다. 도덕의 기원에 대한 탐구를 통해 도덕은 곧 이타주의라는 등식에 강력한 문제 제기를 했던 니체는 이 계보학적 탐구의 한 전형을 보여준 바 있다. 이러한 계보학적 탐구는 비판적 사고의 한 방식으로서 여러 문제 영역에 적용될 수 있다. 그 가운데 가장 대표적인 탐구 주제가 바로 근대성modernity의 문제이다. 현재 우리는 자본주의 체제 속에서 살고 있다. 그런데 이 자본주의는 언제 어디서나 존재했던 보편적인 생산 방식이 아니라 근대라고 불리는 특정 시기에 형성된 전적으로 근대적인 산물이다. 요컨대, 자본주의라는 경제 체제는 특정한 시기에 발생된 것이다. 그리고 자본주의의 발생과 더불어 인간 사회는 커다란 변화를 겪게 된다. 근대성은 바로 이 자본주의와 더불어 형성된 인간들의 근대적 존재 방식과 사유 방식을 지시한다.

근대성의 기원에 대한 탐구는 '현재의 우리'를 구성하는 것들의 기원에 대한 탐구를 의미한다. 그리고 그것은 현재 우리가 겪고 있거나 논의하고 있는 문제들에 새로운 시각을 부여해 준다. 현대 사회에서 중요한 이슈로서 제기되고 있는 페미니즘의 문제를 예로 들어보자. 페미니즘은 여성들만의 문제가 아니다. 그것은 우리 모두가 성찰하고 참여해야 하는 '보편적인' 문제이다. 페미니즘에 대한 역사적 탐구는 이 점을 무엇보다도 잘 보여준다. 페미니즘 운동의 선구자라고 할 수 있는 올랭프 드 구주의 사례는, 페미니즘이 인권과 민주주의라는 보편적 이념과 운동에서 발생한 보편적 가치라는 점을 우리에게 보여준다.

근대적 노동 개념에 대한 탐구는 또 다른 계보학적 탐구를 구성한다. 근대 이전에 노동은 생존을 위해 어쩔 수 없이 해야만 하는 노고였고, 따라서 그것은 노예의 일이었다. 그러나 근대에 자본주의가 출현하면서 노동은 인간의 가장 고귀한 활동으로 승격된다. 이러한 개념 변화를 이끌어냈던 배경과 원인은 무엇이었을까? 이 기원에 대한 탐구는 현재 우리가 직면하고 있는 많은 삶의 문제들을 비판적으로 검토하도록 만드는 새로운 질문들과 생각거리들을 제공해 준다.

역사적 상대화와 비판적 사고

마지막으로 역사 탐구는 절대적이고 폐쇄적인 사고를 뒤흔드는 '상대화'로 우리를 인도한다. 비판적이고 창조적인 사유를 막는 최대의 적은 절대주의이다. 그것은 자신을 유일하고 절대적으로 옳은 것으로 정립하는 사유다. 역사 탐구는 이러한 절대화에 대한 가장 효율적인 비판 방식이다. 왜냐하면 역사는 현재 우리가 믿고 있는 것과는 다른 사고방식, 다른 생활 문화가 존재했었다는 점을 밝혀주기 때문이다.

이러한 맥락에서 과학에 대한 역사적 접근은 과학에 대한 열린 사고를 가져다준다. 일반적으로 우리는 과학을 절대적으로 참인 인식으로 생각한다. 그리고 이러한 생각은 과학과 과학이 아닌 것 사이의 명확한 경계를 설정한다. 그러나 과학'들'의 역사는 어떤 과학도 절대적일 수 없다는 사실을 드러낸다. 그리고 이러한 사태는 다음과 같은 일련의 질문들을 낳는다. 과학이란 도대체 무엇인가? 과학과 비과학 사이의 경계는 그렇게 명확한 것인가? 과학이 절대적으로 옳은 인식이라고 말할 수 없다고 하더라도, 그럼에도 불구하고 과학이라고 불리는 것이 다른 인식 형식들보다 믿을 만하다면 그것은 어떠한 이유에서인가?

비판적 사유는 질문을 통해서만 가능하다. 그런데 질문은 의지를 갖는다고 해서 생기지 않는다. 우리를 질문으로 인도하는 것을 찾아야 한다. 과거의 기록으로서의 역사가 바로 그러한 것이다. 역사는 단지 과거의 것이 아니라 우리가 현재 마주하고 있는 것에 대해 질문을 갖게 만드는 것이다. 우리가 계속해서 과거로 되돌아가는 이유가 여기에 있다.

차이를 통해 비판적으로 사고하기

'관성의 법칙'이라는 것이 있다. 움직이고 있는 물체는 방해를 받지 않는 한 계속 움직이려고 하고, 마찬가지로 정지해 있는 물체는 외부에서 그것을 움직이게 하지 않는 한 계속해서 정지해 있으려고 한다는 것이다. 우리에게 익숙하고 편한 상태에 머무르려는 이 경향, 따라서 변화, 즉 낯설고 불편한 것의 침입을 거부하고 부정하려는 이 경향은 '동일성identity'의 원리라는 이름으로도 불릴 수 있을 것이다.

그런데 앞에서도 언급했지만 기억은 이 동일성을 유지하는 중요한 기제이다. 일반적으로 우리의 의식적 기억은 과거의 것들 가운데 우리에게 편하고 익숙한 것들만을 선택하고, 반면에 낯설고 불편한 것은 억제한다. 따라서 많은 경우 기억과 역사에의 준거는 변화를 부정하는 논리로 등장하게 된다. '우리는 오래전부터 이렇게 살아왔기 때문에 그것은 옳지 않으며 받아들일 수 없다'. 이러한 논변에서 역사는 새로운 것을 배제하는 중요한 논거로 제시된다. 니체는 자신의 책『반시대적 고찰』에서 역사에 대한 이러한 집착을 '역사병historischen Krankheit'이라고 규정한 바 있다. 그는 이 역사병을 환관에 비유해서 설명한다. 즉 어떤 자극에도 이끌리지 않는 환관처럼 역사병에 걸린 사람들은 역사에 준거하고 그것을 보존하지만, 그들은 결코 새로운 역사를 만들지 못한다.

동일성을 유지하는 방식은 크게 둘로 나타난다. 하나는 새롭고 이질적인 것처럼 보이는 것을 동질화하는 방식이다. 겉으로는 새로운 것처럼 보이지만 실제로는 기존의 것과 다르지 않다는 것을 주장함으로써 새로움을 부정하는 방식이다. 두 번째 방식은 좀 더 폭력적인 형태로 나타난다. 그것은 새로운 현상을 '비정상적인 것' 혹은 '병리적인 것'으로 낙인찍음으로써 그것을 배제하는 것이다. 우리와는 다른 가치와 다른 문화를 가진 사람들에 대해서 보이는 이 배제의 논리는 증오와 혐오의 극단적 형태로 발전하기도 한다. 현대사회 국내외의 많은 사회적 문제들은 바로 이 배제의 논리에 의해서 생겨난다.

요컨대, 한 개인, 한 사회, 혹은 하나의 문화는 자신을 동일한 상태로 유지하려는 경향을 일반적으로 갖는다. 그러나 이러한 자연적 경향은 우리의 정체성을 뒤흔드는 사건들에 의해서 계속해서 도전을 받게 된다. 앞에서 언급했던 소설 『예감은 틀리지 않는다』로 다시 돌아가 보자. 토니는 평범한 노년의 삶을 살고 있었다. 그러나 어느 날 그에게 날아든 편지 한 통은 그의 삶을 혼란에 빠트린다. 기억을 되찾으면서 잊고 싶었던 현실을 직면하게 되는 고통이 뒤따르긴 했지만, 그는 그 기억을 통해서 자신의 삶을 새롭게 만들어가기 시작한다. 그런데 이 모든 것은 편지 한 통으로부터 시작되었다. 토니는 자신의 일상적 삶에 침범해 들어온 이 작은 사건이 가져올 파장에도 불구하고 기억 찾기를 계속했다. 요컨대, 그는 그 사건을 충실히 따랐던 것이다. 이렇게 새로운 사유는 바로 이 충실성, 이질적인 새로운 것들 앞에서 폐쇄적이지 않은 개방성으로부터 가능하다. 따라서 우리는 주위에서 일어나는 것들에 민감해야 한다. 많은 변화들이 일어나고 있지만, 앞에서 말한 환관처럼 그것들에 무감하다면 우리는 새로운 사유로 추동될 수 없기 때문이다.

이러한 관점에서 '차이와 비판적 사고'는 현재 우리 사회에서 나타나고 있는 중요한 변화들과 그로부터 생겨나는 문제들을 다룬다. 그것들은 우리에게 익숙한 믿음, 관습, 제도를 뒤흔드는 이질적인 것들, 즉 타자들이다. 그렇기 때문에 그것들은 때로는 격렬한 사회적 갈등들을 낳기도 한다. 이 다르고 낯선 현상들에 대해 우리는 어떠한 태도를 가져야 하는가? '차이와 비판적 사고'는 현대사회를 살아가는 우리가 회피할 수 없고 또 회피해서도 안 되는 문제들을 성찰한다.

타자와 비판적 사고

지구촌이라는 이름에 걸맞게 세계는 하나가 되어가고 있다. 미국에 사는 사람들과 한국에 사는 사람들은 이제 같은 옷을 입고 같은 영화를 보며 같은 책을 읽는다. 교통과 미디어의 발달이 거리의 차이를 거의 무화시키고 있는 것이다. 그런데 이러한 보편화가 진행될수록 지구인들은 하나가 되어가기보다는 더욱 심화되어 가는 문화적, 종교적, 인종적 갈등을 경험하고 있다. 국제화가 진행될수록 우리는 우리와 다른 인종과 문화를 가진 사람들과 대면할 수밖에 없다. 멀리 떨어져 있고 교류가 적을 때, 그들은 그저 먼 나라의 사람들이었다. 그러나 이제 그들은 우리와 함께 있다. 우리와 그들의 차이, 이것은 더 이상 사변적인 문제가 아닌 급박한 실천적인 문제가 되었다.

그런데 타자는 내부에도 존재한다. 나와 다른 성gender을 가진 사람들, 나와 다른 성적 정체성을 가진 사람들, 나와는 다른 지역 출신의 사람들, 다른 경제적 계층의 사람들, 내가 경험하지 못한 아픔을 겪은 사람들이 존재한다. 우리가 이들을 어떤 시선으로 바라보고 있는가? 우리는 이들과 어떻게 '함께' 살아가야 하는가?

현대사회는 우리에게 이러한 문제들을 제기하면서 성찰을 요청하고 있다.

전통과 현실의 충돌: 성, 사랑, 가족

우리의 삶은 선택의 연속이다. 그리고 그 선택은 내가 무엇을 중요하고 가치 있는 것으로 바라보는가에 따라 이루어진다. 이 선택들 가운데 누구나 마주할 수밖에 없는 선택들도 있다. 바로 성, 사랑, 결혼에 관한 것이다. 이것들은 우리의 삶을 구성하는 매우 중요한 것들이다. 그런데 오늘날 이 문제들에 관한 사람들의 사고 방식은 크게 변화하고 있다. 사랑을 해야 결혼을 하는 것이며, 결혼을 해야 성적 관계를 맺을 수 있다는 전통적 사고방식은 붕괴되어가고 있다. 이와 더불어 가족을 인류 재생산의 핵심 기제로 이해하던 사고방식도 이제는 드문 것이 되어가고 있다. 이로 인한 전통적인 제도 및 사고방식과 새로운 풍속도 사이의 충돌이 일어나고 있다. 이 새로운 문화는 한갓 일탈이거나 비정상일 뿐인가? 이러한 질문은 성, 사랑, 결혼 문화에 대한 역사적 검토를 통해서 이 문제에 새로운 시각으로 접근할 필요성을 제기한다.

과학기술의 발달과 비판적 사고

현대사회를 특징짓는 가장 중요한 요소는 과학기술의 발달이다. 인공지능에 의해 추동되고 있는 4차 산업혁명이 인간 사회를 어디로 이끌고 갈 것인지 예측하기란 쉽지 않다. 첨단 기술의 발전은 인간 고유의 본성을 파괴하게 될 것인가? 아니면 그것은 인간이 꿈꾸어오던 것들을 실현시키는 수단이 될 것인가? 아니면 그 것은 단지 열린 문제인가? 과학기술이 만들어내고 있는 변화들은 인간과 사회에 관한 전통적인 관점들을 근본적으로 재검토하도록 우리를 강제하게 될 것이다.

예술과 비판적 사고

예술은 그 자체가 전형적인 '다른 사유', 이질적 사유이다. 일 상적 삶은 유용성의 논리에 따라 이루어진다. 우리는 사물을 볼 때, 우리에게 유용한 것에만 관심을 가진다. 다른 것들은 관심에서 벗어날 수밖에 없다. 예술은 정확히 유용성을 추구하는 시선 밖에 놓여 있는 것을 주목한다. 꽃을 보고 우리가 아름답다고 느끼는 것 은 그것이 우리에게 유용하기 때문이 아니다. 유용하지는 않지만 그것은 우리를 즐겁게 하고, 우리가 다른 시선으로 세상을 보게 만 든다.

예술가는 이렇게 일상적 삶에 젖어 있는 우리가 보지 못하는 것들을 포착해서 우리에게 보여주는 사람이다. 이러한 점에서 예 술은 예외성을 구성한다. 우리가 미술관에 가서 그림을 볼 때 갖게 되는 이질감 혹은 낯설음은 바로 이러한 이유에서이다. 그런데 이 러한 이질감은 단지 다르다는 데 그치는 것이 아니라 우리가 보지 못했던 것을 보게 한다는 의미를 동시에 갖는다. 요컨대, 예술은 삶에 낯설고 이질적인 것을 제시하지만 동시에 삶을 다시 생각하 고 보도록 이끈다. 바로 이러한 점에서 예술은 비판적 사고 그 자 체이다.

*

비판적 사고는 그 필연적 계기로서 차이, 사건, 충격, 갈등을 갖는
다. 따라서 우리는 우리와 다른 것들과의 대면과 충돌을 두려워해
서는 안 된다. 평화는 편안함을 주지만, 그 안식은 우리를 정체하
게 만들기도 한다는 점을 잊어서는 안 될 것이다. 이러한 점에서
비판적 사고는 용기를 요청한다. 낯설고 두렵고 불편한 것을 마주
하고자 하는 용기 말이다.

박기순

참고문헌

니체, 프리드리히, 『비극의 탄생, 반시대적 고찰』, 이진우 옮김, 책세상, 2005.
니체, 프리드리히, 『유고(1888년 초~1889년 1월 초)』, 백승영 옮김, 책세상, 2004.
랑시에르, 자크, 『무지한 스승』, 양창렬 옮김, 궁리, 2016.
반스, 줄리언, 『예감은 틀리지 않는다』, 최세희 옮김, 다산책방, 2012.
아리스토텔레스, 『영혼에 관하여』, 오지은 옮김, 아카넷, 2018.
아우구스티누스, 『고백론』, 성염 옮김, 경세원, 2016.
플라톤, 『파이드로스』, 김주일 옮김, 이제이북스, 2012.

Vico, Giambattista, *On the Most Ancient Wisdom of the Italians* (고대 이탈리아인들의 지혜),
        Trans. by L. M. Palmer, Cornell University Press, 1988.

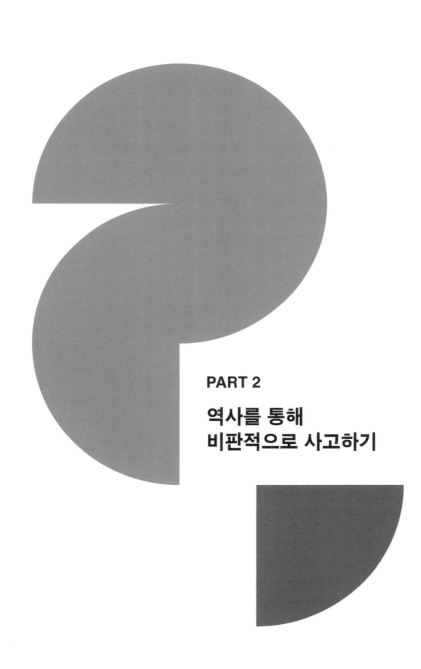

PART 2

역사를 통해
비판적으로 사고하기

프랑스혁명 권리 선언의 주어는
왜 남성이었을까

올랭프 드 구주,
최초의 페미니스트

한 파리 시민은 1793년 11월 3일 저녁에 일어난 사건을 다음과 같이 기록했다.

어제 저녁 일곱 시, 여성 문인이라는 인상적인 직함을 지닌 가장 비범한 사람, 올랭프 드 구주가 처형대로 끌려왔다. 모든 파리 사람들은 드 구주의 아름다움을 칭송하면서도 그 여자가 자신의 이름조차 쓸 수 없다는 사실을 알고 있었다. 그 여자는 고요하고 평화로운 표정으로 처형대에 올라, 자신을 이 고통의 장소로 데려온 단두대의 분노로 하여금 지금까지 그와 같은 용기와 아름다움은 보지 못했다고 인정토록 만들었다. 그 여자는 자신의 육체와 영혼을 혁명에 바쳤다. 그러나 곧바로 자코뱅 체제가 얼마나 잔인한지 깨닫고 뒤로 물러섰다. 그 여자는 글을 쓰고 퍼뜨림으로써 악한들의 정체를 폭로하고자 했다. 그들은 그 여자를 용서하지 않았고, 그 여자는 자신의 부주의함의 대가로 목을 바쳐야 했다.[1]

올랭프 드 구주Olympe de Gouges는 이렇게 45세의 생을 마감했다. 그는 어쩌다가 당시 프랑스 혁명 정부의 집권 세력이었던 자코뱅Jacobins의 격분을 산 것일까? 도대체 어떤 일을 저질렀기에 단두대에서 죽음을 맞이하게 되었을까? 그리고 200여 년이 지난 21세기 한국에서 드 구주의 삶과 죽음에 관해 돌아보는 것은 어떤 의미가 있을까? 프랑스 혁명기 여성 혁명가이자 최초의 근대 페미니스트로 평가되는 올랭프 드 구주를 통해 정치와 젠더의 관계를 생각해보자.

'인간'과 '시민'은 누구인가: 1789년 「인간과 시민의 권리 선언」

우리가 흔히 '프랑스 인권 선언'이라고 부르는 문서의 제목은 「인간과 시민의 권리 선언Déclaration claration des Droits de l'Homme et du Citoyen」이다. 이 선언은 1789년 7월 14일 바스티유 감옥 습격으로 촉발된 프랑스혁명의 초기 정신을 구현했다. 당시 절대왕정을 대체하고 새로운 국가[입헌군주제]를 건설하기 위해 헌법을 준비 중이었던 국민의회Assemblée Nationale는 두 달여 간의 격론 끝에 마침내 8월 26일, 추후 작성할 헌법의 전문全文으로 이 선언문을 완성했다.[2] 이 선언은 권리의 주체가 더 이상 신이나 왕이 아니라 인간과 시민임을 프랑스와 세계에 공표했다. 이로써 봉건제와 절대주의로부터 근대와 민주주의로의 이행이라는 거대한 단절이 발생했다. 선언이 프랑스뿐만 아니라 인류 역사의 불후의 업적으로 평가되는 것은 이 때문이다.

　　그런데 선언은 제목부터 몇 가지 의문을 제기한다. 선언은 왜 권리의 주체를 인간이나 시민 중 하나로 통일하지 않고 양자를 병기했을까? 인간의 범주와 시민의 범주는 같은가, 다른가? 다시 말해, 인간이 아닌 시민은 존재할 수 없지만, 시민이 아닌 인간은 존재할 수 있는가, 없는가? 만약 인간과 시민이 다르다면, 양자를 구분하는 기준은 무엇인가? 인간의 권리와 시민의 권리의 목록에는 차이가 있는가? 'homme'(영어로 번역하면 man)는 'femme'(영어로는 woman)의 반대말로서 남성만을 가리키는가, 아니면 여성과 남성을 포함한 모든 인간을 지칭하는가? 시민은 남성형 명사(citoyen)로 표기되었는데, 여성형 명사로서의 시민 또는 여성시민은 성립할 수 있는가?

　　지금부터 선언문을 직접 읽고 이러한 질문들과 그 밖에 새롭게 제기되는 질문들에 답해보기로 하자.

1　　Sophie Mousset, *Women's Rights and the French Revolution: A Biography of Olympe de Gouges* (Transaction Publishers, 2007), p.99.

2　　최갑수, 「1789년의 「인권선언」과 혁명기의 담론」, 『프랑스사연구』 4호 (한국프랑스사학회, 2001).

페미니스트, 페미니즘
(feminist, feminism)

옥스퍼드 영어사전은 페미니즘을 성평등을 옹호하고 여성의 정치적, 사회적, 경제적 권리를 확립하는 것이자 그와 관련된 운동으로 정의한다. 페미니즘이 최초로 이러한 의미로 쓰인 것은 1830년대 프랑스로, 유토피아 사회주의자이자 여성의 권리를 옹호했던 샤를 푸리에Charles Fourier가 처음 사용했다고 전해지지만 출처가 분명치 않다. 페미니스트는 페미니즘을 주창하는 사람으로서, 반드시 생물학적 여성만 해당되지는 않는다. 실제로 페미니즘에 동참한 많은 남성들이 존재한다.

드 구주의 생존 당시에는 페미니스트, 페미니즘이라는 단어가 사용되지 않았으므로 드 구주는 자신을 페미니스트라고 부르지 않았을 것이다. 그렇다고 해서 성평등이나 여성 해방과 같은 사상과 운동이 없었던 것은 아니다. 페미니즘이라는 단어가 출현하기 전부터 19세기까지 서구에서 출현했던 페미니스트들의 계보에 관해서는 거다 러너Gerda Lerner의 『역사 속의 페미니스트』를 참조.

젠더
(gender)

애초에 젠더는 문법적인 성, 곧 인도-유럽어족에 속하는 언어들(예컨대 라틴어, 프랑스어, 독일어, 영어 등)에서 명사, 대명사, 관사 등이 남성형, 여성형, 중성형으로 나뉘는 현상을 지칭하는 용어였다. 예컨대 독일어에서 호수는 남성형(der See)이고 바다는 여성형(die See)이다. 그런데 2차 세계대전 이후부터 젠더는 점차 심리학, 사회학, 인류학 등에서 사회적이거나 문화적인 성적 차이를 지칭하는 용어로 사용되기 시작했다. 젠더 개념은 여성성과 남성성이 자연적 또는 생물학적으로 결정된다는 관념에 도전한다. 다시 말해 여성과 남성에게 기대되는 역할, 여성다움과 남성다움에 관한 관념은 마치 문법적 성이 자의적인 것처럼(왜 호수는 남성형이고 바다는 여성형이어야 하는가?) 역사적이고 사회적인 맥락에 따라 구성된다는 것(왜 여자가 주로 가정주부가 되고 남자는 생계 부양자로 간주되는가?)이다.

「인간과 시민의 권리 선언」[3]

국민의회를 구성하는 프랑스 인민의 대표자들은, 인간의 권리에 대한 무지, 망각, 경시가 공공의 불행과 정부 부패의 유일한 원인이라는 것을 알기에, 사회체의 모든 구성원이 이 선언을 항상 마음에 간직해서 그들이 끊임없이 자신들의 권리와 의무를 상기할 수 있도록 (…), 양도할 수 없는 신성한 인간의 자연권들을 엄숙한 선언의 형태로 공표하기로 결의하였다.

이에 따라, 국민의회는 지고의 존재 앞에서 그리고 그의 보살핌 아래서 다음과 같은 인간과 시민의 권리들을 인정하고 또 선언하는 바이다.

1조. 인간은 자유롭고 권리에서 평등하게 태어났고 또 그렇게 존재한다. 사회적 차별은 공공의 이익에 근거할 때만 성립할 수 있다.
2조. 모든 정치적 연합의 목적은 인간의 소멸될 수 없는 자연권의 보존이다. 자유, 소유권, 안전, 억압에 대한 저항이 그러한 권리들이다.
3조. 모든 주권의 원천은 본질적으로 국민에게 있다. 어떤 단체나 개인도 명시적으로 국민으로부터 유래하지 않는 권한을 행사할 수 없다.
4조. 자유는 타인에게 해가 되지 않는 모든 것을 할 수 있다는 것에 있다. 따라서 개개인의 자연권 행사는 사회의 다른 구성원들에게 이 동일한 권리의 향유를 보장해주는 한도 외에 다른 한도를 갖지 않는다. 이 한도는 법에 의해서만 규정될 수 있다.
5조. 법은 사회에 해로울 수 있는 행위만을 금지할 수 있는 권리를 갖는다. (…)
6조. 법은 일반의지의 표현이다. 모든 시민은 스스로 또는 그들의 대표자들을 통해 법의 제정에 참여할 권리를 갖는다. 법은 보호할 때나 처벌할 때나 모두에게 동일해야 한다. 모든 시민은 법의 관점에서 평등하기 때문에 그들의 능력에 따라, 그리고 그들의 덕목과 재능의 차이 이외의 어떤 차별도 없이 모든 고위직, 공직과 공무에 평등하게 임명될 수 있다.

7조. 법으로 규정된 경우가 아니라면, 그리고 법이 규정한 절차를 따르지 않고서는 누구도 고발, 체포, 구금될 수 없다. (…)

8조. 법은 엄격하고 분명하게 필요하다고 인정된 형벌만을 확립해야 하며, 누구도 범법 행위 전에 제정 및 공포되고 또 합법적으로 적용된 법에 의하지 않고서는 처벌될 수 없다.

9조. 모든 사람은 유죄로 선고되기 전까지는 무죄로 추정되기 때문에, 그를 불가피하게 체포해야 하는 경우에도, 그의 인신을 확보하는 데 필요하지 않은 모든 가혹 행위는 법에 의해 엄격하게 억제되어야 한다.

10조. 의견 표명이 법에 의해 확립된 공공질서를 교란하지 않는 한, 어느 누구도 자신의 견해, 심지어는 종교적 견해 때문에 위협 받아서는 안 된다.

11조. 사상과 의견의 자유로운 표현은 인간의 가장 귀중한 권리들 중 하나이다. 따라서 모든 시민은 자유롭게 말하고, 쓰고, 출판할 수 있다. 다만 법으로 규정된 경우에 따라 이 자유의 남용에 대해서는 책임을 져야 한다.

12조. 인간의 시민의 권리에 대한 보장은 공적인 힘을 필요로 한다. 따라서 이 힘은 그것을 위임 받은 이들의 특수한 이익이 아니라 모두의 이익을 위해 제도화되어야 한다.

13조. 공적인 힘의 유지와 행정 비용에는 공통의 기여가 필요 불가결하다. 이 기여는 재력에 따라 모든 시민에게 평등하게 분배되어야 한다.

3　　Charles Debbasch et Jean-Marie Pontier, ed., *Les Constitutions de la France* (Pares, 1989).

14조. 모든 시민은 스스로 또는 그들의 대표자들을 통해 공적 기여의 필요성을 확인하고, 그것을 자유의사로 승인하고, 그것의 사용을 추적하고, 그것의 분담, 기준, 징수, 기간을 결정할 수 있는 권리를 갖는다.

15조. 사회는 모든 공직자에게 그 행정의 책임을 물을 권리를 갖는다.

16조. 권리가 보장되지 않고 권력이 분립되지 않은 모든 사회에서는 헌법이 존재하지 않는다.

17조. 소유권은 불가침의 신성한 권리이기 때문에, 법적으로 인정된 공적 필요가 명확하게 요구하는 경우가 아니라면, 그리고 정당한 손해배상이 사전에 주어진다는 조건이 아니라면 누구도 그 소유권을 박탈당할수 없다.

앞에서 제기한 질문들은 프랑스혁명 당시에도 격렬하게 토론되었던 쟁점들이기도 하다. 혁명을 계기로 피억압자들, 곧 봉건적 신분제와 절대왕정에 억눌려온 다양한 사람들이 돌연 역사의 주역으로 등장했다. 그중 제3신분, 곧 부르주아 남성들로 이루어진 국민의회는 피억압자의 대표로서 시민의 권리를 요구하는 데 앞장섰다. 그 결과, 1789년의 선언은 주권主權, souveraineté이 왕이 아니라 국민[민족nation]에게 있음을 천명했다.

그러나 동시에 국민의회의 다수 의원들은 다른 피억압자들, 곧 여성, 하인, 노동자, 농민, 빈민, 노예와 식민지인들에게 자신들이 쟁취한 것과 동일한 권리를 확장하는 데 주저했다. 교육받지 못하고 이성을 결여한 다수가 권리를 부여받았을 때 혼란과 무질서가 초래되고 자신들의 기득권(예컨대, 재산권이나 남성으로서의 권력)을 위협할지도 모른다고 우려했기 때문이다. 정치학자 홍태영은 프랑스혁명 당시 누가 권리의 주체인가를 둘러싼 이 논쟁을

"이성理性과 수數의 갈등"으로 표현했다. 다시 말해, '수'가 의미하는 다수에 의한 민주주의와 '이성'을 가진 소수에 의한 통치 사이에 갈등이 전개된 것이다.[4]

　　2년여간 지속된 이러한 갈등은 수에 대한 이성의 승리, 곧 이성을 자임한 부르주아 남성들의 권력 독점으로 일단락되었다. 1791년 9월 3일 제정된 새로운 헌법은 모든 프랑스 국민을 시민으로 간주했지만, 모든 시민에게 동등한 권리를 부여하지는 않기로 결정했다. 시민은 두 부류, 곧 능동적 시민(citoyen actif, 영어로는 active citizen)과 수동적 시민(citoyen passif, 영어로는 passive citizen)으로 나뉘었다.[5] 이제 모든 국민은 시민적 권리civil rights, 곧 신체의 자유와 표현, 사상, 종교, 집회의 자유, 소유권 등을 향유할 수 있게 되었지만, 정치적 권리political rights, 곧 대표를 선출할 권리는 오직 능동적 시민에게만 부여되었다.

　　수동적 시민과 능동적 시민을 구분하는 기준은 계급, 성별, 인종이었다. 남성 성인 중 일정액 이상의 세금을 낼 수 있는 납세자만이 능동적 시민이 될 수 있었다. 당시 능동적 시민의 자격을 얻은 이들은 프랑스 인구의 17퍼센트 가량인 약 430만 명이었다. 그러나 능동적 시민도 대표자를 직접 선출하는 대신, 선거인단만 선출할 수 있었다. 선거인단은 인구의 0.2퍼센트에 해당하는 5만 명에 불과했다.[6] 반면 여성은 재산과 상관없이 자동으로 수동적 시민으로 간주되었고, 유색인 노예와 식민지인 역시 수동적 시민

4　　홍태영, 『국민국가의 정치학: 프랑스 민주주의의 정치철학과 역사』 (후마니타스, 2008), 184쪽.

5　　나종일, 『자유와 평등의 인권선언 문서집』 (한울 아카데미, 2012), 288~289쪽.

6　　나종일, 앞의 책, 289쪽.

으로 분류되었다.

　이처럼 프랑스혁명의 결실인 인권 선언과 헌법은 왕과 귀족의 특권을 철폐하고 왕의 주권을 탈취하여 국민에게 부여했다는 점에서 근대 민주주의의 출발점으로 평가된다. 하지만 선언과 헌법은 정치적 권리를 여전히 소수에게만 한정했다는 점에서 태생부터 불완전했다. 인권 선언의 주체로서 인간은 남성으로, 시민은 부르주아로 고정된 것이다. 그 결과, 이후 프랑스 정치는 능동적 시민에서 배제된 이들의 격렬한 도전에 직면하게 되었다. 그러므로 프랑스혁명은 자유주의뿐만 아니라, 그것에 대한 비판으로서 사회주의, 페미니즘, 민족해방 운동을 동시에 탄생시켰다고 볼 수 있다.

"여성이여, 깨어나라":
드 구주의 「여성과 여성시민의 권리 선언」

　올랭프 드 구주의 「여성과 여성시민의 권리 선언Déclaration des Droits de la Femme et de la Citoyenne」(이하 「여성 선언」)은 이와 같은 프랑스혁명의 제한적 민주주의에 대해 여성이 도전한 대표적 사례다. 드 구주는 헌법이 선포된지 이틀만인 1791년 9월 5일에 이 팸플릿을 작성하여 배포했다. 이 선언은 제목에서도 확인할 수 있듯이 권리의 주체를 여성과 여성시민으로 명시했고, 참정권을 비롯한 모든 권리가 여성에게도 부여되어야 한다고 역설했다.

　많은 남성 혁명가들과 달리 드 구주의 생애는 공식 문서로 입증되는 대신 무성한 소문과 추측으로 점철되어 있다. 드 구주는

1748년 프랑스 남부 농촌에서 푸줏간 주인의 딸로 태어났다고 한다. 그러나 드 구주가 자신이 1755년생이며 저명한 귀족의 사생아라고 주장했다는 기록도 있다. 본명은 마리 구주Marie Gouzes였고 남편의 성은 오브리Aubry였지만, 남편이 죽자 올랭프 드 구주로 개명했다고 한다. 남편의 죽음 이후 파리로 거처를 옮긴 구주는 사교계에서 자유분방한 삶을 살며 여러 편의 희곡과 팸플릿을 작성했다. 그 결과, 드 구주의 직업 목록에는 극작가, 혁명가와 더불어 '고급 창녀courtesan'가 덧붙여지기도 한다. 심지어 드 구주는 극작가였음에도 글을 제대로 쓸 줄 몰랐고, 따라서 여성의 권리 선언을 비롯한 대부분의 작품은 드 구주의 구술을 비서가 받아쓴 것이라는 주장도 있다.[7]

　이처럼 불분명한 이력은 드 구주가 하층 신분 출신의 여성이라는 사실과 무관치 않을 것이다. 하지만 역사가 조운 스콧Joan W. Scott은 이러한 측면을 더욱 적극적으로 해석했다. 드 구주가 소문과 추측을 애써 부인하는 대신 그것의 모호함을 이용하여 자신의 정체성을 스스로 연출했다는 것이다. 예컨대 드 구주는 자신이 저명한 귀족의 사생아임을 암시함으로써 푸줏간 주인의 딸에게는 부여되기 어려운 문필가로서의 지적 권위를 확립할 수 있었다. 또한 드 구주는 아버지가 물려준 이름과 남편의 성을 버리고 개명함으로써, 가부장제에 종속된 열등한 존재가 아니라 자기 자신의 주

7　Mousset, 앞의 책, p.5; 이세희, 『프랑스대혁명과 여성·여성운동: 페미니즘의 파란만장한 드라마』 (탑북스, 2012), 167~169쪽; Joan W. Scott, *Only Paradoxes to Offer: French Feminists and the Rights of Man* (Harvard University Press, 1996), pp.21~22, 36. [조앤 월라치 스콧, 『페미니즘 위대한 역사』, 공임순 이화진 최영석 옮김 (앨피, 2017), 84~85, 107쪽] 이하 원문 출처를 밝힌 인용문의 경우, 필자가 번역을 수정함.

인임을 선언했다.[8]

그럼 이제 드 구주가 작성한 선언문을 읽고, 그것과 1789년 인권 선언의 차이점에 관해 생각해보자. 또한 이 선언이 단지 권리의 주체를 여성과 여성시민으로 바꾸었을 뿐 1789년 선언의 패러디에 지나지 않는지, 아니면 그것을 넘어서는 급진적인 함의를 지니고 있는지 토론해보자.

「여성과 여성시민의 권리 선언」[9]

이 선언은 국민의회가 이번 혹은 다음 회기에 공포해야 한다

전문

어머니들, 딸들, 자매들은 국민의 대표자들로서 국민의회에 참여할 것을 요구하며, 여성의 권리에 대한 무지, 망각 혹은 경시가 공공의 불행과 정부 부패의 유일한 원인이라는 것을 알기에, 사회체의 모든 구성원이 이 선언을 항상 마음에 간직해서 그들이 끊임없이 자신들의 권리와 의무를 상기할 수 있도록 (…) 양도할 수 없고 신성한 여성의 자연권들을 엄숙한 선언의 형태로 공표하기로 결의하였다.

이에 따라, 모성으로 인해 겪는 고난 속에서도 아름다움과 용기에서 우월한 성[여성]은 지고의 존재 앞에서 그리고 그의 보살핌 아래서 다음과 같은 여성과 여성시민의 권리들을 인정하고 또 선언하는 바이다.

1조. 여성은 태어날 때부터 자유롭고 또 권리에서 남성과 평등하다. (…)

2조. 모든 정치적 연합의 목적은 여성과 남성의 소멸될 수 없는 자연권의 보존이다. 자유, 소유권, 안전, 그리고 무엇보다도 억압에 대한 저항이 그러한 권리들이다.

3조. 모든 주권의 원천은 본질적으로 여성과 남성의 연합일 뿐인 국민에게 있다. (…)

4조. 자유와 정의는 타인에게 그에게 속한 모든 것을 되돌려주는 것에 있다. 따라서 여성의 자연권 행사는 남성이 여성에게 행사하는 지속적인 횡포 외에 다른 한도를 갖지 않는다. 그러므로 이 한도는 자연과 이성의 법에 의해 혁파되어야 한다.

5조. 자연과 이성의 법은 사회에 해를 끼칠 수 있는 모든 행동을 금지한다. (…)

6조. 법은 일반의지의 표현이어야 한다. 모든 여성시민들과 남성 시민들은 법의 제정에 스스로 또는 그들의 대표자들을 통해 참여해야 한다. 법은 모두에게 동일해야 한다. 모든 여성시민들과 남성 시민들은 법의 관점에서 평등하기 때문에 그들의 능력에 따라, 그리고 그들의 덕목과 재능의 차이 이외의 어떤 차별도 없이 모든 고위직, 공직과 공무에 평등하게 임명될 수 있어야 한다.

7조. 어떤 여성도 예외가 되지 않는다. 모든 여성은 법으로 규정된 경우에 따라 고발, 체포, 구금될 수 있다. 여성은 남성과 마찬가지로 이 엄격한 법에 복종해야 한다. (…)

8조. 법은 엄격하고 분명하게 필요하다고 인정된 형벌만을 확립해야 하며, 누구도 범법 행위 전에 제정 및 공포되고 또 여성들에게 합법적으로

---

8   Scott, 앞의 책, p.22 [국역: 85쪽].

9   Olympe de Gouges, "Déclaration des droits de la femme et de la citoyenne" (1791).

적용된 법에 의하지 않고서는 처벌될 수 없다.

9조. 모든 여성은 유죄 선고를 받을 수 있다. 법은 어떠한 경우에도 엄정성을 갖는다.

10조. 누구도, 심지어는 근본적인 사안에 대해서도 자신의 의견 때문에 위협 받아서는 안 된다. 여성은 단두대에 설 권리를 갖는다. 마찬가지로, 그의 의견 표명이 법에 의해 확립된 공공질서를 교란하지 않는 한 여성은 의회의 연단에 설 권리도 가져야 한다.

11조. 사상과 의견의 자유로운 표현은 여성의 가장 귀중한 권리들 중 하나이다. 왜냐하면 이런 자유가 아이에 대한 아버지의 친권親權, légitimité을 보장해주기 때문이다. 따라서 모든 여성시민은 야만적 편견으로 인해 진실을 숨기도록 강요되는 일이 없이 내가 당신에게 속한 아이의 어머니라고 자유롭게 말할 수 있어야 한다. 다만 법으로 규정된 경우에 따라 이 자유의 남용에 대해서는 책임을 져야 한다.

12조. 여성과 여성시민의 권리에 대한 보장은 주요 공익 시설을 필요로 한다. 그리고 이러한 보장은 그것을 위임받은 이들의 특수한 이익이 아니라 모두의 이익을 위해 제도화 되어야 한다.

13조. 공적인 힘의 유지와 행정 비용에 대한 여성과 남성의 기여는 동등하다. 여성은 모든 고역과 모든 고된 작업에 동참한다. 따라서 여성은 공직, 고용, 책임, 고위직, 생업의 분배에도 마찬가지로 동참해야 한다.

14조. 여성시민들과 남성시민들은 스스로 또는 그들의 대표자들을 통해 공적 기여의 필요성을 확인할 수 있는 권리를 갖는다. 여성시민들은 재산뿐만 아니라 공공 행정의 영역에서도 동등한 나눔이 허용되는 한에서만 이 권리에 참여할 수 있고, 조세의 분담, 기준, 징수, 기간을 결정할 권리를 갖는다.

15조. 이 기여를 위해 남성 대중과 동맹한 여성 대중은 모든 공직자에게 그 행정의 책임을 물을 권리를 갖는다.

16조. 권리가 보장되지 않고 권력이 분립되지 않은 모든 사회에서는 헌법이 존재하지 않는다. 헌법은 국민을 구성하는 다수의 개인들이 그것의 제정에 동참하지 않는다면 아무것도 아니다.

17조. 소유권은 결합한 상태로 있거나 분리된 상태로 있는 모든 성에게 속한다. 그것은 각자에게 불가침의 신성한 권리이다. 법적으로 인정된 공적 필요가 명확하게 요구하는 경우가 아니라면, 그리고 정당한 손해배상이 사전에 주어진다는 조건이 아니라면 누구도 자연의 진정한 유산인 그 재산을 박탈당할 수 없다.

후기

여성이여, 깨어나라! 전 세계에서 이성의 종이 들리고 있다. 그대의 권리를 인정하라. 강력한 자연의 왕국은 더 이상 편견, 광기, 미신, 기만으로 둘러싸여 있지 않다. 진리의 횃불이 우둔함과 침탈의 모든 먹구름을 걷어냈다. 남성 노예는 자신의 힘을 증가시켰고, 자신의 사슬을 끊기 위해 그대의 힘에 의존할 필요가 있었다. 그러나 해방되고 나서 그는 자신의 여성 동반자에게 정의롭지 못하였다. 오 여성들이여! 여성들이여, 그대들은 언제 맹목에서 벗어날 것인가? 그대들은 혁명에서 어떤 이익을 얻었는가? 더 분명해진 경멸과 더 뚜렷해진 멸시뿐이다. (…)

"국가의 남자"가 된 죄,
드 구주의 처형

「여성 선언」은 프랑스혁명 이후 확립된 제한적 민주주의에 대해 여성들이 도전한 유일한 사례는 아니다. 국민의회가 소집되어 헌법을 기초하기 시작한 1788년부터 여성들은 다양한 청원서를 통해 권리를 주장했고 혁명에 열렬히 동참했다.[10] 그럼에도 후대 사람들이 드 구주를 프랑스 혁명기 페미니스트의 전범典範으로 평가하는 데에는 「여성 선언」의 상징성과 더불어 그녀가 맞은 비극적인 최후의 영향도 크다. 드 구주는 「여성 선언」을 작성한 후 약 2년 만인 1793년 7월 당시 집권 세력이었던 자코뱅의 중앙집권주의를 반대하고 지롱드의 연방주의를 옹호하는 벽보를 붙였다는 이유로 사형을 선고받았다. 그로부터 4개월 후인 1793년 11월 초, 드 구주는 이 글의 도입부에서 밝힌 것처럼 단두대에서 죽음을 맞이했다.[11]

이로써 "여성은 단두대에 설 권리"와 더불어 "연단에 설 권리"를 가져야 한다는 「여성 선언」 제10조는 드 구주 자신의 운명에 대한 예언이자, 끝내 실현되지 못한 이상적 민주주의에 대한 유언이 되고 말았다. 드 구주는 단두대에 섰지만, 공식 연단에는 서지 못했기 때문이다. 드 구주는 스스로 만든 연단에 올라 자신의 주장을 외쳤으나, 남성 집권자들은 그녀를 침묵시키고자 단두대로 보냈다.

당시 작성된 공안 서류La feuille de salut public는 드 구주의 죽음을 다음과 같이 보고했다.

78

과도한 상상력을 타고 태어난 올랭프 드 구주는 자신의 망상을 자연이 부여한 영감으로 착각했다. 드 구주는 국가의 남자가 되고자 했다. 드 구주는 프랑스를 분열하려는 반역자들의 모의에 가담했다. 법은 이 공모자[드 구주]가 여성의 미덕을 망각한 죄를 처벌한 것이다.[12]

며칠 후 당시 정치가 쇼메트Pierre Chaumette는 드 구주의 처형에 관해 유사한 논평을 남겼다.

드센 여자virago이자, 여자인 동시에 남자인woman-man, 무례한 올랭프 드 구주는 정치에 참여하고 범죄를 저지르기 위해 가사를 내팽개쳤다. (…) 드 구주는 이처럼 여성의 미덕을 망각했기 때문에 단두대에 서게 된 것이다.[13]

이와 같은 논평은 드 구주의 처형 이유가 지롱드파를 지지했다는 사실 외에도, 여성으로서 권리를 요구하고 정치에 참여했기 때문임을 보여준다. 두 인용문이 드 구주를 "국가의 남자", "여자-남자"로 불렀다는 사실은 무엇을 의미하는 것일까? 또한 당시 남성 혁명가들은 무엇을 여성의 미덕으로 여겼을까? 다시 쇼메트의 이야기를 들어보자.

10　　최갑수, 앞의 글. 23쪽; 홍태영, 「젠더화된 공화국: 프랑스혁명과 여성의 영역」,
　　　　『아시아여성연구』 43권 2호 (숙명여자대학교 아시아여성연구소, 2004), 139~141쪽.

11　　Scott, 앞의 책. p.51 [국역: 136쪽].

12　　Scott, 앞의 책. p.52 [국역: 136쪽].

13　　Scott, 앞의 책. p.181 [국역: 363쪽].

여자가 남자처럼 되고자 하는 것은 모든 자연의 법칙에 위배된다. (파리 시) 의회는 이처럼 자연에 반하는 여성들, 이처럼 드센 여자들이 얼마 전 자유의 상징인 붉은 모자를 쓰고 시장을 활보한 것을 상기해야 한다. (…) 언제부터 자신의 성별을 포기하는 것이 허용되었는가? 언제부터 여자들이 공공장소에 나오고 의회 방청석에서 연설을 듣기 위해, 가사를 돌보고 아이들을 재우는 경건한 임무를 방기하는 것이 괜찮은 일이 되었는가?[14]

또 다른 남성 혁명가인 상테르Antoine Santerre도 다음과 같이 탄식했다.

변두리 지역에 사는 남성들은 누구나 일터에서 돌아올 즈음에는 집안이 말끔히 치워져 있기를 바라지, 마누라가 집회장에서 돌아오는 모습을 보기 좋아할 사람은 없을 것이다. 게다가 평소에는 고분고분하던 여편네들도 집회장에만 한번 갔다오면 영 딴판이 돼서 오는 경우가 많으니 말이다. 그러니 일주일에 세 번씩이나 열리는 그런 집회를 남자들이 고운 눈으로 볼 리가 있겠는가?[15]

정치가 남성의 영역으로 확립되자, 여성의 미덕은 정치적 권리를 박탈당한 채 가정에서 남편과 아이들을 돌보는 일로 설정되었다. 많은 연구자들은 이처럼 공적 영역과 사적 영역을 엄격하게 구분하는 원리가 근대 이후 더욱 강화되었다고 지적한다. 비록 과거에도 정치는 주로 특권층 남성들의 영역으로 간주되었지만, 종종 그러한 경계를 넘나드는 여성들이 존재했고, 그러한 여성들이 모두 드 구주처럼 탄압받지는 않았기 때문이다.

　　역사학자 린 헌트는 이처럼 공사 이분법이 강화된 이유가 프랑스 공화국이 형제애fraternité에 기초했기 때문이라고 분석한다. 흔히 박애博愛로 번역되는 형제애는 자유, 평등과 더불어 프랑스혁명의 정신이다. 프랑스혁명은 왕과 신하, 아버지와 아들의 관계로 표상되는 봉건제의 수직적 질서를 평등한 남성들 간의 수평적 유대로 대체했다. 헌트는『프랑스 혁명의 가족 로망스』에서 혁명 이후 새롭게 건설된 프랑스를 형제애에 기초한 남성 공화국이었다고 평가한다.

　　왕정은 1792년 9월 21일 공식적으로 폐지되었다. 의원 앙리 그레구아르 Henri Grégoire는 다음과 같이 설명했다. "이 왕이라는 단어를 파괴할 필요가 있다. 그것은 여전히 많은 사람들을 놀라게 할 수 있는 마술적 힘을 가진 부적이기 때문이다." 1793년 1월 인간 루이 카페Louis Capet[루이 16세]가 처형되었다. 정치적 아버지[루이 16세]의 살해는 희생 제의로서 형제들을 위한 새로운 시대를 열었다. (⋯)

　　왕이 죽은 후, 의원들은 아버지의 특권에 대한 공격을 더욱 밀어붙였다. 많은 의원들은 부모의 폭정을 애매하게 비난하는 데 그치지 않고, 아버지의 권위, 특히 성인 자녀에 대한 아버지의 통제를 더욱 분명하게 고발했다. 장-자크 캉바세레스Jean-Jacques Cambacérès는 1793년 8월 자신

14　　Lynn Hunt, 1992. *The Family Romance of the French Revolution* (University of California Press, 1992), pp.119~120 [린 헌트,『프랑스 혁명의 가족 로망스』, 조한욱 옮김 (새물결, 2000), 168~169쪽].

15　　조르주 뒤비, 미셸 페로,『여성의 역사 4-19세기 편: 페미니즘의 등장』, 권기돈, 정나원 옮김 (새물결, 1998), 77쪽.

의 민법 초안에서 다음과 같이 설명했다. "이성의 엄중한 목소리가 명한다. 더 이상 아버지의 권력은 없다. 강제로 아버지의 권리를 확립하는 것은 자연을 기만하는 것이다." (…)

프랑스 혁명가들이 스스로 그려낸 자신들의 이미지는 언제나 형제들이었다. 그들은 악과 부패의 폭력에 맞서 공화국의 미덕과 승리를 위해 싸우는 낭만적인 영웅들이었다. 그들은 자신들의 명분을 위해, 전쟁터에서든 공무 수행 중이든, 순교자가 될 준비가 되어 있었다. 그들은 국가가 자신들에게 고마워하리라 기대했지만, 그들에게 더욱 중요한 보상은 형제들과의 연대 의식이었다. 그들은 자신들을 건국의 아버지로 상상하지 않았다. 그들은 자신들 중 한 사람 또는 몇몇을 아버지로 내세우지도 않았다. 가장 놀라운 점은 프랑스혁명의 영웅이 죽은 순교자였지 (나폴레옹 이전까지는) 살아 있는 지도자가 아니었다는 점이다. 그들 중 누구도 미국의 조지 워싱턴처럼 지혜로운 연장자의 후광을 지니지 않았다. 공화국이 아직 완전히 확립되지 않았으므로, 프랑스 공화주의자들은 여전히 투쟁 중이었다. 누구도 그들의 공유 재산인 조국their patrimony을 홀로 구현할 수 없었다.

형제애라는 새로운 가족 로망스family romance에서 자매들은 애매한 지위를 차지했다. 혁명 이후 확립된 법률은 (형제들과 마찬가지로 자매들 역시) 아버지의 상속자로 인정했지만, 그들이 시민으로서 (형제들과 동등한) 권리를 지녀야 하는지를 둘러싸고 새로운 질문들이 제기되었다. 공화주의자들은 여성들이 공적 활동을 수행하는 것에 대해 엄청난 불만을 표출했다. (…) 정치라는 공적 영역에서 활동하는 여성들은 성별 경계를 위반하고 성차를 흐린다고 묘사되었다. 그들의 활동으로 말미암아 그들은 남자처럼 보이고 남자로 위장한다는 것이다.

그러나 여성들이 급진적 공화국의 가족 로망스의 도상학圖像學에서 부재하지는 않았다. 공화국은 대체로 여성, 주로 처녀이거나 가끔 아이와 함께 있는 젊은 여성으로 표현되었다. (…) 공화국을 여성 상징으로 표현하는 것에는 분명한 장점이 있었다. 여성은 아버지/왕과 혼동되지 않을 것이기 때문이다. 게다가 프랑스 민주주의에서는 정치 지도자 개인에게 상징적 의미를 부여하는 것이 문제로 여겨졌다. 프로이트의 표현을 빌리자면 형제들은 부족 구성원들 간의 "원초적인 민주적 평등"을 유지하고자 했고, 또 특정 개인을 숭배하는 것을 거부했기 때문에, 특정 남성 정치 지도자로써 국민 전체, 국가, 또는 시민권의 일반적 속성을 표현하는 것은 용납될 수 없었다. 어떤 정치가 개인도 프랑스 동전이나 지폐에 등장하지 않았다. 모든 국가 관료가 남성인 한, 여성 상징은 특정 정치 지도자와 연관되지 않을 수 있었다. 따라서 도상학에 여성 인물이 등장한다는 사실이 여성의 정치적 영향력의 지표는 아니었다. (…)

이렇듯 어머니로서 국가the nation as a mother, La Nation는 어떤 여성적 속성도 지니지 않았다. 그것은 위협적인 여성적 힘을 지니지 않았고, 따라서 공화주의와 양립 불가능하지 않았다. 실상 국가는 남성적 어머니, 또는 출산할 수 있는 아버지였다. 몇몇 풍자적인 판화들이 1791년 헌법을 출산하는 기 타르제Guy Target 의원의 "출산"을 조롱했다. 그러한 판화들은 의도치 않게 형제애라는 새로운 체제 아래서 남성이 스스로 새로운 질서를 창출할 것이라는 무의식적 가정을 표출한 것이라고 볼 수 있다.16

1791년 헌법을 출산하는 기 타르제 의원의 판화.
오른쪽 여성이 유명한 민주주의자이자 반혁명 선전에서 자주 조롱의
대상이 되었던 테르외뉴 드메리쿠르(Théroigne' de Mé'ricour).[17]
(출처: 프랑스 국립 도서관)

반역자 또는 광인에서 페미니스트로: 드 구주에 대한 재해석

드 구주의 처형이 상징적으로 보여준 바와 같이, 프랑스 혁명기에 분출된 여성들의 권리 요구는 자코뱅에 의해 극심하게 탄압받았다. 앞에서 인용한 쇼메트의 주장처럼, 남성 혁명가들은 드 구주의 죽음을 다른 여성을 훈계하는 데 이용했다. 1793년 자코뱅은 여성들의 정치 활동을 일제히 금지했다. 이후 집권한 나폴레옹은 새로운 민법을 제정하여 남편에 대한 복종을 아내의 의무로 명시했다. 이로써 여성의 정치적 권리는 물론, 혁명기에 보장되었던 시

민적 권리도 부정되었다. 남편은 아내의 임금과 소득에 대해 무제한적인 통제권을 지녔고, 아내는 남편의 동의 없이는 재산을 상속하거나 증여할 수 없었다. 남편에게는 결혼 생활과 관련된 모든 결정권이 부여되었고, 남편의 승인이 없으면 부부 간에 태어난 아이조차 적자로 인정받지 못했다.[18] 이런 점에서 자본주의 물질문명이 급속히 발달한 19세기는 여성 권리의 관점에서는 암흑기나 다름없었다.

그러나 드 구주의 선언과 죽음이 헛되지는 않았다. 드 구주의 주장과 유사하거나 그로부터 영감을 받은 요구가 이후 프랑스에서는 물론 국경을 넘어 확산되었기 때문이다. 일례로 프랑스 혁명을 지지했던 영국의 메리 울스톤크래프트Mary Wollstonecraft는 드 구주의 「여성 선언」이 발표된 지 1년 후 『여성 권리의 옹호』를 출판했다. 드 구주와 마찬가지로 울스톤크래프트는 이 책에서 여성을 보호한다는 명분으로 여성의 권리를 부정하는 것은 혁명가들이 과거의 압제자들을 따르는 것이라고 비판했다.[19] 이후 프랑스

---

16   Hunt, 앞의 책, pp.53, 64~65, 79~83, 99~100. [국역: 84, 98~99, 116~121, 143~144쪽]
       헌트는 프랑스 혁명기 정치가 가족 질서에 대한 집단적인 정치적 무의식에 기초하고 있었다고
       분석하고, 그러한 환상을 '가족 로망스'라고 명명한다. 가족 로망스는 원래 정신분석학자 프로이트의
       개념으로, 신경증 환자들이 지위가 낮은 자신의 부모를 부정하고, 자신을 낳아준 진짜 부모가 고귀한
       신분이라고 믿는 환상을 가리킨다. 지그문트 프로이트, 「가족 로맨스」, 『성욕에 관한 세 편의 에세이』,
       김정일 옮김 (열린책들, 1998). 헌트는 혁명 전 프랑스 사람들이 루이 16세를 아버지로,
       마리 앙투와네트를 어머니로 상상했으나, 혁명은 그러한 수직적 가족 질서를 해체하고 형제애에
       기초한 새로운 공동체를 창출했다고 주장한다.

17   Hunt, 앞의 책, p.100 [국역: 144쪽].

18   권현정, 「유토피아 사회주의 페미니즘」, 『페미니즘 역사의 재구성:
       가족과 성욕을 둘러싼 쟁점들』 (공감, 2003). 76~77쪽.

19   권현정, 앞의 글, 75쪽.

와 영국을 비롯한 여러 국가에서 다수의 페미니스트들이 드 구주와 울스톤크래프트를 전범으로 삼아 여성운동을 전개했다. 이러한 운동은 성과를 이루어, 드 구주가 염원했던 참정권이 영국에서는 1918년부터 1928년까지 점차적으로, 프랑스에서는 1944년에 비로소 여성에게 부여되었다. 프랑스에서 모든 성인 남성에게 참정권이 부여된 것은 1848년이었다.

프랑스 여성들이 참정권을 쟁취한 지 약 50년이 지난 1993년에 일부 여성들은 드 구주의 유해를 혁명 유공자들의 시신이 안치된 팡테옹으로 옮겨야 한다고 요구했고, 이러한 운동은 현재까지도 여전히 이어지고 있다.[20] 이렇듯 드 구주의 삶과 죽음은 200여 년이 지난 많은 이들에 의해 기억되고 재해석되고 있다. 드 구주는 어떤 이에게는 공화국을 위협하는 반역자로, 어떤 이에게는 자신을 남성으로 혼동하는 광인으로, 그리고 다른 이에게는 페미니즘의 선구자로 평가되었다. 역사가 조운 스콧은 드 구주의 삶에 대한 해석이 매우 논쟁적이었음을 보여준다.

> 드 구주가 단두대에서 죽음을 맞고 몇 달 후, 그녀의 아들은 혁명재판소에 기록 정정을 요청했고, 그러한 요청은 수용되었다. 혁명재판소 문서에서 그의 어머니의 이름은 "마리-올랭프 드 구주, 오드리의 미망인"에서 "마리 구주[개명 전 이름], 루이 이브 오드리의 미망인"으로 변경되었다. 피에르 오드리[구주의 아들]는 자기 어머니를 그녀의 (그리고 자신의) 계보에 정확히 자리 매김함으로써 드 구주의 정체성을 딸과 아내로 복원하고자 했다. 실상 그의 행동은 사태를 돌이키지 못했다. 후대 사람들이 그 여자를 자기가 스스로 부여한 이름, 올랭프 드 구주로 기억했기 때문이다. 역사적으로, 올랭프 드 구주의 실재實在, reality는 그녀의 상

상력의 산물이라고 보는 것이 정확하다. 역사가들은 드 구주가 스스로 자신을 설정한 연출의 중요성을 간과하는 오류를 범한다. (…)

1840년에 『1789년부터 1795년까지 여성 명사들』이라는 책을 쓴 레튈리에E. Laitullier는 그녀를 맹렬한 또는 열정적인la fougueuse 올랭프 드 구주라고 지칭했다. 레튈리에는 혁명기 여성들에 관한 목록을 작성하면서 그녀를 "복수의 여신furies" 유형으로 분류했다. 그리고 그는 드 구주의 "탁월한" 상상력의 이중적 측면을 강조했다. "몇 번이나 드 구주는 자신의 풍부한 상상력과 발상으로 당대의 영향력 있는 남성들을 놀라게 했다. 그리고 실제로 그 여자는 망설임 없이 대단한 명성을 얻고자 했다." 레튈리에는 그런 상상력이 어느 정도 긍정적인 독창성을 지녔으나, 동시에 부정적 측면도 있다고 보았다. 부정적 측면은 드 구주의 격정적 성격, 감정의 과잉, 조잡한 발상과 현명한 발상을 구분하지 못하는 무능력, 그리고 도발적 문체로 표현되었다. 레튈리에가 보기에 드 구주의 탁월한 상상력은 기이하고 위험한 성격의 불가피한 산물이었다.

후대의 작가들은 레튈리에보다 더욱 분명하게 드 구주가 정신이상자라고 진단했다. 드 구주는 이성과 환상의 경계를 넘나들었다. 드 구주는 남성의 역할을 떠맡으면서 정작 자신의 의무와 분별력은 상실했다. 미셸레Michelet는 여성이 정치에 침범하는 것은 위험하다고 보았다. "여성은 모든 면을 파괴한다." 그는 드 구주가 "관대한 생각을 지닌 불행한 여인"으로, "자신의 불안정한 감정의 순교자, 노리개"가 되었다고 설명했다.

20　Mosset, 앞의 책, vii; Agnes Poirier, "Revolutionary feminist Olympe De Gouges in the race for a place in France's Panthéon", *Guardian*, September 1, 2013.

그는 드 구주가 연약해지고 눈물에 젖어 다시 여자가 되었을 때, 죽음에 대한 공포로 전율할 때, 진정한 여성적 본성이 드러났다고 썼다. 그러나 단두대에서 드 구주는 다시 용감해졌다(미셸레는 이것이 다시 남성적 자세로 복귀한 것이라고 암시한다). 드 구주는 "조국의 아이들이 내 죽음을 복수하리라"라고 울부짖었다. 청중들이 (진심인 듯) "공화국 만세"라고 화답했다. (…)

1904년 기와Guillois 박사는 드 구주의 구금 기간 동안 생산된 기록을 분석하여 그녀를 혁명기 히스테리 사례로 진단하는 글을 썼다. (과도한 생리혈에서 비롯된) 비정상적 성, (매일 목욕하기 좋아했다는 사실에서 확인되는) 나르시시즘, (재혼하기를 완강히 거부한 점에서 드러나는) 도덕성의 완전한 결여가 정신병의 명백한 징후였다. 드 구주는 여자가 남자를 모방하고자 하면 어떤 일이 일어나는지 보여주는 사례였다. 그런 경우 여자들은 비정상적 욕망에 이끌려 용감해질 뿐만 아니라 남자보다 더 사납고 잔인해진다는 것이다. (…)

반면 19세기와 20세기 페미니스트들에게 드 구주는 전혀 다른 인물이었다. 그들은 위에서 언급한 [남성 의사들의] 정신병 진단에 맞서 드 구주를 능동적 상상력이 산출할 수 있는 최선을 실현한 인물로 묘사했다. 페미니스트들은 드 구주를 19세기 프랑스 페미니즘 운동의 구호를 또렷하게 주장한 인물로 기억했다. 그 구호는 바로 "여성은 단두대에 설 권리를 갖는다. 여성은 연단에 설 권리도 똑같이 가져야 한다"였다. 드 구주는 자신의 삶과 죽음으로 그러한 대담한 주장의 타당성을 입증했다. 그것은 환상의 산물이 아니라 대단히 합리적인 정치 격언으로 여겨졌다. 그뿐만 아니라, 드 구주의 경험은 반복되는 페미니즘의 운명, 곧 공화국에서 탄생했으나 바로 그 공화국에 의해 사형선고를 받는 운명을 상징하는 것처럼 보였다. 이러한 맥락에서 (당시 망명 중이던) 잔 드로앵 Jeanne Deroin은 자신과 다른 페미니스트들이 1848년 혁명에 참여한 대가로 치러야 했던 희생을 독자들에게 상기시켰다. "올랭프 드 구주의 선례를 따라 많은 이들이 정의와 진실에 헌신하고자 목숨을 바쳐야만 했다." 드 구주는 순교자였고, 페미니스트들은 드 구주가 자신의 명분을 위해 죽었다고 믿었다. 드 구주는 자신의 잘못이나 장애의 희생자가 아니라, 공화국의 시민권 정의에 내재한 모순, 그리고 자유, 평등, 형제애라는 보편적 원칙의 오용誤用, misapplication의 희생자였다는 것이다.[21]

민주주의,
성적 차이와 페미니즘

많은 사람들은 근대 민주주의가 시간의 흐름에 따라 점진적으로 확대되었다고 믿는다. 인권 역시 마치 은행의 대기표처럼 유산자 남성에서 모든 남성으로, 여성으로, 어린이에 이르기까지 순차적으로 부여되었다고 말이다. 그러나 이러한 단선적 진보의 논리 또는 목적론("그 시작은 미약했으나 그 끝은 창대하리라")은 왜 대기표가 하필 그와 같은 순서대로 작성되었는지, 다시 말해 권리의 주체가 왜 유산자 남성부터 시작되었고, 무산자, 유색인, 여성과 어린이는 왜 오랫동안 배제되었는지 설명하지 못한다. 이러

21　Scott. 앞의 책. pp.53~56 [국역: 139~144쪽].

한 관점에 따르면 배제는 단지 우연이었거나, 일시적으로 자원이 부족했거나, 조건이 성숙되지 않았거나, 권리의 주체가 아직 충분한 자격을 갖추지 못했기 때문에 발생한 것일 뿐이다.

반면 지금까지 살펴본 프랑스혁명의 역사는 근대 민주주의에서 시민의 지위, 시민권市民權, citizenship의 경계가 단지 우연한 누락이 아니라, 적극적 배제를 통해 확립되었음을 보여준다. 당시 시민의 자격은 사회적으로 구성된 남성성—이성적이고, 독립적이며, 병역을 수행할 수 있는 육체적 힘—과 등치되었다. 그 결과, 남성과 다른 여성의 속성—임신, 출산과 같은 생물학적 능력, 그리고 오랫동안 여성과 결부되어온 사회문화적 특징들, 예컨대 감성, 의존성, 양육과 보살핌의 의무—은 시민의 자격에 미달하거나 그것과 대립하는 것으로 간주되었다. 당시 남성 혁명가들은 시민의 지위를 견고하게 유지하기 위해서는 시민의 자격을 갖추지 못한 이들을 정치의 영역으로부터 추방할 필요가 있다고 믿었다.

이로써 정치는 남성의 영역, 가정은 여성의 영역으로 각각 할당되었다. 만약 여성이 이와 같은 공사 이분법을 위반한다면, 다시 말해 남성과 동일한 권리를 요구하고 정치에 참여하고자 한다면, 근대 민주주의 자체가 무질서에 빠질 것이라는 공포가 만연했다. 올랭프 드 구주는 그러한 공포를 촉발한 대표적 인물이고, 바로 그러한 이유로 자신이 사랑한 공화국에 의해 처벌받았다. 이런 관점에서 보자면, 「인권 선언」의 주어가 남성과 남성시민으로 표기된 것은 단지 남성과 여성을 병기하는 번거로움을 피하려는 편의적 사고에서 비롯된 것이 아니다. 그것은 근대 민주주의가 내포한 모순—곧 만인의 자유와 평등을 공표했으나 실상 차별과 배제 위에서 확립되었다는 사실—의 증거다.

　　성적 차이가 정치적 차이(차별)의 토대, 시민의 자격을 판별하는 기준으로 작동한 것은 비단 프랑스에서만 일어난 일은 아니다. 거의 모든 서구 민주주의 국가에서 여성은 남성보다 훨씬 늦게 (능동적) 시민의 지위를 부여받았다. 민주주의에서 성적 차이는 계급, 인종보다도 더욱 근본적인 것으로 간주되었다. 부르주아 여성이 프롤레타리아 남성이나 유색인 남성보다 더 늦게 참정권을 쟁취했다.

　　이처럼 성적 차이를 정치적 차이로 번역하는 경향은 많은 국가에서 일반적이고 완강했지만, 동시에 매우 취약한 논리에 기초하고 있었다. 시민 자격의 핵심으로 간주된 이성과 독립성, 그리고 국가에 대한 기여는 남성만이 지닌 배타적 속성이 아니기 때문이다. 다시 말해, 성별, 신체적 차이, 생식 역할의 차이(그리고 이 글에서는 다루지 않은 피부색이나 계급적 차이)를 불문하고, 모든 인간은 이성적임과 동시에 감성적이고, 서로 의존함으로써 독립성을 확보할 수 있으며, 각자의 방식으로 공동체에 기여한다.

　　페미니즘은 근대 민주주의가 내포하고 있는 이러한 모순과 차별을 비판하고, 남성이 독점한 권리를 여성을 비롯한 배제된 이들에게 확대하려는 시도로 등장했다. 그리고 많은 페미니스트들의 희생과 투쟁의 결과, 현재 민주주의를 표방하고 있는 대부분의 국가에서 여성은 남성과 동등한 정치적 권리를 향유하고 있다. 그렇다면 모든 인간이 평등하다는 근대 민주주의의 약속, 그리고 여성이 남성과 평등한 시민이자 정치적 주체가 되어야 한다는 페미니즘의 이상은 완전히 실현되었는가? '능동적 시민＝남성', '공적 영역[정치와 경제]＝남성', '사적 영역[가정]＝여성'이라는 낡은 등식은 과연 해체되었는가? 만약 그렇다면/그렇지 않다면, 이제 우리는 무엇을 해야 하는가?

박정미

참고문헌

권현정 외, 『페미니즘 역사의 재구성: 가족과 성욕을 둘러싼 쟁점들』, 공감, 2003.

나종일, 『자유와 평등의 인권선언 문서집』, 한울 아카데미, 2012.

이세희, 『프랑스대혁명과 여성·여성운동: 페미니즘의 파란만장한 드라마』, 탑북스, 2012.

최갑수, 「1789년의 「인권선언」과 혁명기의 담론」, 『프랑스연구』 4호, 한국프랑스사학회, 2001.

홍태영, 「젠더화된 공화국: 프랑스혁명과 여성의 영역」, 『아시아여성연구』 43권 2호,
　　　　숙명여자대학교 아시아여성연구소, 2004.

홍태영, 『국민국가의 정치학: 프랑스 민주주의의 정치철학과 역사』, 후마니타스, 2008.

조르주 뒤비, 미셸 페로, 『여성의 역사 4-19세기 편: 페미니즘의 등장』, 권기돈, 정나원 옮김, 새물결, 1998.

프로이트, 지그문트, 『성욕에 관한 세 편의 에세이』, 김정일 옮김, 열린책들, 2004.

Debbasch, Charles et Jean-Marie Pontier. ed.,
　　　　Les Constitutions de la France, Pares, 1989. 박기순 번역.

de Gouges, Olympe, "Déclaration des Droits de
　　　　la Femme et de la Citoyenne", 1791. 박기순 번역.

Hunt, Lynn, *The Family Romance of the French Revolution*, University of California Press,
　　　　1992 [린 헌트. 『프랑스 혁명의 가족 로망스』, 조한욱 옮김, 새물결, 2000].

Mousset, Sophie, *Women's Rights and the French Revolution:*
　　　　A Biography of Olympe de Gouges, Transaction Publishers, 2007.

Poirier, Agnes, "Revolutionary Feminist Olympe De Gouges in the Race for
　　　　a Place in France's Panthéon", *Guardian*, September 1, 2013.

Scott, Joan W, *Only Paradoxes to Offer: French Feminists and the Rights of Man*,
　　　　\Harvard University Press, 1996 [조앤 월라치 스콧, 『페미니즘 위대한 역사』,
　　　　공임순, 이화진, 최영석 옮김, 앨피, 2017].

쾌락을 추구하면서
선한 삶을 살 수 있을까

좋은 삶, 행복한 삶은
무엇일까

"자, 그러면 우리는 모두 행복을 원하는데, 그렇다면 우리는 어떻게 해야
행복해질까?"

– 플라톤, 『에우튀데모스』

행복한 삶이란 모든 사람이 추구하는 바이다. 대한민국의 헌
법에도 기본권의 하나로 "모든 국민은 인간으로서의 존엄과 가치
를 가지며, 행복을 추구할 권리를 가진다"(제2장 제10조)라고 하
여 행복 추구를 국민의 기본권으로 명시하고 있다. 그렇지만 위의
소크라테스의 말처럼 우리는 어떻게 해야 행복한 삶을 누릴 수 있
는지 분명하게 알지 못한다. 깊게 생각하지 않는다면 경제적으로

풍요롭고 가정적으로 고민 없이 건강하고 즐겁게 사는 삶이라고 답할 수 있을지 모르겠다. 그런데 부와 지위, 가족의 화목과 건강만으로 행복한 삶을 살고 있다고 단정할 수 있을까? 헤로도토스의 『역사』에는 여기에 대해 의문을 표하는 이야기가 있다.

> 엄청난 부자이면서 권력자였던 리디아의 왕 크로이소스는 아테네의 입법자이자 지식의 탐구를 위해 세계를 돌아다니는 현자 솔론을 불러들였다. 이 리디아 왕은 부족한 것이 없었고, 적어도 그렇다고 믿고 있었다. 왕은 그 사실을 솔론에게 확인시키고자 신하를 시켜 아테네의 현자에게 자신의 보물 창고를 둘러보게 했다. 그러면 반드시 현자가 '부의 장대함'에 놀라워하고 왕은 자신의 부를 자랑할 수 있으리라고 생각했다. 크로이소스는 부족한 것이 없었지만, 그럼에도 자신에게도 절실한 것이 있노라고 솔론에게 넌지시 말했다. 이 세상에서 가장 행복한 사람이 누구인지 알고 싶은 '열망'에서 벗어날 수가 없노라고. 그는 자신이 가장 행복한 사람이라고 확신하고 있었다.
>
> 그러나 솔론의 대답은 이런 왕의 망상을 떨쳐버리게 했다. 솔론은 이 세상에서 가장 행복한 사람은 한창 나이에 전사한 아테네의 어느 가장인 텔루스라고 답했다. 그 다음으로 행복한 사람은 클레오비스와 비톤이라는 두 형제로 이들도 역시 죽은 사람이었다. 이 대답에 크로이소스는 당혹스러워했고 분노를 터뜨리며 마침내는 정말이지 어리석은 자라고 생각하며 솔론을 쫓아냈다.
>
> 솔론이 떠난 후 얼마 되지 않아 크로이소스의 아들은 갑자기 이상한 죽음을 당하고, 그 자신은 델피의 신탁을 잘못 이해하는 바람에 결국 페르

시아와의 전쟁에 패해 포로가 되어 화형을 당하게 된다. 불길이 혀를 날름거리는 장작 더미 위에서 죽음에 직면하고서야 크로이소스는 솔론의 지혜로운 말과 자신의 오만함을 깨닫는다. 그는 "살아 있는 자는 그 누구도 행복하지 않도다!"라고 외치며 아테네의 현자 솔론의 이름을 세 번 부른다.[1]

우리가 행복한 삶을 살고자 할 때 필요하다고 상식적으로 생각하는 것들, 예를 들어 부와 지위, 가족의 화목과 건강 등을 크로이소스는 모두 가졌다. 솔론은 이에 대해 부와 지위, 자신과 가족의 화목이나 건강 같은 외부 조건이 갖추어진다고 해서 행복한 삶이라고 할 수는 없다고 말한다. 위의 이야기 속에서 크로이소스는 결국 불행과 고통 속에 빠지게 된다. 이는 이야기를 전하는 헤로도토스의 견해이기도 하며, 헤로도토스로 대변되는 당시 지식인들의 견해이기도 할 것이다.

이 이야기를 통해서 몇 가지 생각해볼 문제들이 생겼다. 첫째는 삶에 대한 것이다. "살아 있는 자는 그 누구도 행복하지 않다"는 크로이소스의 외침은 어찌 보면 삶 그 자체에 대해서 의문을 표하는 것처럼도 보인다. 사실 태어나서 살아간다는 것은 매우 고통스러운 일이며, 죽음만이 그 고통을 극복하게 해 준다고 주장하는 사상은 적지 않다. 여러 종교나 철학에서 이승의 삶보다 죽음 이후의 삶을 중시하거나 세속의 삶이 진정한 삶이 아니라는 주장을 하는 것도 이와 맥락을 같이하는 것이라고 할 수 있다. 이 점에 대해

---

1   이 글에서의 헤로도토스의 『역사』 내용은 대린 맥마흔, 『행복의 역사』
     (윤인숙 옮김, 살림, 2008), 15~24쪽의 내용을 요약한 것이다.

서는 동서양을 막론하고 많은 이야기가 있기 때문에 나중에 다시 언급하기로 하자.

둘째는 행복한 삶에 대한 것이다. 위의 크로이소스 이야기에는 흥미로운 점이 있다. 그것은 만약 크로이소스가 아들을 잃지 않고, 전쟁에서 패하지 않았다면 솔론의 주장에 동의했을까하는 것이다. 아마 크로이소스는 죽을 때까지 솔론이 어리석은 자라는 생각을 바꾸지 않았고, 자신이 행복한 삶을 살았다고 자부하였을 것이다. 오만한 크로이소스가 행복한 삶을 살았다고 한다면 과연 그걸로 좋은 것일까? 그런데 고대부터 인류가 좋은 삶에 대해 이야기할 때는 '가치'를 함께 이야기해 왔다. '가치'라는 것은 단순히 '존재한다'를 넘어서서 '올바로 존재한다' 혹은 '선하게 존재한다'는 문제와 연결된다. 고대 그리스의 철학자 아리스토텔레스는 행복을 지고의 선과 연결해 말했다. 이런 사유에 입각해서 보면 좋은 삶, 행복한 삶이란 단순한 물질적 만족, 육체적 건강을 넘어서 옳은 것, 선한 것까지도 포함하여야 하는 것이겠다. 이제 이 문제들을 중심으로 논의를 시작해보자.

쾌락은
나쁜 것인가

좋은 삶의 문제를 다루기에 앞서 이와 긴밀하게 연결되어 있다고 여겨지는 쾌락에 대해 논의해보자. 흔히 '쾌락'이라는 말은 '육체적 쾌락', '성적 쾌락'과 같은 이미지에 쉽게 연결된다. '쾌락을 추구한다'거나 '쾌락에 빠졌다'고 할 때도 그러한 쾌락을 연상한다. 그렇다면 쾌락은 부정적인 것, 추구해서는 안 될 것이 되어버린다. 그런데 인간의 지식의 역사를 통해 보면 쾌락을 부정적인 것으로만 여기지는 않았다. 고대부터 도덕적인 행위를 했을 때 쾌락을 느끼는 것에 주목하여 쾌락을 육체적 쾌락과 정신적 쾌락으로 나누고 정신적 쾌락이야말로 추구해야 할 것으로 여긴 경우도 있었다. 반면 육체적 쾌락이든 정신적 쾌락이든 모든 쾌락은 인간이 추구하는 바이기 때문에 그 자체가 삶의 목표라고 설명하는 철학자들도 있었다. 현대의 우리 역시 육체적 쾌락, 정신적 쾌락을 구분하지 않고 쾌락 그 자체를 좋은 것으로 인식하고 추구하기도 한다. 많은 방송에서 볼 수 있는 소위 '먹방' 프로그램은 그 대표적인 예일 것이다. 나아가 이런 프로그램들은 맘이 맞는 사람들과 맛있는 음식을 먹는 것은 육체적 정신적 쾌락의 융합이요, 행복 그 자체라고 암시하는 듯하다.

　이렇듯 쾌락에 대한 논의는 매우 오래되었는데 그 대부분은 쾌락의 추구가 좋은 삶으로 연결된다는 것을 논증하는 것이었다. 고대 그리스의 쾌락주의 학파들인 퀴레네 학파와 에피쿠로스 학파가 대표적이다. 고대의 쾌락주의자들은 고통을 최소화하고 쾌락을 최대화하는 것이 좋은 삶으로 이어진다고 주장하였다. 예를 들면 에우독소스는 쾌락이 곧 선이라고 생각했다. 그는 이성적이든 비이성적이든 모든 것이 쾌락을 목표로 하고 있으며, 만물이 같은 것을 향해 움직인다는 사실은 쾌락이 으뜸가는 선임을 보여준다고 생각했다.

　동양에서도 쾌락을 부정하지 않았다. 예를 들면 예를 강조한다고 알려진 유학사상에서도 쾌락은 '즐거움樂'이라고 표현하며 추구해야 할 것으로 높였다. 『맹자』에는 아름다운 공원을 만들어 놓은 양나라의 군주가 맹자를 향해 '현자도 이런 즐거움을 느낄 수 있는가'를 묻는 장면이 있다. 맹자는 현자라야 이런 즐거움을 느낄 수 있다고 대답한다. 이런 주장은 고대 그리스 퀴레네 학파의 아리스티포스의 주장과 통하는 면이 있다. 아리스티포스는 즐거움이라는 감정은 맹목적으로 추구하여 얻어지는 것이 아니며, 진정으로 지속적인 즐거움을 얻을 능력은 현자에게만 주어진다고 했다.

나아가 맹자가 말한 즐거움이란 개인적 즐거움에 그치지 않는다. 그는 나를 넘어서서 타인들이 즐거움을 함께해야 한다고 생각하였다. 이 생각을 정치적으로 풀어내면 '위정자는 인민과 즐거움을 함께 한다'는 여민동락의 사상이 된다.

아리스토텔레스는 사람들이 쾌락을 추구하고 고통을 피한다는 사실로부터 쾌락을 추구하는 이유는 그것이 선으로 연결되기 때문이고 고통을 피하는 이유는 그것이 악으로 연결되기 때문이라고 결론을 내린다. 다만 그는 모든 쾌락을 선으로 보지는 않았다. 이 점이 아리스토텔레스와 쾌락주의자의 차이점이다. 그는 "쾌락을 가져다주지 않는다 하더라도 우리가 전념해야 할 것이 많이 있다. 예를 들면 사물을 보고 기억하고 알고 덕을 소유하는 것이 그런 것들이다"라고 하였다.[2] 아리스토텔레스는 사람들이 쾌락을 추구하는 이유에 대하여 그들이 살고자 욕구하기 때문이라고 설명하며, 살고자 하는 욕구는 인간에게 가장 본능적인 욕구라고 한다. 이처럼 쾌락은 인간의 본성과 가장 밀접하게 관련되어 있으며, 따라서 청년을 교육할 때에는 쾌락과 고통을 방향타로 삼아 인도해야 한다고 주장하였다.[3]

근대의 공리주의자 벤담은 우리가 행하고 말하고 생각하는 모든 것을 지배하는 것이 고통과 쾌락이라고 하였다. 그리고 인간이 고통과 쾌락에 종속되어 있다는 것을 인정하고 고통으로부터 벗어나 쾌락으로 향하게 만드는 원리를 '공리'라고 주장한다. 즉 공리란 이해 당사자에게 이익, 쾌락, 좋음, 행복을 산출하거나 해악, 고통, 악, 불행을 막는 속성이라는 것이다. 만약 이해 당사자가 공동체라면 공리는 공동체의 행복을, 개인이라면 개인의 행복을 의미한다고 한다.[4] 벤담은 쾌락을 긍정하며 따라서 그는 종교적 금욕주의를 비판한다. 그는 쾌락을 행복과 연결되는 것으로 여기고 그 반대편에 고통을 설정했다. 그리고 종교적 금욕주의는 고통을 추구하는 것으로 판단했다. 흥미로운 점은 벤담이 쾌락과 고통의 가치를 측정할 수 있다고 하면서 그 일곱 가지 기준을 제시한 것이다.[5] 그리고 이를 가지고 저울질하면 공동체가 행복한지 그렇지 못한지를 알 수 있다고 한다. 그 기준은 아래와 같다.

1. 강력성 : 쾌락과 고통의 강도
2. 지속성 : 쾌락과 고통의 지속성
3. 확실성 또는 불확실성
4. 원근성 : 쾌락과 고통의 근접성 혹은 원격성
5. 다산성, 즉 그것이 동일한 종류의 감각, 즉 쾌락인 경우에는 기타의 모든 쾌락, 고통인 경우에는 기타의 모든 고통을 수반

2　　아리스토텔레스, 『니코마코스 윤리학』 제 10권, 1174a.

3　　아리스토텔레스, 앞의 책, 제 10권, 1173b~1181b.

4　　제러미 벤담, 『도덕과 입법의 원칙에 대한 서론』, 강준호 옮김 (아카넷, 2013), 47~58쪽.

5　　정원규, 『벤담 『도덕 및 입법의 원리 서설』 : 철학 텍스트들의 내용 분석에 의거한 디지털 지식 자원 구축을 위한 기초적 연구』 (서울대학교 철학사상연구소, 2003), 40~42쪽.

할 가능성

6. 순수성, 즉 그것이 반대의 종류의 감각, 즉 쾌락인 경우에는 모든 고통, 고통인 경우에는 모든 쾌락을 수반하지 않을 가능성

7. 그 범위, 즉 그것이 미치는, 또는 (바꿔 말하자면) 이에 의하여 영향을 받는 사람들의 수

　　잘 알다시피 쾌락과 행복을 수치화할 수 있다는 주장에는 이미 여러 반론이 제기되어 있다. 다만 벤담이 이를 수치화하려고 했던 이유는 분명히 있다고 생각된다.

　　섬너는 고전적 쾌락주의를 심리적 쾌락주의와 윤리적 쾌락주의의 두 유형으로 나누어 설명한다. 심리적 쾌락주의는 쾌락을 추구하고 고통을 피하려는 인간의 심리[행동의 동기]를 강조한다. 윤리적 쾌락주의는 쾌락을 유일선으로 고통을 유일악으로 규정하고 선을 추구해야 한다고 주장한다. 공리주의자들은 쾌락이 유일한 선이라는 윤리적 쾌락주의의 입장에 서 있는 것이다.[6]

　　이렇게 본다면 쾌락에 대한 논의는 '선'에 대한 논의와 깊게 연결되어 있다는 것을 알 수 있다. '선'을 논의한다는 것은 생각처럼 간단하지 않다. 서양철학에서는 칸트가 말하는 '선'과 '선의지'를 이해할 필요가 있으며, 한국철학 및 동아시아 철학에서는 성리학의 '본연지성'과 '기질지성'의 문제를 탐구할 필요가 있다. 그렇지만 여기에서는 그 문제까지 다루지는 않겠다. 다만 '좋은 삶'이란 무엇인가, 라는 문제와 연결해 공공의 선을 추구하는 삶과 개인적 선을 추구하는 삶이라는 두 자세를 살펴보면서 생각을 이어 나가고자 한다.

공공의 선을
추구하는 삶

아리스토텔레스는 좋은 삶을 위해 중용의 덕이 필요함을 말
했다. 마땅히 기쁨을 느껴야 할 일에 기쁨을 느끼고 괴로워해야 할
일에 괴로움을 느껴야 한다. 그리고 이런 덕을 지닌 사람들은 혼자
판단하거나 생활하지 않는다. 그 선을 증대하기 위해서는 뜻이 맞
는 사람들이 함께해야 한다고 말한다.

> 온갖 쾌락에 파묻히고 조금도 삼가지 않는 사람은 방탕하게 되며, 이와
> 반대로 모든 쾌락을 피하는 사람은 촌놈처럼 무감각한 사람이 되고 만
> 다. 그러므로 절제와 용기는 과도와 부족으로 말미암아 상실되고 중용
> 에 의하여 보존된다.7

> 각 유형의 사람들에게 있어 그들을 현실적으로 존재하게 하는 것이 무
> 엇이든, 혹은 그들이 삶을 선택하는 목적이 무엇이든 그들은 친구와 함
> 께 지내기를 바란다. 그런 까닭에 어떤 사람은 친구와 더불어 술을 마시
> 고, 또 어떤 사람은 친구와 더불어 주사위 놀이를 하며, 또 다른 어떤 사
> 람은 친구와 더불어 운동을 하거나 사냥을 하거나 철학을 하는 것이니,
> 그들은 각자 그들의 삶에서 그들을 가장 잘 만족시켜주는 것들을 하면

---

6   이 글에서 인용하는 섬너의 견해는 김희봉, 김종준의 「쾌락주의적 '잘삶'과 교육」
     (『교육연구』 제 13집, 2000, 145쪽)에서 인용하였다.

7   아리스토텔레스, 앞의 책, 제 2권, 1104b.

시니, 혀노, 〈죽음에 관하여〉 (출처 네이버 웹툰)

서 친구와 함께 시간을 보낸다. 다시 말해서 그들은 그들이 생각하기에 다른 사람들과 삶을 공유하고 있는 것들을 따라가고, 또 그러한 것들에 공동으로 참여한다. 왜냐하면 그들은 친구들과 더불어 살기를 바라기 때문이다. (…) 그리고 그들이 서로 사귐으로써 이 선은 더욱 증가한다.[8]

동서양을 막론하고 인류는 '좋은 삶'에 대하여 논의해 왔지만, 동아시아의 경우는 '좋은 삶'을 추구하는 것에서 철학이 시작했다고도 볼 수 있다. 바로 공자의 철학이 그것이다.

몇 년 전 네이버에서 연재된 〈죽음에 관하여〉라는 웹툰의 한 장면이다. 이제 막 죽은 젊은이에게 사신이 묻는다. "죽음에 대해 많이 생각해 봤어?" 젊은이는 대답한다. "삶도 다 모르는데 죽음

생각할 시간이 어딨어요?"

　젊은이의 대답은 『논어』의 한 구절이다. 원본은 아래와 같다.

> 공자의 제자인 계로가 어떻게 하면 귀신을 잘 섬길 수 있는가를 물었다.
> 공자 : "아직 사람 섬기는 것도 잘 못하는데 어찌 귀신을 섬기는 일을 우
> 선할 수 있겠느냐?"
> 계로 : "그렇다면 죽음에 대해 묻겠습니다."
> 공자 : "아직 삶도 잘 모르는데, 어찌 죽음을 알 수 있겠느냐?"[9]

　당시 사회에서는 점을 쳐서 신의 뜻을 확인한 뒤에야 사람들은 일을 할 수 있었다. 전쟁과 같은 국가 행사에서부터 여행, 지붕수리 같은 개인적 일까지 모두 점을 쳐 신의 의지를 묻고 제사를 지내 신을 모신 다음에야 이루어질 수 있었다. 공자의 제자 계로가 귀신 섬기는 일을 물은 것은 당시의 상식에 부합하는 것이었다. 그런데 공자는 귀신의 일보다 사람의 일을 먼저 고민하자고 답한다. 죽음에 관한 질문 역시 마찬가지다. 죽은 후의 일보다 어떻게 살아갈까를 고민하자고 한다. 즉 좋은 삶에 대한 고민을 먼저 하자는 것이다. 동아시아의 철학은 여기에서 출발하고 있었다. 공자는 좋은 삶에 대한 생각들을 더 풀어놓았다.

　공자가 활동하던 당시는 세상이 수많은 나라들로 쪼개져 전쟁이 끊이지 않았고, 각 나라마다 폭군이 등장하여 백성의 삶이 괴로워지자 소위 현자라는 사람들은 자연 속으로 숨어버렸다. 무도

8　　아리스토텔레스, 앞의 책, 제9권, 1172a.

9　　공자, 「선진(先進)」, 『논어』.

한 세상이었기 때문에 '장저'와 '걸닉'이라는 두 현자는 시골에 숨어 농사를 지으며 살고 있었다. 그 근처를 지나가던 공자와 제자 일행은 길을 잃었다. 이때 공자는 제자 중 한 명인 자로를 시켜 장저와 걸닉에게 나루터가 어디에 있는지 물어보게 했다. 다음은 장저, 걸닉과 자로의 문답이다.

> 장저 : 저 수레에서 고삐를 잡고 있는 사람이 누구요?
> 자로 : 공구(공자의 본명)입니다.
> 장저 : 똑똑하기로 유명한 노나라의 그 공구인가?
> 자로 : 그렇습니다.
> 장저 : 그렇다면 그는 나루터를 잘 알고 있을 거야.

장저는 자신들처럼 숨어 살지 않고 세상을 바꾸려고 노력하는 공자를 비꼬았다. 대답을 듣지 못한 자로는 다시 옆에 있는 걸닉에게 물었다.

> 걸닉 : 당신은 누구인가?
> 자로 : 중유(자로의 본명)라 합니다.
> 걸닉 : 그대가 바로 노나라 공구의 제자인가?
> 자로 : 그렇습니다.
> 걸닉 : 온 천하에 혼탁한 물이 이렇게 도도하게 흐르고 있는데 누구와 함께 이를 바꿀 수 있겠는가? 그대는 마음에 안 드는 위정자를 피해 이 나라 저 나라를 떠도는 공자를 따르는 것보다는 아예 세상을 피해 숨어 사는 우리 제자가 되는 것이 더 좋지 않겠소?

그리고는 그들은 더 이상 말하지 않고 농사일만 계속하였다. 자로가 돌아와서 공자에게 아뢰니, 공자는 실의에 젖은 얼굴로 말하였다.

> 공자 : 세상을 등지고 새나 짐승과 벗하며 살 수는 없다. 내가 사람들과 더불어 살지 않으면 누구와 함께 살겠는가? 천하에 도가 있었다면 내가 사람들과 함께하며 바꾸려 하지 않을 것이다.10

장저와 걸닉은 현자였지만 세상이 혼탁했기 때문에 이를 피해 시골에 숨어 농사를 지으면서 사는 사람들이었다. 위의 이야기 속에서 장저는 자로에게 그 똑똑한 공자라면 나루터 가는 길 같은 사소한 것은 분명 잘 알고 있을 거라고 비꼬듯이 말하고는 더 이상 자로를 상대하지 않았다. 공자가 혼탁한 세상을 바꾸려고 노력하는 것을 비웃은 것이다. 걸닉은 오히려 적극적으로 자로에게 우리와 같이 세상을 피해 살자고 제안한다. 사실 자로는 공자의 제자 중에서도 가장 솔직하고 우직한 인물이었다. 걸닉도 그런 자로의 명성을 이미 들어 알고 있었기에 그런 제안을 했을 것이다. 그러나 우직한 자로는 공자의 곁을 떠날 생각이 없었다. 공자는 자로를 향해 세상이 혼탁하더라도 그것을 피해 살 수는 없으며 오히려 살기 좋은 세상으로 바꾸기 위해 노력해야 한다고 강조한다. 나중에 자로는 위나라의 재상이 된다. 그때 위나라에 반란이 일어나자 다른 신하들은 다 도망갔지만 자로만큼은 궁을 지키다가 목숨을 잃는다. 당시 공자의 제자 중 자로말고도 자고라는 제자가 위나라에서

---

10   공자, 『미자(微子)』, 앞의 책.

벼슬을 하고 있었다. 위나라에 난리가 났다는 소식을 듣자 공자는 '자고는 도망치겠지만 자로는 맞서 싸우다 죽겠구나'라고 말했다고 한다. 자로는 세상을 피하지 않아야 한다는 공자의 가르침을 가장 잘 실천한 제자였다.

세상이 알아주건 알아주지 않건 최선을 다한 철학자의 이야기가 하나 있다. 중국 고대의 겸애주의자 묵자의 일화다.

초나라 기술자 공수반이 초나라를 위해서 공격용 전투 장비인 운제(구름사다리)를 만들었는데, 이것이 완성되자 초나라 군주는 송나라를 공격하려고 하였다. 묵자가 이 소식을 듣고 제나라에서 출발하여 열흘 동안 밤낮으로 달려 초나라의 도읍 영에 이르러 공수반을 만났다. 전쟁을 막자고 공수반을 설득했으나 거절당하고 만다. 이에 묵자는 공수반과 함께 초나라 군주를 만나 유세하였다.

나라 군주에게 운제를 가지고 송나라를 침략해도 이길 수 없음을 보여주겠다며 묵자는 허리띠를 풀어 성을 만들고 작은 나무토막을 병사와 무기로 삼아 가상전투 상황을 설정했다. 공수반도 작은 공격용 무기들을 만들어 이 성을 공격했다. 공수반이 방법을 아홉 번이나 바꿔가며 시도했지만 묵자는 그때마다 여지없이 막아냈다. 공수반의 공격용 무기의 성능은 바닥이 났어도 묵자의 방어술은 여유가 있었다. 초나라 왕 앞에서 체면을 구긴 공수반은 묵자에게 말로 공격했다.

공수반 : 저는 묵자 당신을 이기는 방법을 알고 있지만 말하지 않겠습니다.
묵자 : 나도 공수 선생이 나를 이길 방법이 무엇인지를 알고 있지만 말하지 않겠습니다.

초나라 군주가 무슨 뜻인지를 물으니 묵자가 말했다.

묵자 : 공수 선생의 뜻은 저를 죽이는 것입니다. 저를 죽이면 송나라는
막아낼 수 없을 것이니 공격할 수 있으리라는 뜻이지요. 그러나 금활리
등 삼백 명이나 되는 저의 제자들이 이미 만반의 준비를 하고 초나라의
군대를 기다리고 있습니다. 비록 저를 죽인다 하더라도 전쟁에 이길 수
는 없습니다.
초 군주 : 그렇다면 할 수 없군요. 나는 송나라를 공격하지 않겠습니다.

초나라의 침략을 막은 묵자는 돌아가는 길에 송나라를 지났다. 마침 비
가 내려 그곳 마을 문 안으로 들어가 비를 피하려고 하였다. 그러나 마을
문을 지키는 사람이 그를 들여보내주지 않았다. 묵자는 비를 맞을 수밖
에 없었다.[11]

묵자는 전란이 끊이지 않던 전국시대에 '겸애'와 '비공'이라는
슬로건을 내걸고 평화를 향한 열의를 불태웠다. '겸애'는 나를 사
랑하듯이 타인을 사랑하고, 자신의 부모를 사랑하듯이 타인의 부
모를 사랑하며 자신의 나라를 사랑하듯이 타인의 나라를 사랑하
면 세상에는 미움과 싸움이 사라지고 평화와 행복이 깃들 것이라
는 주장이다. '비공'은 공격 전쟁, 즉 침략 전쟁을 반대하는 사상이
다. 당시 한 사람을 죽이면 살인자가 되지만 대량으로 살인을 하면
침략 전쟁조차도 의롭다고 칭찬을 하고 이를 따르는 일이 자주 있
었다. 어쩌면 오늘날의 전쟁도 다르지 않을 수 있지만. 묵자와 그

---

11   묵자, 「공수(公輸)」, 『묵자』.

의 후계자들은 이런 침략 전쟁을 강력하게 비난했다. 단순히 침략 전쟁에 대한 비난만 한 것이 아니라 전쟁을 막기 위해 목숨을 걸고 실력 행사를 하였다. 강대국의 침략 전쟁에는 반대하였지만, 약소국의 방어를 위한 전쟁에는 적극적으로 참여하였다. 묵가 집단은 방어를 위한 성곽의 구축, 무기 제작, 방위 설비 등에 대해 놀라운 지식을 가지고 있었으며, 이를 방어 전쟁에 응용하였다. 이들의 이야기를 소재로 2007년에 한국, 중국, 일본, 홍콩이 합작하여 만든 〈묵공墨攻〉이라는 영화가 있다. 이 영화의 원작 소설『묵공』에 흥미로운 이야기가 나온다. 조나라의 2만 대군이 양성을 침공할 때, 성 사람들을 단합시켜 대항한 혁리라는 묵가 인물이 주인공이다.[12] 이 소설은 묵자의 '겸애'와 '비공'을 쉽게 이해하게 해 준다.

그런데 만인을 사랑하는 삶은 가능할까? 자신이 사랑하는 사람을 사랑하듯이 만인을 사랑하라는 묵가의 사상은 현실에서 그대로 적용될 수 있을까? 철학적 또는 종교적인 사랑과 개인과 개인이 하는 사랑은 같은 선상에서 이해될 수 있는 것일까? 어쩌면 개인의 사랑을 더 중시하는 것 또한 행복의 한 형태가 아닐까?

혁리를 사랑한 기사단의 여성 : 묵가는 항상 겸애를 말하지만 당신이야말로 사랑이 무엇인지 알아야 합니다.
혁리를 도와준 조나라 노예 : 묵자는 서로 겸애한다, 즉 만인을 사랑한다 말하지만 현실에서는 사랑하는 상대를 선택해야 할 것이다.

만인을 사랑하는 삶은 가능할까? 자신이 사랑하는 사람을 사랑하듯이 만인을 사랑하라는 묵가의 이념을 종교적으로 신봉하는 혁리는 이들의 질문에 어떤 대답을 할 수 있을까? 혹시 개인의 사랑을 더 중시하는 것 또한 행복의 한 형태가 아닐까?

개인의 선을
추구하는 삶

공공의 선을 위해 사는 것을 좋은 삶이라고 하는 반대편에는 왜 공공을 위해 개인을 희생해야 하는가, 라고 비판한 다음 개인의 선을 추구하는 것이 '좋은 삶'이라고 하는 주장도 있다. 중국 고대의 사상가 장자는 초나라 위왕이 후한 예물로 초대하여 재상으로 삼고자 하였으나 "제사 의식에 희생으로 쓰이는 소가 되어 환대받기보다는 더러운 시궁창의 돼지로 살고 싶다"며 거절하였다고 한다. 이런 사상을 모아놓은 책이 바로 『장자』다. 『장자』에는 천자가 되어 온 천하를 위해 기여하는 삶을 살기보다는 자신의 개인적 삶을 소중히 하며 살고 싶다는 것을 강력하게 표방하는 이야기가 많이 있다. 아래 이야기는 그중 하나다.

세상을 다스리던 요임금이 늙어서 천하를 허유에게 물려주려 했으나 허유는 받지 않았다. 다시 자주지보에게 물려주려 하자 자주지보가 거절하면서 요임금에게 말하였다. "저를 천자로 삼는 것도 좋지만 저는 마침 심한 우울증에 걸려 있어서 이 병을 고치려는 중입니다. 천하를 다스릴 여유가 없습니다." 무릇 천하란 지극히 소중한 것이기는 하지만 그렇다

---

12   사케미 켄이치(酒見賢一), 『묵공』, 송태욱 옮김 (바다출판사, 2011).

묵가의 겸애 사상 :
세상이 혼란스러워지는 이유는 겸애하지 않기 때문.
그 겸애에 대하여 『묵자』는 아래와 같이 설명한다.

"남의 나라 보기를 내 나라처럼 하고, 남의 가문 보기를 내 가문처럼 하며, 남의 몸 보기를 내 몸처럼 한다. 이처럼 하여 제후가 서로 사랑하면 전쟁은 하지 않고, 가문의 대부가 서로 사랑하면 쟁탈하지 않으며, 사람들이 서로 사랑하면 서로 해치지 않고, 군신이 서로 사랑하면 은혜와 충성이 넘치고, 부자가 서로 사랑하면 자애와 효도가 넘치고, 형제가 서로 사랑하면 화목하게 된다. 천하의 사람들이 서로 사랑하면 강자가 약자를 위협하지 않고, 다수가 소수를 위협하지 않으며, 부자가 가난한 사람을 업신여기지 않고, 귀족이 천민에게 오만하지 않고, 약삭빠른 자가 아둔한 자를 속이지 않는다."(「겸애 중」)

세상 사람이 겸애하지 않고 자기와 남을
구별하여 차별하는 것을 묵자 학파는 별
(별애: 구분하여 차별적으로 사랑하는 것)이라고 하여 비판한다.

"별別을 주장하는 사람은 이렇게 말한다. "친구를 돌봐주는 것을 자신을 위하듯이 하고, 친구 아버지를 돌봐주는 것을 자신의 아버지를 위하듯이 하는 것은 도저히 나는 할 수 없다." 이렇게 말하기 때문에 실천하여 행동으로 옮기면 다음과 같이 한다. 친구가 굶주려도 음식을 주지 않고, 추위에 떨어도 옷을 주지 않으며, 병에 걸려도 간호해주지 않고, 죽었다 하더라도 매장해 주지 않는다. (…) 겸(겸애)을 주장하는 사람은 말도 그렇지 않고, 행동도 그렇지 않다. 이렇게 말한다. "나는 일찍부터 들은 것이 있다. 천하의 뛰어난 선비는 친구를 돌봐주는 것을 반드시 자신을 위하는 것과 똑같이 하고, 친구 아버지를 돌봐주는 것을 반드시 자기 아버지 위하는 것과 똑같이 한다. 이 때문에 천하의 뛰어난 선비가 되는 것이다." 때문에 실천하여 행동으로 옮기면 다음과 같이 한다. 친구가 굶주리면 음식을 주고, 추위에 떨면 옷을 주며, 병에 걸리면 간호해주고, 죽으면 매장해준다." (「겸애 하」)

고 그것 때문에 자기 목숨을 해칠 수는 없으며 하물며 다른 사물에야 더욱 그럴 수 없지 않겠는가! 다만 천하를 아무렇게도 생각지 않는 사람이 있다면 그에게는 천하를 맡길 수 있다.[13]

천자 자리는 누구나 탐하는 귀한 자리다. 그렇지만 허유나 자주지보 같은 사람들은 자신의 개인적 문제를 앞세워 이를 거절한다. 그런데 『장자』의 결론이 재미있다. 오히려 천하를 다스리는 일을 별것 아니라고 생각하는 사람이야말로 천자의 자격이 있다고. 한 걸음 더 나아가 『장자』에는 가장 이상적인 삶을 살아가는 지리소라는 신체장애를 가진 사람의 이야기가 있다.

지리소支離疏라는 사람은 심한 신체장애를 가지고 있는데, 등이 심하게 굽어 턱은 배꼽 아래에 숨어 있고, 어깨가 이마보다도 높고, 고개는 굽어서 머리를 묶으면 그 묶은 머리는 하늘을 가리키고, 오장이 배보다도 위에 올라가 있으며, 두 넓적다리는 옆구리에서 나온다. 이런 장애를 가지고 있음에도 불구하고 바느질과 세탁으로 충분히 입에 풀칠할 수 있으며, 키를 까불고 쌀을 골라내서 생기는 곡식으로 족히 열 사람을 먹여 살린다. 나라에서 군인을 징집하면 지리소는 징용당할 염려가 없기 때문에 나보란 듯이 팔뚝을 걷어붙이고 저잣거리를 휘젓고 돌아다니며, 나라에 큰 부역이 있어도 뽑혀 나가지 않는다. 반면 나라에서 병자에게 곡식을 나눠주게 되면 3종의 곡식과 열 다발의 땔나무를 받는다. 그 몸을 지리멸렬하게 한 사람도 충분히 자기 몸을 잘 기르고 천수를 마치는데, 또 하물며 그 덕을 지리멸렬하게 한 사람이겠는가![14]

여기 등장하는 지리소란 '지리支離'가 성이고 소疏가 이름인 가

공 인물이다. '지리'는 사지가 지리멸렬하다는 뜻으로 '지리소'라
는 이름 자체가 지체장애인임을 표현하고 있다. 비록 심한 장애를
가졌지만 자기 몸을 지리멸렬하게 함으로써 생명을 온전하게 보존
할 수 있음을 상징적으로 보여주는 인물이다. '덕을 지리멸렬하게
한다는 것'은 신체뿐만 아니라 정신을 불구로 만든다는 의미다. 이
것은 은유적인 표현으로 덕을 불구로 만든다는 것은 사회의 격식
과 위선을 내던진다는 뜻이다. 지리소라는 인물은 사회를 위해서
사회 속에서 사는 것만이 '좋은 삶'이라는 주장을 비판하고 있다.

앞에서 공자는 세상을 위해 헌신하는 삶을 살고자 노력했다
고 말했다. 그렇지만 개인적인 삶을 부정하지 않았다.

하루는 공자의 제자인 자로, 증점, 염구, 공서화가 공자를 둘러싸고 앉
았다. 공자가 물었다. "내가 너희들보다 조금 연상이라고 해서 어려워할
필요는 없다. 평소에 늘 사람들이 알아주지 않는다고 불평하고 있는데,
만약 누군가가 너희들을 인정하고 알아준다면 어떤 일을 하겠는가?"

자로가 불쑥 대답했다. "전차가 천 대나 되는 강대한 제후국을 3년 안에
용맹스럽고 의리가 있는 나라로 만들겠습니다."

공자가 빙그레 웃고는 염구에게 물었다. "염구야, 너는 어떠냐?" 염구가
대답하였다. "사방 60여 리 정도 되는 작은 나라를 3년 정도 다스리면 백
성들이 풍족할 수 있을 겁니다."

---

13   장자, 「양왕(讓王)」, 『장자』.
14   장자, 「인간세(人間世)」, 앞의 책.

공서화에게 물었다. "적[공서화]아, 너는 어떠냐?" "종묘 제사와 각국 정상 간 외교의 의전을 맡고 싶습니다."

마지막으로 공자는 거문고를 연주하고 있던 증점에게 물었다. "점아, 너는 어떠냐?" 증점은 거문고 타기를 멈추고 퉁, 하며 거문고를 내려놓고 일어나서 대답하였다. "세 사람이 여러 가지 잘 갖추어 훌륭하게 대답한 것과는 다릅니다. 늦봄에 봄옷이 만들어지면, 갓을 쓴 어른 대여섯 명과 어린아이 예닐곱 명과 함께 기수에서 물놀이한 뒤 무우에서 바람 쐬고 노래하면서 돌아오겠습니다."

"아~!" 공자가 찬탄하며 말했다. "나는 점의 말에 찬성한다."[15]

보면 알겠지만 자로의 대답은 매우 호기롭고 용맹하다. 그런데 공자의 반응이 별로 좋지 않다. 그러자 다음 제자인 염구는 나라도 작아지고 포부도 작아진다. 선생님의 눈치를 본 것이리라. 그럼에도 별 반응이 없자 공서화는 국가 경영에서 외교 의전으로 더욱 포부가 작아진다. 마지막 제자인 증점은 앞의 셋과 완전히 다르다. 국가, 사회에 관심을 두지 않는다. 주변 사람들과 함께 기수라는 강에 가서 물놀이하고 무우라는 유원지에 가서 놀다 오겠다는 것이다. 남들이 나를 알아봐주는데도. 공자는 증점의 의견에 동의한다. 개인적 작은 즐거움이 사회를 위한 거대한 포부보다 긍정되고 있다. 공자가 음악과 술 같은 개인적 기호를 즐긴 것은 유명한 사실이다.

한편 앞에서 때로는 이승의 삶보다 죽음 이후의 삶을 중시하거나 세속의 삶이 진정한 삶이 아니라는 주장을 하는 일도 있다는 것을 언급하였다. 이에 대해 살펴보자. 고대 그리스의 이야기다.

클레오비스와 비톤 형제는 아르고스에 있는 헤라 신전의 여사제 키디페의 아들이었다. 이들은 가난했지만 우애가 깊었고 효심 또한 지극하였다. 어느 날 시내에서 헤라 여신을 모시는 제사가 열렸다. 여사제인 키디페는 신전으로 가야 했는데 아무리 찾아도 수레를 끌어야 할 황소를 발견할 수 없었다. 그러자 효성스러운 클레오비스와 비톤은 어머니가 제사에 늦지 않도록 자신들이 6마일(약 10킬로미터)이나 수레를 끌고 갔다. 신전에 도착한 두 형제는 무거운 수레를 끌고 먼 길을 온 터라 지쳐서 잠어 들었다. 키디페는 잠든 두 아들을 보며 이처럼 효성스런 아들을 갖게 된 것을 헤라 여신께 감사드리고 그들에게 인간이 가질 수 있는 최고의 선물

니콜라스 피에르 루아, 〈Kleobis and Biton(클레오비스와 비톤)〉, 1649

---

15   공자, 「선진」, 앞의 책.

을 내려달라고 기도하였다. 그러자 두 아들은 더 이상 깨어나지 않고 젊음과 아름다움을 간직한 채 빠르고 편안한 죽음을 맞았다. 이것이 헤라 여신이 두 형제에게 내린 인간이 가질 수 있는 최고의 선물이었다.

『장자』에는 삶이 좋은 것이며 죽음이 나쁜 것이라는 통념이 잘못되었다고 비판하는 이야기도 있다.

자사子祀, 자여子輿, 자리子犂, 자래子來 네 사람이 서로 이야기를 나누다가 이렇게 말했다. "누가 태어나지 않아 아직 없음을 머리로 삼고, 태어남을 등뼈로 삼고 죽음을 꽁무니로 삼을 수 있는가? 누가 생과 사, 존存과 망亡이 한 몸임을 아는가? 만일 그런 사람이 있다면 우리는 그와 사귀고 싶다." 그리고는 네 사람이 서로 쳐다보면서 빙그레 웃고 마음에 거슬리는 것이 없자 마침내 서로 더불어 벗이 되었다.

얼마 있다가 자여가 병에 걸리자 자사가 가서 병의 차도를 물으면서 말했다.

"기이하구나! 조물자가 그대를 이처럼 구부러지게 했구나!"

구부러진 곱사등이 등에 생겨 오장이 배보다 위에 붙고 턱은 배꼽 아래에 숨고 어깨는 이마보다도 높고 묶은 머리는 하늘을 가리키고 있는데 음양의 기가 조화를 잃어버렸는데도 그 마음은 한가로워 아무 일도 없는 것 같았다. 자여가 비틀비틀 걸어가 우물에 자기 모습을 비춰보고는 말했다.

118

"아아! 조물자여, 거듭 나를 이처럼 구부러지게 하는구나."

자사가 말했다. "자네는 그것이 싫은가?"

"아니다. 내가 무엇을 싫어하겠는가? 가령 나의 왼쪽 팔뚝을 서서히 변화
시켜서 닭이 되게 한다면, 나는 그것을 따라 새벽을 알리는 울음을 내게
할 것이고, 가령 나의 오른쪽 팔뚝을 서서히 변화시켜서 탄환이 되게 한
다면 나는 그것을 따라 새구이를 구할 것이며, 가령 나의 궁둥이를 변화
시켜서 수레바퀴가 되게 하고 나의 정신을 말馬이 되게 한다면 나는 그
것을 따라 수레를 탈 것이니 어찌 따로 수레에 멍에를 하겠는가? 게다가
생명을 얻는 것도 때를 따르는 것이며 생명을 잃는 것도 때를 따르는 것
이니 태어나는 때를 편안하게 맞이하고 죽는 때를 순하게 따르면 슬픔
이나 즐거움 따위의 감정이 나의 마음에 들어올 수 없다. 이것이 옛날의
이른바 '거꾸로 매달렸다가 풀려났다'는 것이다. 그런데도 사람들이 스
스로 풀려나지 못하는 것은 사물이 그것을 묶어놓고 있기 때문이다. 또
사물이 자연天을 이기지 못한 지 오래되었는데 내가 또 무엇을 싫어하겠
는가?"

또 얼마 있다가 자래가 병에 걸렸다. 헐떡헐떡하며 숨이 차서 지금이라
도 죽을 것 같았다. 아내와 자식들이 그를 둘러싸고 울고 있었다. 그곳에
자리가 병문안을 가서 말하였다.

"쉬, 물러서시오. 조화의 작용을 방해해서는 안 되오."

처자를 물리친 자리는 입구의 문에 기대어 병자와 둘이서만 이야기를

나누었다.

"영묘하구나. 조화여! 앞으로 자네에게 무엇을 하려고 하는 것일까? 자네를 어디로 데려가려고 하는 것일까? 쥐의 간으로 만들 셈인가? 그렇지 않으면 벌레의 팔꿈치로 만들 셈인가?"

자래가 말했다. "자식은 부모가 동서남북 어디에 가라고 해도 명령에 따르는 법이다. 하물며 인간이라는 존재가 음양의 기에 따라야만 하는 것은 부모를 따르는 정도가 아니다. 그 음양의 기에 의한 조화가 나를 죽게 만들려고 하는데 만약 따르려고 하지 않는다면 그것은 나의 오만이다. 음양의 조화에는 아무런 죄도 없다. 원래 대지 즉 음양의 조화는 인간의 육체를 주어 나를 이 세상에 보냈고, 생을 주어 나를 수고롭게 하였으며, 이윽고 늙음을 주어 나를 편안하게 하였고, 결국은 죽음을 주어 나를 쉬게 만든다. 이처럼 나의 생도 죽음도 모두 대지의 조화가 만들어 낸 결과라고 한다면 내가 삶을 좋다고 하는 것은 그대로 내가 죽음을 좋다고 하는 이유가 되지 않으면 안 된다. 예를 들면 지금 대장장이의 우두머리가 금속을 녹이는데 그 금속이 뛰어 올라 '나는 반드시 막야와 같은 명검이 될 테다'라고 외친다면 그 우두머리는 반드시 불길한 금속 녀석이라고 생각할 것이다. 마찬가지로 우연히 인간의 형태로 주조되어 이 세상에 보내진 것뿐인데 '나는 다음에도 인간이 아니면 싫다. 싫어'라고 떠든다면 저 우주를 주재하는 조화[도]는 반드시 불길한 녀석이라고 생각할 것이다. 그래서 만물을 남김없이 포괄하는 이 천지를 커다란 도가니로 간주하고, 사람을 살리고 죽게 만드는 조화를 거대한 대장장이의 우두머리로 본다면, 어디에 데려가게 되더라도 좋지 않을까. 지금은 단지 새근새근 잠들어 이윽고 언젠가 문득 잠에서 깨어나는 날을 기다릴 뿐이다."16

선함은
길러질 수 있을까

'선'의 논의에서 한 가지 추가하자면 인간의 본성은 선하다는 맹자의 성선설을 언급하지 않을 수 없다. 맹자는 인간이 인간인 이유는 그야말로 선한 마음인 '사단四端'을 가지고 있기 때문이라고 한다. 사단이란 인간이 선한 본성인 '인의예지'를 가지고 있다는 증거로, 다른 사람의 아픔에 공감하는 마음(측은지심惻隱之心), 타인의 악행을 미워하고 자신의 악행을 부끄러워하는 마음(수오지심羞惡之心), 남에게 양보할 수 있는 마음(사양지심辭讓之心), 도덕적 옳고 그름을 판별하는 마음(시비지심是非之心)의 네 가지 마음이다. 맹자는 인의예지의 사덕과 측은, 수오, 사양, 시비의 사단은 인간에게 선천적으로 구비되어 있다고 한다. 따라서 인간의 본성은 선하다. 그렇지만 인간이 인간답게 되기 위해서는 가만히 있으면 안 되고 선천적으로 가지고 태어난 이 사단을 확충시켜 나가고자 노력해야 한다고 한다.

그런데 인간의 본성이 선하다면 이 현실에 횡행하는 악은 어떻게 생겨난 것일까? 맹자는 이 질문에 대해 악은 우리들의 외부에 있는데 우리의 감각기관이 거기에 이끌려서 내부의 선한 본성

---

16   장자, 「대종사」, 앞의 책.

이 어두워지기 때문이라고 설명한다.

그러나 악에 이끌린다는 사실 자체가 역시 우리 내부에는 악을 향한 경향성이 존재한다는 것을 말하는 것은 아닐까? 사실 맹자는 악이 판치는 현실에 대하여 정확하게 인식하고 있었다. 그럼에도 불구하고 성선을 주장한다.

> 입이 맛있는 것을 먹고 싶어 하고, 눈이 아름다운 것을 보고 싶어 하며, 귀가 좋은 소리를 듣고 싶어 하고, 코가 향기로운 냄새를 맡고 싶어 하며, 팔다리가 안락을 추구하는 것은 인간의 본성이다. 그렇지만 인간에게는 마음대로 할 수 없는 운명이라는 것이 있어서 모든 사람들이 바람대로 되는 것은 아니기 때문에 군자는 이것을 본성이라고 부르지 않는다. 한편 부자간의 인, 군신 간의 의, 주인과 손님 간의 예, 현자의 경우에서의 지, 성인의 경우에서의 천도는 사람들이 원하는 대로 되는 것이 아니기 때문에 운명이다. 그러나 이들 덕목은 인간의 본성에 뿌리내리고 있기 때문에 군자는 운명이라고 여기지 않고 노력해 나가는 것이다.[17]

성선설을 주장한 맹자는 인간의 감각적인 욕망도 본성에 근본을 두고 있다는 것을 알고 있었다. 그럼에도 불구하고 맹자는 인간의 감각적 욕망을 본성이라고 하지 않고, 후자의 덕성을 운명이라고 내버려 두지 않았다. 맹자의 성선설은 과학적이고 논리적인 사실 증명이 아니라 선하기 위해 노력해야 한다는 도덕적인 요청이라고 보아야 할 것이다. 올바른 삶, 선한 본성을 되살리기 위해 노력해야 함을 강조한 사상이다.

한편 고대 그리스의 아리스토텔레스는 다음과 같이 말한다.

우리가 선하게 되는 것은 본성에 의한다는 사람도 있고, 습관으로 말미암는다는 사람도 있으며, 교육에 의한다는 사람도 있다. 선이 본성에 의한 것이라면 우리로서의 어떻게 할 수 없는 것으로, 참으로 운수가 좋은 사람에게만 있을 수 있는 것이 된다. 한편 언설이나 교육도 누구에게나 다 적용되는 것이라고 할 수 없고, 단지 배우는 자가 고귀한 기쁨과 증오에 대한 습관을 기르지 않으면 안 된다. (…) 만약 선한 사람이 되려면 좋은 양육을 받고 좋은 습관을 붙여야 하며 여러 가지 가치 있는 일을 하면서 살아가며 나쁜 행위를 해서는 안 된다. 이런 일이 가능하려면 반드시 이성과 올바른 명령에 따른 생활을 하지 않으면 안 된다.[18]

그는 인간은 선하게 될 자질을 타고난 자가 있다고 생각했지만, 그렇게 되기 위해서는 이성에 의한 덕의 습관화가 필수적이라고도 하였다. 맹자와 마찬가지로 의식적인 노력을 강조했다.

한편, 맹자 역시 즐거움을 부정하지 않았다고 앞에서 말했다. 즉 쾌락의 추구가 선과 합치할 때 동양철학에서는 '중용'이라고 불렀다. '중용'이란 이쪽과 저쪽의 중간이 아니다. 내 감정을 적절한 장소에서 적절하게 표출하는 것이다. 삶을 사랑하고 선을 추구한다는 것은 '중용'을 추구하는 것이다. 쾌락의 추구는 '중용'에 위반되지 않는다.

옛 선인들은 즐거움을 통해, 사물과 내가 하나가 되고자 하였다. 그건 어떤 경지였을까? 이백의 시 「장진주將進酒(술을 권하는 노래)」에 그 답이 있지 않을까 한다.

그대는 보지 못하는가?
황하의 물이 하늘에서 내려와서
흘러서 바다로 가서는 다시 돌아오지 못하는 것을

그대는 보지 못하는가?
높다란 마루에서 거울을 보고 백발을 슬퍼하는 것을
아침에 푸른 실 같던 머리가 저녁에 눈처럼 된 것을

인생이 기분이 좋을 때에는 기쁨을 만족하게 누리고
빈 술잔에 부질없이 달빛만 비치게 하지 마라

하늘이 나 같은 재질을 냈다면 반드시 쓸 곳이 있으리라

천 냥 돈은 다 써버려도 다시 생기는 것을
양을 삶고 소를 잡아서 우선 즐기자
한꺼번에 삼백 잔은 마셔야 된다.

잠선생과 단구군이여
술을 권하노니 술잔을 멈추지 말라.
그대에게 노래 한 곡조를 불러줄 터이니
그대는 나를 위하여 귀를 기울여 달라

음악을 연주하며 좋은 음식을 먹는 것도 대단한 것이 없고
영원히 취하고 다시 깨지 말기를 바랄 뿐이다

옛날부터 성현들도 모두 쓸쓸했지만
술 마시는 사람만이 그 이름을 남겼다
옛날 진왕이 평락궁에서 연회를 벌였을 때
많은 술을 마시며 마음껏 즐거워하였다.

주인은 어찌하여 돈이 없는 것을 탓하는가?
우선 술을 사다가 그대와 함께 따르리라.
좋은 말과 천 냥짜리 외투를 가지고
아이를 불러 나가서 좋은 술로 바꿔오게 하여라.
그대와 함께 만고의 시름을 없애고자 하노라.[19]

원용준

참고문헌

안병주 외, 『역주 장자』 1~4권, 전통문화연구회, 2002~2008.
임창순, 『당시정해』, 소나무, 1999.

공자, 『논어』.
맹자, 『맹자』.
묵자, 『묵자』.
맥마흔, 대린, 『행복의 역사』, 윤인숙 옮김, 살림, 2008.
벤담, 제레미, 『도덕과 입법의 원칙에 대한 서론』, 강준호 옮김, 아카넷, 2013.
아리스토텔레스, 『니코마코스 윤리학』, 최명관 옮김, 서광사, 1984.
헤로도토스, 『역사』.

Sumner, L. W., *Welfare, Happiness, and Ethics*, Oxford Univ. Press, 1996.

---

19   임창순, 『당시정해』(소나무, 1999), 470~472쪽.

잘 살기 위해서는
꼭 일을 해야 할까

노동과
좋은 삶

우리는 일을 원한다. 일에 대한 열망이 지금보다 더 강했던 시대는 아마도 없었을 것이다. 그런데 우리는 왜 일하기를 원하는가? 일을 하지 않는다면 생존할 수 없기 때문이라고 많은 사람들은 말할 것이다. 일을 해야 돈을 벌고 돈을 벌어야 생존에 필요한 것들을 구입할 수 있다. 그러니 살기 위해서는 일해야 한다. 그래서 종종 '다 먹고살기 위해서 하는 일'이라고 말하기도 하지 않는가? 하지만 일을 찾기가 점점 더 어려워지고 있다. 내가 능력이 부족하고 열정이 없어서도 아니다. 단지 일을 원하는 사람들은 많은데 일자리는 한정되어 있기 때문이다. 그러니 우리는 생존을 위해 경쟁해야 한다. 그리고 이 경쟁이 치열하면 할수록, 일에 대한 우리의 욕구는 그만큼 더 클 수밖에 없다.

그런데 이때 '생존한다', 혹은 '산다'는 것은 무엇을 의미하는가? 혹은 좀 더 철학적으로 '존재한다'는 것은 무엇일까? 단지 생명을 유지한다는 것을 의미하는 것일까? 물론 생명을 유지하는 것은 생존이나 삶의 의미에 반드시 포함되어야 할 것이다. 그러나 우리가 일하기를 간절히 원하면서 바라는 것은 단지 생명을 유지하기에 그치지 않는다. 영화 〈올드보이〉에서 주인공 오대수는 15년이라는 세월을 폐쇄된 공간에서 군만두만을 먹으며 생존했다. 이 15년 동안 그는 생명을 유지할 수는 있었지만 온전한 의미에서 삶을 살았다고 혹은 존재했다고 볼 수 없다. 아마도 인간 이외의 다른 생명체들에게 생존의 의미는 생명 유지에 가까울지도 모른다. 그러나 인간에게는 그렇지가 않다. 우리는 살기 위해서 음식을 먹어야 하지만 그에 못지않게 친구를 만나서 수다를 떨거나 고민을 나눌 수 있는 시간도 필요하고, 예쁘거나 멋진 옷이 필요하기도 하고, 커피를 마시며 음악을 듣거나 독서를 하고 싶기도 하다. 요컨대, 우리 인간은 생존하기 위해서 혹은 존재하기 위해서 아주 많은 것들을 욕망하고 필요로 한다. 사실 어디까지가 생존에 필요한 것이고 어디서부터는 잉여나 사치에 해당하는지를 구분할 수도 없다. 그것은 개인마다 다르고, 사회마다 다르며, 시대마다 다를 수 있기 때문이다.

이러한 관점에서 보면 '산다는 것'과 '잘 산다는 것' 사이의 경계는 일반적으로 생각하는 것과는 다르게 분명하지가 않다. 따라서 누군가가 살기 위해서 일한다고 말할 때, 그가 말하는 '삶'은 실제로는 '잘 사는 것'을 의미하기도 한다. 그렇다면 우리가 하는 노동은 어떠한 의미에서 우리를 잘 살게 만들 수 있는가? 여기에는 조금 다른 대답들이 있을 수 있다. 내가 일을 열심히 해서 돈을 많이 벌게 되면 나는 더 좋은 집, 더 좋은 음식과 옷을 가질 수 있기 때문에, 또는 내가 좋아하거나 나를 즐겁게 해주는 많은 것들을 할 수 있는 경제적 여유를 가질 수 있기 때문에, 나는 더 잘 살고 행복할 수 있다고 믿는 사람들이 있을 수 있다. 이 경우에 노동은 잘 사는 것을 가능케 해주는 '수단'이 된다. 다시 말하면 이때 노동은 잘 사는 것 자체, 혹은 좋은 삶의 일부가 아니다. 잘 사는 것은 다른 것에 있다. 물질적 풍요 속에 사는 부유한 삶, 다른 사람들의 칭찬과 환호를 받는 명예로운 삶, 또는 즐겁게 사는 쾌락적 삶이 될 것이다. 그런데 노동은 힘들고 남이 좋게 봐주지도 않는 것이다. 오히려 노동은 노고이고 고통이다. 따라서 가능하면 적게 할수록, 아니 가능하기만 하다면 하지 않을수록 좋은 것이다. '수단으로서의 노동', 이것이 우리가 노동에 대해서 가장 먼저 그리고 일반적으로 떠올리는 관념이다. 이 노동 개념은 우리를 매우 역설적인 상황에 놓이게 한다. (잘) 살기 위해서 우리는 일을 간절히 원하지만, 그 노동은 가능하면 하고 싶지 않은 것이기도 하기 때문이다. 좋은 대학에 들어가기 위해 하기 싫은 공부를 억지로 해야만 했던 역설적 상황은 아직 끝나지 않았다. 좋은 직장을 찾기 위해 여전히 하기 싫은 공부를 더 열심히 해야 하는 상황에 아직 놓여 있기 때문이다. 대학을 졸업하면, 그리고 회사에 취직을 하면, 우리는 마침내 그 상황에서 벗어날 수 있을까? 그것은 인간이 영원히 벗어날 수 없는 굴레와 같은 것이 아닐까? 이 세상에 태어났기 때문에, 어쩔 수 없이 해야만 하는 것이 있는 것은 아닐까? 그리고 그것이 바로 노동이 아닐까?

　　그런데 우리는 노동을 단지 수단으로만 여기고 있는가? 꼭 그러한 것 같지는 않다. 사실 우리는 아무 일이나 하려고 하지 않는다. 아무 일이나 하려고 한다면, 일자리는 우리가 생각하는 것보다 훨씬 더 많다. 그럼에도 불구하고 우리가 일자리를 찾기 위해 특별한 노력을 기울이는 것은 더 '좋은 일'을 하기를 원하기 때문이다. 그렇다면 어떤 일이 좋은 것일까? 일의 대가가 높은 일을 좋은 일로 생각할 수 있다. 그런데 이 경우라면 그 일은 결과 때문에, 즉 좋은 결과를 낳기 때문에 좋은 것이다. 이 경우는 우리가 앞에서 논했던 것이다. 그런데 우리는 다른 의미로 좋은 일을 찾기도 한다. 어떤 목적 때문에 하는 노동이 아니라 내가 즐겁게 할 수 있는 일, 나의 적성에 맞는 일을 하기를 우리는 원한다. 우리는 일이 단순한 생계 수단이 아니라 그 이상의 것이길 원한다. 다시 말하면 내가 하는 노동 그 자체가 즐거운 일이고 의미 있는 활동이기를 바란다. 이때 노동은 자신의 본성을 실현하는 능동적 활동이 될 것이다.

우리는 잘 살기를 원한다. 그리고 잘 살기 위해서는 노동을 해야만 한다. 그런데 이것은 노동이 좋은 삶을 가능케 하는 조건을 만들어주기 때문인가, 아니면 노동 그 자체가 좋은 삶이기 때문인가? 전자의 경우라면, 우리는 두 가지 선택을 할 수 있다. 비록 힘들고, 하고 싶지는 않지만 일을 아주 열심히 하는 것이 첫 번째이다. 그 대가가 좋을 것이기 때문이다. 대부분의 사람들이 선택한 삶의 방식이기도 하다. 그런데 여기에는 다음과 같은 질문들이 제기될 수 있다. 수단이 목적이 되어버리는 경우가 일어나지 않을까? 즉 수단인 일에 몰두한 나머지 그것이 목적이 되어버리는 일이 일어나지 않을까? 평생 돈을 벌기 위해 고생하다가 정작 삶을 즐길 수 있는 시간을 놓치거나 그럴 수 있는 능력도 잃어버리게 되지 않을까? 실제로 우리 주위에서 이러한 경우를 적잖이 볼 수 있다. 더 나아가 설령 돈을 많이 벌어 풍요롭게 산다고 하더라도, 그러한 삶이 정말로 잘 사는 것이라고 말할 수 있을까?

　두 번째 선택은 일은 힘든 노고이기 때문에 가능하면 하지 않는 것이다. 대신 소비하는 것을 줄이면 된다. 행복을 경제적 풍요, 쾌락, 명예 등에서 찾지 않는 철학을 갖는다면, 그만큼 욕구도 적을 것이고 필요한 것도 많지 않을 것이다. 생존에 필요한 것을 최소한으로 줄이면, 우리는 힘겨운 노동을 최대한 줄일 수 있다. 요즈음 자발적으로 직업을 갖지 않으려는 사람들, 아르바이트를 하면서 생계에 필요한 최소한의 것만을 충당하고 나머지 시간은 자신이 원하는 방식으로 살고자 하는 사람들이 늘어나고 있는데, 이들이 바로 이 부류에 속할 것이다. 그런데 현실적으로 이것은 활동 일반의 축소로 귀결될 가능성이 크다. 그리고 이것은 '히키코모리'처럼 스스로를 사회로부터 고립시키는 경향으로도 이어질 수 있다. 이렇게 사회적 삶으로부터 고립된 삶은 과연 행복한 삶이라고 말할 수 있을까?

　이러한 이유 때문에라도 우리는 일 자체에서도 행복을 찾으려고 노력한다. 우리는 일을 원할 뿐만 아니라 그 일을 통해서 세상과 소통하고 성장하기를 원한다. 그런데 노동은 항상 그것이 실행되는 특정한 체제 하에서 이루어진다. 따라서 노동은 그러한 체제나 문화에 따라 상이한 방식으로 작동되고 규정된다. 이때 인간의 본질적 활동으로서의 노동의 의미는 왜곡되거나 소외될 수 있다. 즉 노동이 세상과 소통하고, 세상과 나를 만들어가는 적극적인 활동이 아니라 욕구 충족을 위해 해야만 하는 힘든 노고로 전락할 수 있다. 실제로 이것은 현대사회를 살아가는 많은 사람들이 경험하고 느끼는 것이기도 하다. 일을 해야 하지만, 우리는 일하기가 싫다. 우리의 얼굴과 몸에는 매일 기계처럼 해야만 하는 낯선 노동에 따른 피로의 흔적이 새겨져 있다. 우리는 다른 것을 하고 싶지만 그럴 시간이 없다. 영화나 텔레비전을 보고, 친구들을 만나 술과 커피를 마시며 수다를 떨기도 하고, 가끔 여행을 떠나기도 하지만, 그것들은 일에 지친 피로를 풀고 노동의 현장으로 다시 돌아가기 위한 것일 뿐이다. 그러한 의미에서 그것들은 노동의 연장선상에 있다. 그렇다면 나의 자아실현, 세상과의 진정한 교류의 기회는 어디에서 찾아야 하는가? 세상이 어떤지 관찰하고 생각할 수 있는 시간, 다른 사람들의 사정을 살펴볼 수 있는 마음의 여유, 생존에 꼭 필요하지는 않지만 우리가 잘 그리고 행복하게 살기 위해서 생각해보아야 하는 것들, 정의와 아름다움 등등에 대해서 토론하고 이야기할 수 있는 시간은 어떻게 찾아야 하는가?

노동은 우리가 세상과 대면하고 소통하는 활동이다. 우리가 그러한 활동으로부터 배제된다면, 우리의 삶은 어떻게 될 것인가? 그것은 단지 먹고 살기 힘들어진다는 것 이상의 위협이다. 그것은 세상과의 단절이고, 타인들로부터의 고립이다. 그렇게 되면 인간은 파편화되고 파멸한다. 일을 한다고 사정이 크게 달라지는 것은 아니다. 우리는 생존의 노예 그 이상일 수 없다.

인간이 생존을 위한 무한 경쟁으로 내몰리고 있는 현대 자본주의 사회에서, 우리는 어떻게 이러한 굴레로부터 벗어날 수 있을까? 이 절박한 질문에 답하기 위해서는 근대적 노동 개념이 출현하였던 시점으로 되돌아가 자본주의라는 새로운 경제체제의 출현이 노동 개념을 어떻게 변화시키고 동시에 그것에 어떠한 한계를 부여했는지를 살펴볼 필요가 있다.

근대 이전의
노동

노동은 근대에 이르러서야 본질적인 인간 활동으로 승격되었다. 그 이전에 그것은 가장 지위가 낮고 미천한 활동으로 간주되었다. 고대 그리스에서 노동이 '노예'가 하는 일과 동일시되었다는 사실은 이를 극명하게 드러낸다. 요컨대, 고대 그리스에서 노동은 자유인과 노예의 구분, 영혼과 몸의 구분, 공적인 일과 사적인 일의 구분이라는 고대 그리스 사상과 문화를 관통하는 일반적인 문제틀 속에서 규정되었다. 이 점은 아리스토텔레스의 『정치학』에서 잘 드러난다.

그러므로 신체가 영혼으로부터, 또한 짐승이 인간으로부터 떨어져 있는 그만큼의 차이를 가지고 있는 그러한 사람들, 그리고 그 기능ergon이 신체의 사용이어서 그럴 경우에 그들로부터 얻게 되는 최선의 것을 가져올 수 있는 그런 사람들이 이러한 상태에 놓여 있을 때, 이러한 사람들은 자연적인 노예이다. 그들에게는, 앞에서 말했던 경우에서도 또한 더 나은 것이었다고 한다면, 이 원칙에 복종하는 편이 더 나을 것이다. 왜냐하면 다른 사람에게 속할 수 있고 (그 때문에 사실상 다른 사람에게 속하는 것인데), 이성logos을 파악할 수 있는 그러한 한에서 이성에 참여하지만, [스스로는] 이성을 가지고 있지 못한 사람(다른 동물들은 이성에 주의를 기울이지 않고 감정에 복종하니까)은 자연적으로 노예이기 때문이다. 그들이 만들어내는 용도는 그다지 차이가 없다. 양자로부터, 즉 노예들과 길들인 동물들로부터는 삶에 필수적인 것들을 공급하기 위한 신체적인 도움이 오는 것에 불과하니까.

그래서 자연은 또한 자유민의 신체와 노예의 신체를 차이 나게 만들고자 의도해서, 노예는 필수적인 것들을 위해 사용할 수 있도록 강하게 만들고, 자유민은 그와 같은 종류의 일을 위해서는 쓸모없게 만드나, 올곧은 자세를 세워서 폴리스적 삶을 위해서는 쓸모 있게 하려고 했던 것이다. (이것은 또한 전쟁에서 필요한 것들과 평화에서 필요한 것들로 나누어진다) 그러나 종종 그 반대의 것이 일어나기도 한다. 즉 어떤 사람은 자유민의 신체를 갖고 있지만, 다른 사람은 영혼을 가지고 있다.

다음과 같은 점은 적어도 분명하다. 만일 그 신체만이라도 신들의 조상이 그런 것만큼이나 멋진 사람이 있다면, 그만 못한 사람은 그런 사람에게 노예가 될 수 있을 만하다고 모든 사람은 동의할 수 있을 것이다. 만일 이것이 신체에 대하여 참이라면, 영혼에 관련해서도 그러한 차이가 있을 것이라는 것은 훨씬 더 정당할 수 있다. 그러나 신체의 아름다움을 보는 것만큼 영혼의 아름다움을 보는 것이 마찬가지로 쉬운 일이 아니다.

따라서 어떤 사람들이 있는데, 그 사람들 중에 어떤 사람은 자연적으로 자유인이고, 어떤 사람은 자연적으로 노예라는 것은 명백하다. 이들에게는 노예제가 유익하고 정의로운 것이다.[1]

　여기에서 아리스토텔레스는 노예를 삶에 필요한 것들을 조달하고 생산하는 일을 하는 사람으로 규정한다. 적어도 이러한 한에서 그는 인간 사회에 유용한 것이 된다. 이 점에서 그는 인간에게 유용한 가축과 크게 다르지 않다. 인간이 생존하기 위해서는 몸이 요구하는 다양한 욕구들을 충족시켜야 한다는 점은 아리스토텔레스에게도 부정할 수 없는 사실이었다. 그런데 그가 보기에 그러한 일은 "천한" 것에 속한다. 그렇다면 왜 그것은 천한 일인가? 그것은 할 수밖에 없는 일, 필연의 영역에 속하는 것이기 때문이다. 물이 위에서 아래로 흐르는 것은 필연적인 것이다. 그것은 아래서 위로 흐를 수 없다. 이렇게 자연에는 필연적 법칙들이 관철된다. 이필연의 영역에 종속되어 있는 부분이 인간에게도 있다. 몸이 그것이다. 인간은 몸을 가지고 태어났기 때문에 수많은 제약 속에 놓여있다. 즉 인간으로서는 어찌할 수 없는 것이 아주 많다. 굶으면 죽기 때문에 우리는 반드시 영양분을 섭취해야 하고, 일정 정도의 시간이 지나면 잠을 자야 한다. 더 나아가, 우리에게는 억제하기 힘든 성적인 욕망도 있고 칭송을 받고 싶은 욕망도 강하다. 우리가몸을 가지고 태어났기 때문에 가질 수밖에 없는 이러한 필연적 욕구들을 따르는 것은 '자유롭게' 사는 것이 아니다. 그것은 다른 사물이나 동물의 존재 방식과 다를 바가 없다. 반면에 인간에 어울리는 삶의 방식은 자유로움에 있다. 자유는 다른 것을 할 수 있는 능력이다. 그래서 자유인은 마치 중력처럼 나를 끌어당기고 있는 자연적 욕망의 힘들로부터 벗어날 수 있는 사람이다. 그러한 능력은정신에서, 사유하는 이성의 능력에서 주어진다. 따라서 자유인은이성을 능동적으로 사용하는 자인 것이다.

결국, 노예가 천한 신분이기 때문에 그가 하는 생존을 위한 노동이 천한 것이 아니다. 반대로 욕구 충족을 위한 노동이 그 자체로천한 것이기 때문에 그 일을 하는 자가 천한 것이다. 따라서 신분이

---

1   아리스토텔레스, 『정치학』, 1254b16~30.

노예가 아니더라도, 누군가가 생존을 위해서만 일을 한다면 그는 엄밀하게 말해서 노예인 것이다. 아리스토텔레스가 말하고 있는 것처럼 신분이 아무리 귀해도 몸과 영혼이 천한 자, 노예인 사람이 있고, 신분이 노예여도 고귀하고 자유로운 영혼을 가질 수 있다.

노예가 노동을 하는 자라면 자유인은 그 노동에서 벗어난 자이다. 따라서 노예와 자유인 사이의 구별은 노동과 '여가scholē'의 구별에 기초하고 있다. 아리스토텔레스에서 이 구별은 더욱 확장된다. 노동을 하는 자는 몸을 사용하는 자, 몸의 사용에 능숙한 자이다. 그도 인간의 영혼을 가지고 있지만 그의 영혼은 다른 인간의 영혼과 근본적으로 구별된다. 아리스토텔레스에 따르면 그는 이성을 '가지고' 있지 않다. 그는 이성을 가진 사람의 말, 보다 정확히 말하면 그의 명령을 '이해할' 수는 있지만 이성을 '가지고' 있지는 않다. 따라서 물질적 생산을 담당하는 사람들은 인간에게 고유한 사유라는 능동적 활동에서 배제된다. 그것은 전적으로 자유인의 몫이 된다. 같은 인간인데 왜 노예의 영혼은 자유인의 영혼과 다른가? 다른 사람의 말을 이해할 수 있다면, 그도 같은 능력을 가지고 있다고 볼 수 있지 않은가? 그러나 아리스토텔레스에게 '이성을 가지고 있다'는 의미는 '이성을 능동적으로 사용할 수 있다'는 것을 의미한다. 이러한 의미로 본다면, 노예는 이성을 능동적으로 사용할 수 없는 사람이다. 그렇다면 왜 그는 그럴 수 없는가? 여가가 없기 때문이다. 그는 생각할 시간이 없다. 반면에 자유인은 노동을 하지 않기 때문에 여가 시간을 가지고 있다. 결국, 여가의 유무, 보다 정확히 말하면 여가를 가질 수 있는가 혹은 그렇지 못한가를 결정하는 사회적 계급상의 차이에 의해 자유인과 노예가 구분된다고 할 수 있다.

자유인과 노예,
여가와 휴식

　　이러한 차이는 시민의 삶, 즉 정치에 참여할 수 있는 자격 유무로 나타난다. 정치란 무엇인가? 그것은 나라는 개인의 유용성을 추구하는 것에서 벗어나 '전체의 좋음'을 고려하고 돌보는 일이다. 따라서 정치에 참여하기 위해서는 공동체 전체에게 무엇이 좋고 나쁜 것인지, 무엇이 옳고 그른지를 분별해야 한다. 그런데 이러한 분별을 위해서 우리는 사유하고 토론할 줄 알아야 한다. 이사유하고 토론할 수 있는 능력이 바로 이성이다. 따라서 이성을 가지고 있지 않은 노동자들은 정치에 참여할 자격이 없다. 그것은 여가를 가지고 있는 자유인들의 몫이다. 여기에서 노예와 자유인의 차이는 사적인 일을 하는 자와 공적인 일을 하는 자의 구별로 이어진다.

　　이러한 관점은 아리스토텔레스의 스승인 플라톤에서 이미 등장하고 있다. 플라톤의 대화편 『파이드로스』에서 소크라테스는 대화 중간에 어떻게 하는 것이 말을 잘하고 글을 잘 쓰는 것인지에 대해서 검토할 필요가 있다고 제안한다. 소크라테스의 제안에 파이드로스는 이렇게 답한다. "필요가 있느냐고 물으시는 거예요? 막말로 그런 즐거움을 위해서가 아니라면 누군들 뭐하러 살겠어요?"[2] 파이드로스는 검토하고 토론해보는 일이 당연히 필요한 일이라고 답한다. 그런데 이 일의 필요성은, 생존을 위해 해야 하는

2　　플라톤, 『파이드로스』, 258e.

일의 필요성과는 다른 종류의 필요성이다. 이 주제로 대화를 하지 않는다고 이 두 사람이 죽을 일은 없기 때문이다. 따라서 여기에서 말하는 필요성은 조금 다른 필요성일 것이다.

그렇다면 대화하고 토론하는 것은 어떠한 관점에서 필요한 일인가? 그것은 생존으로서의 삶에 필요한 것이 아니라 다른 동물과 구별되는 인간에게 고유하게 허락되는 고귀한 삶에 어울리는 일이다. 이 일은 우리가 어쩔 수 없이 하는 것이 아니라 아름다운 삶을 위해서 우리가 자유롭게 선택해서 하는 일이기에 자유인에게 적합한 일이다. 생각을 하고, 그 생각을 타인과 나누면서 대화를 하는 일이 그러한 일에 속한다. 그래서 파이드로스는 삶은 오직 이것을 할 때만 의미와 가치가 있다고 말하고 있는 것이다.

파이드로스의 긍정에 소크라테스는 다음과 같이 화답한다.

일단 그럴 여가 시간은 있는 듯하군. 그리고 그와 동시에 숨 막히는 더위 속에서 으레 그러하듯 매미들이 우리 머리 위에서 노래하고 서로 대화하면서 우리를 굽어보기도 하는 것 같군. 그리하여 그들이 한낮의 대다수 사람들처럼 우리 둘 역시 대화를 하는 게 아니라 졸면서 생각의 게으름으로 자기들의 주문에 우리 자신이 걸려 있는 것을 보게 된다면, 우리를 어린 양처럼 자기들의 작은 쉼터에 와서 한낮에 낮잠을 자는 노예들이라 생각해서 비웃는 것이 당연한 일이지. 하지만 우리가 대화를 나누어가며 주문에 걸리지 않은 채로 세이렌들의 곁을 향해해 지나가듯이 그들 곁을 지나가는 것을 그들이 본다면, 그들은 우리에게 감탄하여 그들이 인간들에게 줄 수 있도록 신들에게서 허락받은 영예의 상을 줄지도 모르네.3

우선 매미들 이야기부터 해보자. 매미들은 우리가 어릴 때 들었던 '개미와 베짱이'의 이야기를 상기시킨다. 본래는 '매미와 개미들'인 이 이솝 우화는 겨울을 대비해 열심히 일하는 개미의 근면함과 놀다가 막상 겨울이 돼서 개미에게 구걸해야 했던 매미의 게으름을 대비시키고 있다. 그러나 여기에서 매미는 아주 다른 의미로 나타난다.

뮤즈의 여신들이 노래를 할 때, 그것에 취해 식음을 전폐하고 듣다가 자신이 죽은지도 몰랐던 사람들이 있었다. 이 사람들이 다시 태어나서 매미가 되었는데, 이 매미들은 먹고 마시지도 않고 평생 노래만 부르다가 죽은 뒤에는 뮤즈의 여신들 곁에 가서 이승 사람들 가운데 누가 그녀들 중 누구를 공경하는지 알리는 임무를 맡게 되었다.

위에서 플라톤이 언급하고 있는 것은 바로 이 매미들이 한여름에 노래를 부르고 있는 상황이다. 그런데 그는 여기에서 사람들을 두 부류로 나누고 있다. 하나는 그 노래 소리에 취해 나무 밑 그늘에서 낮잠을 자는 사람들이고, 다른 하나는 그 노래의 유혹을 견디어내고 대화를 나누는 사람들이다.

플라톤은 전자의 사람들을 노예들로 규정한다. 실제로 노예 신분이라는 의미에서가 아니라 우리가 앞에서 말했던 의미에서의 노예이다. 오직 먹고 살기 위해서만 활동하는 자, 생존의 필요성에 얽매여 있는 자라는 의미에서 그들은 노예인 것이다. 여기에서 플라톤은 그들의 게으름을 탓하지 않는다. 그가 그들을 낮게 보는 것은 그들이 자신들의 일을 게을리하고 있기 때문이 아니다. 그들

---

3   플라톤, 『파이드로스』, 258e~259a.

의 부덕은 "생각의 게으름"에 있다. 그들은 자신들이 맡은 일은 열심히 하지만 생각을 하지 않는다. 정의가 무엇인지, 법률은 어떻게 되어야 하는지, 참된 인식과 그렇지 않은 인식은 무엇인지에 대해서 생각하고 대화하지 않는다. 왜 그럴까? 본래 천성이 그런 사람들이어서? 그러나 그들의 천성이 본래 그러했는지를 우리는 알 수 없다. 사람들이 그렇게 말한다면, 그것은 현재의 모습을 보고, 즉 결과를 보고 원인을 추측하는 것이다. 그렇다면 그 사람의 현재 모습이 다르게 나타났다면, 사람들은 그를 다른 본성을 가진 사람이라고 말할 것이다. 결국, 사람들이 말하는 본성이나 천성은 현재의 결과를 정당화하는 픽션에 불과하다.

그렇다면 생존의 활동에 매여 있는 사람들은 왜 사유하지 않는가? 플라톤의 실질적인 답변은 앞에서 인용한 문단의 첫 문장에 있다. "일단 그럴 여가 시간은 있는 듯하군." 파이드로스가 대화를 계속할 의사를 보이자 플라톤이 한 첫말이었다. 대화를 하기 위해서는 무엇보다도 여가 시간이 있어야 한다. 이것이 없다면 그 고귀하고 자유로운 대화는 불가능하다. 그런데 생존에 얽매여 있는 사람들에게 없는 것이 바로 이 여가 시간이다. 반면에 파이드로스나 소크라테스와 같은 사람들은 바로 이 여가 시간이 있는 사람들이다. 이 여가의 유무가 정확히 노예와 자유인(혹은 철학자)을 가르는 기준이 된다. 물론 사유하는 자인 철학자의 덕목에는 매미들의 유혹을 견디는 단단한 의지가 덧붙여져야 한다. 그러나 그것은 본질적인 것은 아니다. 우리에게 충분히 많은 여유가 있다면, 사유를 멈추고 잠시 낮잠을 자고 잠시 노래의 흥에 취한들 크게 문제가 될 것이 없기 때문이다. 그렇다면 이들에게는 왜 이러한 여가 시간이 있는가? 그들은 생존에 필요한 활동을 하지 않는 사람들이기 때문이다. 즉 그들은 생산자들 혹은 노동자들이 아니다. 그들은 생산자들이 생산한 것들을 향유하는 사람들이다. 따라서 그들에게는 항상 여가 시간이 있다. 그렇기 때문에 그들은 생각을 할 수 있다. 더욱이 생존에 꼭 필요한 것들이 아닌 것들, 예를 들면 국가에 대해서, 타인들에 대해서, 세계에 대해서, 존재에 대해서, 아름다움과 예술에 대해서 말이다.

　　반면에 생산자들은 이런 것들을 생각할 시간이 없다고 플라톤은 말한다. 그런데 실제로 그들은 여가 시간이 전혀 없는가? 앞의 인용문을 보면, 매미들이 노래를 부를 때 노예와 같다고 간주된 생산자들은 낮잠을 잔다. 따라서 이들에게도 실제로는 여유가 있는데, 그것을 대화하는 데 사용하지 않고 낮잠을 자는 데 사용하고 있는 것은 아닌가? 따라서 노예와 자유인의 차이는 대화하려는 의지의 유무, 노래의 유혹에 빠지지 않을 만큼의 능동성을 가지고 있는가 그렇지 않은가에 의해 발생하는 것은 아닌가?

　　여기에서 우리는 휴식과 여가를 구분할 줄 알아야 한다. 생업에 종사하는 생산자들에게는 여가 시간이 없다. 그들에게 허락된 시간은 단지 휴식 시간일 뿐이다. 그들은 기계가 아니다. 일정 시간을 일을 하면 소진된 노동력을 보충해야만 그 다음 일을 계속할 수가 있는 사람들이다. 그들이 한낮에 일을 멈추고 매미들의 노래를 들으며 낮잠을 자는 것은 그들이 게으르고, 다른 것, 특히 사유 활동을 할 의지가 없기 때문이 아니라, 노동을 계속하기 위해서이다. 따라서 이 낮잠은 생존에 필요한 활동의 일부이다.

　　결국 생산자들에게는 여가가 없다. 따라서 그들은 생존에 꼭 필요한 일이 아닌 것에 대해 생각할 시간이 없다. 그리고 그렇기 때문에 그들은 시민의 삶, 정치에 참여할 수 없다. 그들에게 허락된 것은 여가를 가지고 있기 때문에 충분히 생각하고 토론할 수 있었던 사람들이 결정한 것을 받아들이는 일이다. 이러한 삶을 플라톤과 아리스토텔레스는 동물적이고 노예적이라고 불렀다. 이들은 이렇게 생산자들의 운명을 정해 놓았다.

그러나 근대인들은 이것을 운명으로 받아들이지 않았다. 노동에 대한 이 고전적 이해는 자본주의의 출현과 더불어 붕괴된다. 그렇다면 이 극적인 변화는 어떠한 모습으로 나타나게 되는가?

인간의 본질적
활동으로서의 노동

앞에서 살펴보았듯이 노동에 대한 고전적 이해는 물질적 욕구 충족을 위한 생산과 자유로운 정신의 활동 사이의 분할, 여가가 있는 자와 없는 자, 노예와 자유인, 사적인 일과 공적인 일 사이의 분할에 기초해 있었다. 그런데 근대에 자본주의 체제가 성립되면서 이 분할은 점점 더 유지되기 어려워졌다. 무엇보다도 자유로운 노동과 교환을 통한 부의 축적이라는 자본주의의 동력은 이 낡은 분할의 논리와 충돌하고 대립하였다.

이제 자본주의 체제는 자신에게 적합한 새로운 노동 개념을 요청하였다. 존 로크와 애덤 스미스는 이러한 요청에 답했던 대표적인 사상가들이었다. 이들에게서 노동은 더 이상 생존을 위해 어쩔 수 없이 해야만 하는 노예의 일이 아니라 소유권의 원천이었다. 어떤 대상에 노동을 투여할 때, 나는 그것을 소유할 수 있는 권리를 가지게 되기 때문이다. 여기에서 노동은 나의 신체적 힘과 정신적 능력을 투여하고 표현하는 활동으로 나타난다. 다시 말하면 노동은 이제 노예의 일이 아니라 시민 사회를 구성하는 자유로운 개인들이 어떤 것을 정당하게 나의 소유로 인정받을 수 있는 유일한 활동으로 승격된다. 그러나 소유권의 정초와 부의 무한 축적의 원천이라는 관점을 벗어나서 노동을 인간의 본질적 활동이자 모든 물질적 및 정신적 가치의 생산 원리로서 이해한 것은 헤겔과 마르크스에 의해서이다.

　　헤겔로부터 시작해 보자. 흥미로운 것은 헤겔이 우리가 앞서 플라톤과 아리스토텔레스에서 확인했던 것, 즉 자유인과 노예의 분할을 다시 무대에 등장시키고 있다는 점이다. 이 분할을 재등장시킴으로써 헤겔은 자신의 대표작인 『정신현상학Phänomenologie des Geistes』(1807)에서 정확히 이 분할의 지양을 목표로 삼게 된다. 헤겔에게 인간은 무엇보다도 자기의식을 가지고 있으면서 동시에 몸을 가지고 있는 이중적 존재이다. 그런데 전자는 자유를 추구하고 후자는 생존을 욕구한다. 이 둘 사이의 구별은 사회적 차원에서 주인과 노예의 분할로 나타난다. 여기까지 헤겔은 고대의 선배 철학자들과 다르지 않다. 그에게서 달라지는 것은 자유에 대한 자기의식의 욕구와 몸의 생존에 대한 욕구는 서로 통합될 때에만 현실적인 욕구가 될 수 있다는 통찰이다. 다시 말하면 정신의 욕구가 사변적인 진리 탐구로만 규정된다면 그것은 추상적이고 형식적인 것이 될 뿐이다. 따라서 그것은 현실적인 것이 될 수 없다. 사물들을 올바르게 인식하는 일에 대한 욕구는 사물들을 변형시키는 물질적 생산 과정 속에서 구체적으로 실현될 수 있기 때문이다. 인간은 생존하기 위해서 노동을 하지만, 이 노동은 단순히 자연을 전유하고 착취하는 활동이 아니다. 가령 인간은 영양을 섭취하기 위해 사과를 먹지만, 이 행위는 동시에 사과에 대한 인식을 동반한다. 인간은 물질적 욕구뿐만 아니라 그와 동시에 인식에 대한 욕구를 가지고 있는 존재이기 때문이다.

이렇게 두 욕구는 단순히 분할되어 있는 것이 아니라 하나로 통합되어 있기 때문에, 그것들은 서로 대립하고 투쟁한다. 헤겔 고유의 표현을 사용하자면 이 둘은 소위 '변증법적dialectic' 관계를 맺고 발전하게 된다. 앞에서 말했듯이 이 두 욕구, 인식과 자유를 향한 욕구와 생존을 위한 욕구는 사회적 차원에서 각각 주인과 노예로 나타난다. 그렇다면 여기에서 주인과 노예는 어떻게 규정되는가?

인간은 모두 자기의식을 가지고 있는 주체적 존재들이다. 이 점에서 근대인들은 본성적으로 다른 두 부류의 인간들을 나누었던 고대 그리스의 관점을 부정한다. 사회계약론에서 전제하고 있었던 '자연상태'는 인간들 사이의 근원적 자유와 평등을 긍정하고 있는 근대인들의 관점을 무엇보다도 잘 보여준다. 헤겔의 자연상태에서 개인들은 자신들을 자유로운 존재로 긍정하고자 한다. 그런데 각자의 이러한 욕구는 필연적으로 그들 간의 투쟁을 낳을 수밖에 없다. 모두가 자유로운 지배자가 될 수 없기 때문이다. 따라서 개인들 사이에는 자신의 존재를 건 투쟁의 관계가 성립하게 된다. 나는 죽는 한이 있어도 삶을 부지하기 위해 너에게 무릎을 꿇는 일은 하지 않겠다는 의지를 가진 자는 결국 자유인이 되고, 반대로 살아남기 위해서라면 얼마든지 너에게 무릎을 꿇겠다는 사람은 노예가 된다. 다시 말하면 상황이 강제하고 구속하더라도 자유를 추구하는 사람은 주인이 되고, 주어진 상황을 받아들이고 수긍하는 사람은 노예가 되는 것이다.

　　그런데 생존의 필연성이 주는 속박에서 벗어나 자유를 추구하는 주인은 역설적으로 욕구의 대상이 되는 사물과 노예에게 의존할 수밖에 없게 된다. 왜냐하면 주인으로서의 자신의 지위는 사물과 노예에 대한 소유에서 나오는 것이기 때문이다. 한마디로 주인은 노예가 있기 때문에 주인이 될 수 있는 것이다. 이러한 이유로 주인은 '노예의 노예'가 된다. 반면에 노예는 '주인의 주인'이 된다. 주인에 의해 강제로 노동을 하게 된 노예는 사물과 직접적 관계를 맺게 된다. 그런데 이 사물은 그 자체로 자신만의 본성을 지닌 자립적인 존재이기 때문에, 그것을 가공하기 위해서 노예는 그 사물을 인식하고 그것을 지배하는 능력을 함양해야 한다. 가령 나무로 책상을 만들 때, 제작자는 나무의 본성을 잘 이해하고 잘 다스려야 좋은 책상을 만들 수 있기 때문이다. 이렇게 노예는 노동을 통해서 사물에 대한 인식을 발전시키고 그를 통해 스스로를 교육하고 함양시켜bilden 나간다. 여기에서 노예는 자연 사물을 단순히 파괴하는 자가 아니라 사물의 본성을 존중하고 인정하는 가운데 단지 그것을 가공하는 자이다. 따라서 노예의 노동은 자연과 인간 사이에서 둘을 매개하고 조정하는 활동으로 규정된다. 노동은 이렇게 '제2의 자연' 즉 문명과 문화를 만들어내고, 그리고 그것을 매개로 새로운 인간 즉 '제2의 인간'을 만들어낸다.

　　노예는 죽음에 대한 공포를 느끼고 그것에 의해 추동되는 존재, 유한성의 존재이다. 그래서 그는 노예가 될 수밖에 없고 강제된 노동을 할 수밖에 없다. 그러나 그는 이 노동을 통해서 고대 철학자들이 찬양했던 능동적인 정신적 활동으로까지 나아갈 수 있게 된다. 헤겔은 우리에게 인간은 노동을 하는 한에서만 진정한 의미의 인간, 자유롭고 고귀한 삶을 사는 인간이 될 수 있다고 말한다.

그렇다면 노동 '개념'의 이러한 근대적 위상 변화는 현실에서 어떠한 모습으로 구체화되었을까? 다시 말하면 근대적 노동 개념의 배경이 되었던 자본주의 체제에서 노동은 어떠한 모습으로 나타나고 있는가? 헤겔이 그렸던 것과는 사뭇 다른 모습들을 우리는 보게 될 것이다.

자본주의와
노동의 소외

마르크스는 노동에 대한 헤겔의 통찰을 긍정한다. 그에게도 노동은 인간의 본질적 활동이다. 그런데 자본주의 사회에서 노동은 이러한 본성을 상실한다. 마르크스는 이것을 '노동의 소외'라고 부른다. 노동의 소외는 노동이 그 본성에 부합하지 않는 왜곡되고 낯선 활동이 되었다는 것을 의미한다. 그렇다면 왜 노동은 자본주의 생산 관계 속에서 소외를 겪을 수밖에 없는가? 왜 우리는 노동을 하면서 여전히 즐겁지가 않은가?

마르크스는 그 원인을 자본주의의 사적 소유에서 찾는다. 쉽게 말하면, 노동자는 생산수단을 소유하고 있지 못하기 때문에 생존을 위해서는 자신의 노동력을 자본가에게 팔고 그 대가로 임금을 받아 생계를 유지해야 한다. 이러한 조건 하에서 이루어지는 노동을 통해서는 그 고유의 본성을 실현할 수가 없다.

자본주의 이전의 지배적인 생산방식은 소규모 작업장에서 이루어지는 수공업적 생산이었다. 소규모 단위로 이루어지는 이 생산방식은 도제, 직인, 장인으로 구성되는 위계적 질서를 따랐다. 처음 일을 하기 시작하는 '도제'는 노예처럼 자질구레한 일들만을 하지만 학습과 훈련을 통해서 돈을 받고 장인의 일을 보조하는 직인이 되고, 나중에는 일의 전 과정을 기획하고 통제할 수 있는 장인이 된다. 헤겔이 노동을 일종의 교육과 성장의 과정으로 묘사할 때, 염두에 두었던 것은 바로 이 수공업적 노동이었다. 물론 이 노동의 과정에는 많은 힘겨움, 오류, 실패, 좌절의 시간도 있지만, 노동자들은 그것들과 싸워나가면서 경험과 지식을 성취하게 된다. 이러한 노동을 통해서 생산되는 것은 나의 몸과 정신이 투여된 나의 일부가 된다. 그리고 이 노동의 과정에서 나는 타인들과의 갈등을 넘어서서 더 공고한 유대 관계를 형성할 수 있게 된다. 이렇게 노동은 나와 사물, 나와 다른 인간들 사이의 관계를 발전시키는 원리가 되기도 한다.

그러나 자본주의 경제 관계 속에서 이 모든 것은 중지된다. 나의 노동을 통해서 생산된 것은 더 이상 나의 것이 아닌 낯선 것이며, 나의 노동 또한 나의 본성의 실현이라기보다는 기계의 부품과도 같은 부분적이고 파편적인 반복적 운동에 지나지 않는다. 마르크스가『자본론』에서 분석한 자본주의적 현실은 소외된 노동의 모습을 극명하게 보여준다. 산업 자본주의 시대의 생산방식을 특징짓는 가장 중요한 요소 가운데 하나는 기계 대공업일 것이다. 그런데 이것은 노동의 형태와 노동자들의 삶에 직접적인 영향을 끼치게 된다.

이리하여 기계의 자본주의적 사용은 한편으로는 노동일을 무제한으로 연장하려는 새로운 강력한 동기를 만들어내고, 또 노동 양식과 사회적 노동 조직의 성격을 이러한 경향에 대해 저항하지 못하도록 변혁시킨다. 다른 한편으로 그것은 노동자 계급 가운데 지금까지 자본의 수중에 들어가지 않았던 모든 계층을 자본에 편입시키고, 또 기계에 의해 밀려난 노동자를 해고함으로써, 자본이 지시하는 법칙에 따르지 않을 수 없는 과잉 노동자 인구를 창출한다. 그리하여 기계가 노동일의 관습적 장애와 자연적 장애를 모두 제거해버리는 ―근대 산업사에서 주목할 만한― 현상이 일어난다. 그 결과 노동시간을 단축하기 위한 가장 강력한 수단[기계]이 노동자와 그의 가족의 모든 생활시간을 자본의 가치 증식에 이용할 수 있는 노동시간으로 전화시키는 가장 확실한 수단으로 뒤바뀌는 경제학적 역설이 생겨난다. 고대의 가장 위대한 사상가 아리스토텔레스는 이런 몽상을 하고 있다.

"만일 다이달로스의 작품이 저절로 움직이거나 헤파이토스의 삼각대가 스스로 알아서 신성한 일을 수행한 것처럼 모든 도구가 시키는 대로 또는 스스로 알아서 자신이 해야 할 일을 할 수 있다면, 그래서 만일 북이 저 혼자 알아서 베를 짠다면, 십장에게는 조수가 필요 없을 것이고 주인에게는 노예가 필요 없을 것이다."[4]

마르크스는 여기에서 세 가지 측면에서 기계적 생산이 노동자에게 미치는 영향을 언급하고 있다. 첫 번째로 기계는 사람들을 일터에서 내쫓는다. 기계가 사람을 대체할 수 있기 때문이다. 이렇게 함으로써 기계는 대량의 실업자들을 만들어낸다. 이러한 실업자군의 형성은 노동자들의 지위를 매우 불안한 것으로 만든다. 언제든 대체할 수 있는 다른 잠재적 노동자들이 있기 때문이다. 이러한 이유에서 노동자들은 이 기계적 생산방식을 자신들의 적으로 간주하고, 기계를 파괴하는 운동을 벌이기도 하였다. 19세기 초 영국에서 일어난 '러다이트 운동'이 대표적인 경우이다.

둘째, 기계는 숙련 노동을 필요로 하지 않는다. 또한 많은 힘을 사용하는 노동도 필요로 하지 않는다. 그렇기 때문에 여성과 아이들과 같이 이전에는 노동 계층에 속하지 않았던 사람들도 노동 시장에 편입하게 된다. 따라서 이제 가장뿐만이 아니라 가족의 전 구성원을 노동에 동원할 수 있게 되었다.

셋째, 기계는 노동시간을 연장시킨다. 인간의 노동에는 자연적 제한이 존재한다. 사용된 노동력은 보충되어야 하고, 그래서 휴식이 필요하다. 그러나 기계는 이러한 제약을 갖지 않는다. 따라서 기계는 쉬지 않고 돌아갈 수 있다. 이렇게 기계가 쉬지 않고 작동하면서 노동일이 연장되면, 인간은 거기에 맞추어야 한다. 노동자에게 허락되었던 휴식과 여가의 시간은 줄어들 수밖에 없다. 마르크스의 표현대로 "생활시간"이 "노동시간"으로 전환되는 것이다.

그런데 노동시간의 연장은 현실적으로 제약될 수밖에 없다. 실제로 노동일의 무제한적 연장은 노동자들의 저항에 부딪혀 법적 제한을 받게 된다. 그러나 이러한 양적 제한은 노동 강도의 강화를 통해서 보충되었다. 생산성을 극대화하기 위해 기계적 생산 체제에 적합한 방식으로 노동자들의 노동시간을 엄격히 분할하고 규제하는 방식이 고안되었기 때문이다. 노동 과정의 이 '합리화'를 가장 잘 보여주는 것이 바로 20세기 초의 '포드주의' 생산방식이다. 노동자들이 소위 '쓸데없이' 시간 낭비를 하지 못하도록 돌아가는 컨베이어 벨트의 속도에 맞춰 단순한 작업을 반복적으로 하

4　　칼 마르크스, 『자본 I-2』, 강신준 옮김 (길, 2008), 551쪽.

도록 만들었던 이 생산방식은 노동자의 노동을 기계적 합리화에 종속시킨 대표적인 사례였다.

이러한 노동 방식과 강도는 노동자의 몸과 정신을 황폐화시킨다. 마르크스는 엥겔스를 인용하면서 이렇게 쓰고 있다.

"똑같은 기계적 과정을 계속해서 되풀이하는 끝없는 노동의 그 견딜 수 없는 단조로움은 시시포스의 고통과 흡사하다. 노동의 무거운 짐은 시시포스의 바위와도 같이 극도로 피곤한 노동자에게도 계속해서 다시 굴러 떨어진다"(엥겔스, 『영국 노동자계급의 상태』).

기계 노동은 신경 계통을 극도로 피곤하게 만들며 동시에 근육의 다양한 움직임을 억압하고 모든 자유로운 육체적 및 정신적 활동을 몰수해버린다. 노동의 완화도 고문 수단으로 바뀌어버리는데, 왜냐하면 기계는 노동자를 노동에서 해방시키는 것이 아니라 노동의 내용에서 해방시키기 때문이다. 자본주의적 생산이 단지 노동과정일 뿐만 아니라 자본의 가치 증식 과정이기도 한 이상, 모든 자본주의적 생산은 노동자가 노동 조건을 사용하는 것이 아니라 거꾸로 노동 조건이 노동자를 사용한다는 점에서 공통점을 갖는다. 그러나 이것은 기계를 통해서야 비로소 기술적으로 명확한 현실성을 갖게 된다. 노동수단은 하나의 자동 장치로 전화함으로써 노동과정 내에서 자본으로서(즉 살아 있는 노동력을 지배하고 흡수하는 죽은 노동으로서) 노동자와 대립한다. 생산과정의 정신적 힘들이 육체노동에서 분리되고, 나아가 그 힘들이 노동에 대한 자본의 권력으로 전화한다는 사실은 이미 앞에서도 얘기한 바와 같이 기계의 토대 위에 세워진 대공업에서 완성된다.[5]

　　노동자들의 노동이 이루어지는 공장은 그들의 일거수일투족을 통제하고 감시하는 감옥과 같은 곳이 된다. 이러한 이유에서 미셸 푸코Michel Foucault는 공장을 수도원, 감옥 요새, 또는 폐쇄된 마을에 비유한다. 공장은 폐쇄된 공간이다. 이곳에 들어가면 작업의

공장에서 일하는 19세기의 여성들

기계의 부속품으로 전락한 노동자 (찰리 채플린, 〈모던 타임즈〉)

5　　칼 마르크스, 『자본 I-2』, 강신준 옮김 (길, 2008), 570~571쪽.

기능에 따라 노동자들은 그들의 장소에 배치되고, 그들의 행동은 시간표에 따라 통제된다. 노동자들의 동작과 기계의 작용은 생산성을 극대화할 수 있는 방식으로 조직된다. 19세기가 공장의 시대였다면, 그것은 또한 감옥의 시대이기도 하였다.[6]

아마도 사람들은 말할지 모른다. 이 공장의 시대는 이미 지나간 과거일 뿐이라고 말이다. 물론 맞는 말이다. 4차 산업혁명이 운위되는 21세기의 현재는 19세기 산업자본주의 시대와는 확연히 다르기 때문이다. 노동자들은 더 이상 공장에 감금되어 있지 않다. 사실 대규모의 사람들이 운집해 일하는 대공장 또한 거의 사라지고 없다. 반대로 현대사회를 특징짓는 것은 유동성이다. 현대인들은 공간적 장벽을 허물고 끊임없이 이동한다. 기업주는 예전처럼 더 이상 그들에게 정해진 장소에 머물 것을 요구하지도 않는다. 그는 이제 주어진 제도와 규칙에 충실한 사람을 원하지도 않는다. 이제 우리는 인간을 규율하기 위해 동원되었던 모든 시공간적 분할과 통제가 점점 무의미한 것이 되고 있는 사회 속에서 살고 있는 것이다. 그렇다면 모든 경계가 사라지고 모든 것이 유동하고 변하는 이 '액체사회'에서는 마르크스가 헤겔을 비판하면서 염원했던 노동해방, 소외된 노동의 극복이 실현되고 있다고 볼 수 있을까?

겉으로 보이는 이 자유와 유동성 뒤에는 그 이전보다 더 강도 높은 통제와 구속이 놓여 있다는 것을 간과해서는 안 된다. '훈육사회société disciplinaire'에서 규율은 개인에게 자리를 할당하고 그 자리에 알맞은 일을 요구하는 것에서 성립하였다. 그런데 이 강제에는 그에 상응하는 반대급부가 있었다. 자리의 보장이 그것이다. 그러나 그러한 훈육이 없어진 현대사회에서는 마찬가지로 그러한 보장도 사라진다. 어떤 것도 보장되지 않는다. 모든 것이 변하고 유동한다는 것, 그것은 그 개인에게는 죽음에 대한 끊임없는 위협과 불안을 의미한다. 따라서 그는 형식적으로는 자유롭지만 그 누구보다도 생존의 욕구에 얽매이게 된다. 그는 우리가 앞에서 규정한 바로 그 의미로 정확히 노예가 된다.

　이전에는 학교를 졸업하고 회사에 취직을 하면, 사람들은 더 이상은 배움의 장으로 되돌아갈 필요가 없었다. 낮에 일을 하고, 비록 가끔은 늦은 시간까지 일을 하는 경우가 있어도 회사 문을 나서면 그들에게는 편히 휴식할 시간이 허락되었다. 그러나 그러한 시대는 지나갔다. 그러한 명확한 영역 구별, 시간의 분할이 없어졌기 때문이다. 학교를 졸업하고도 사람들은 다시 학원에 가서 영어회화를 배워야 하고, 저녁에 퇴근을 해도 휴식 시간을 자기 계발을 위해 투자해야 한다. 그래야 무한 경쟁에서 살아남을 수 있기 때문이다. 물론 이러한 노력이 항상 보상받는 것도 아니라는 점을 잊지 말아야 한다.

　훈육사회에서 통제는 외부에서 강제되었다. 그러나 프랑스 철학자 질 들뢰즈Gilles Deleuze가 '통제사회société de contrôle'라고 부르는 현대사회에서 통제는 내부로부터, 즉 자발적으로 이루어진다. 그렇기 때문에 이 통제는 더 철저하고 견고하다. 외부로부터의 통제는 저항에 부딪힐 수 있지만, 이 내적 통제에는 저항도 없다.

　타인들과의 관계는 어떠한가? 사람들을 옥죄고 부자유하게 만들었던 과거의 위계질서는 점차 붕괴되어가고 있다. 윗사람에게 무조건 복종을 해야 한다고 가르쳤던 기업문화는 점차 사라져

6　Michel Foucault, *Surveiller et Punir* (Gallimard, 1975) [미셸 푸코, 『감시와 처벌』, 오생근 옮김(나남, 2016)] 참조.

가고 있다. 그러나 이러한 질서의 해체는 사람들 사이의 자유롭고 전면적인 교류로 이어지지 않는다. 죽음의 위협 앞에서 생존에 얽매일 때 우리는 타인들을 사물처럼 바라본다. 그들은 단지 나의 욕구의 수단들, 또는 내가 무너뜨려야 할 경쟁자들일 뿐이다. 이렇게 인간들 사이의 유대적 관계는 해체된다. 우리는 타인들의 삶을 돌보거나 그들의 아픔에 공감할 여유를 갖기 힘들다. 우리는 어떤 면에서 근대의 계약론자들이 말했던 그 자연 상태, 살아남기 위해 자신의 이익만을 추구하는 개인들의 사회로 다시 회귀하고 있다.

이것이 오늘날 우리가 살고 있는 사회의 모습이다. 여기에서 노동은 인간 본성의 실현이자, 인간과 자연을 묶어주는 연결고리가 되지 못한다. 따라서 여전히 우리에게 노동은 고역일 수밖에 없다. 이 고역에 지친 사람들에게는 다른 것을 생각할 시간과 여유가 없다. 그들은 오직 '휴식'만을 원할 뿐이다. 그런데 이 휴식 시간 또한 자본주의 산업이 점령한다. 자본은 소위 '문화산업'을 통해 대중들에게 오락거리를 제공하는데, 그 메커니즘은 대중을 전적으로 수동적인 존재로 만드는 것이다. 자극적인 쾌락에 매몰되어 대중은 상상력과 비판적 사유 능력을 상실하게 되기 때문이다. 대중문화의 홍수 속에서 사람들은 동일한 것을 보고 느끼며 동일한 인간 유형이 되어 간다.

이렇게 자본주의는 악순환의 고리를 만들어낸다. 노동자들은 끊임없는 경쟁에 내몰리고 그렇기 때문에 그만큼 더 생존을 위한 욕구에 얽매일 수밖에 없다. 그리고 그럴수록 그들의 삶은 지치고 힘겨워진다. 유일한 탈출구는 오락이다. 그런데 자본은 이 오락과 휴식의 시간도 점령하여 그것을 이윤을 생산하는 '산업'으로 전화시킨다. 이 문화산업은 노동자들을 획일적인 수동적 존재로, 사유하지 않는 존재로 만들어버린다. 그렇기 때문에 이 노동자들은 자신들의 삶의 조건을 바꿀 수 있는 정치에도 무관심한 존재가 된다. 한마디로 노동자들은, 아리스토텔레스가 말했던 그 노예, 자신의 생존에만 관심을 갖는 이기적인 동물, 여가도 이성도 없어서 정치라는 공동체 전체의 일에는 능동적으로 참여할 수 없는 동물이 된다. 근대 사회가 신분제를 철폐했지만, 21세기에도 대부분의 사람들은 여전히 노예적 삶을 살고 있는 것이다. 이 비극적인 상황으로부터 우리는 어떻게 벗어날 수 있을까? 아니 그것이 가능하기는 할까?

대안의
근대성과 노동

집에 있는 듯 편안함을 느끼며 그는 아직 마루를 까는 일을 끝내지 못했지만 방의 배열을 마음에 들어 한다. 창문이 정원을 향해 있거나 그림 같은 풍경이 내다보이면, 그는 잠시 손을 멈추고 드넓은 전망을 향해 상상의 나래를 펼치며 이웃 주택의 소유자들보다 그것을 더 만끽한다.[7]

'그'는 날품팔이 목수이다. 따라서 그는 누구보다도 삶이 불안정한 노동자다. 불안정성은 그의 정체성에 가깝다. 바로 이러한 이

---

[7]　　가브리엘 고니, 「날품팔이」, 『노동자들의 경종』(1848). [자크 랑시에르, 『프롤레타리아의 밤La nuit des prolétaires: Archives du rêve ouvrier』(1981)에서 재인용].

유에서 그는 우리가 앞에서 살펴보았던 노동자들의 모습을 대변한다. 그는 전형적인 '프레카리아트precariat', 즉 불안정한 프롤레타리아트다. 그래서 그는 그만큼 생존에 얽매일 수밖에 없는 존재다. 그가 어느 날 고급 주택가의 어느 집에서 방에 마루를 까는 일을 하고 있다. 그러다가 그는 잠시 하던 일을 멈추고 지금까지 한 자신의 작업 결과를 지켜본다. 그리고 그것을 마음에 들어 한다. 물론 그 방은 그가 살아갈 집이 아니다. 그가 그것을 모르는 것은 아니다. 그는 단지 자신의 작업의 결과에, 자신의 노동 자체에 만족하는 것이다. 멈춘 김에 그는 창밖을 바라본다. 그곳으로는 아름다운 풍경이 펼쳐져 있다. 순간 그는 자신이 일을 하고 있었다는 것도 잊고 상상의 나래를 펼치며 그 풍경의 아름다움 속으로 빠져들어간다.

사실 그는 생존을 걱정해야 하기 때문에 누구보다도 자유롭지 않은 사람이다. 실제로 그러한 속박은 그의 삶을 옥죄어왔을 것이다. 따라서 그는 다른 것을 생각하고, 다른 것을 꿈꿀 시간을 그 누구보다도 갖기 어려운 상황에 있는 사람이다. 적어도 우리는 날품팔이로 살아가는 사람들은 그럴 것이라고 굳게 믿고 있다. 그러나 그는 여기에서 우리에게 아주 다른 모습을 보여준다. 그는 고급 주택을 소유한 사람들보다 더 적극적으로 아름다움을 향유하고 있기 때문이다. 그러한 일은 여가가 있는 사람들에게나 허락되는 일이라고 생각되어왔다. 그러나 이 날품팔이 노동자는 그것이 부유한 사람들의 전유물이 아니라는 것을 실천으로 보여준다.

이 짧은 순간은 날품팔이 노동자도 자본가들 못지않게 자유로운 인간이라는 것을 증명해준다. 이 순간은 플라톤과 아리스토텔레스를 비롯한 철학자들이 결코 인정하지 않았고, 자본주의 체제가 형식적으로는 인정했지만 실제로는 허용하지 않았던 자유가 특정 계층의 전유물이 아니라 모든 인간의 공통적 본성임을 드러내는 사건, 따라서 우리 모두는 평등하다는 것을 입증해주는 사건이다.

자본주의적 근대는 그것과 분리될 수 없는 또 다른 근대성을 가지고 있다. 바로 자유와 평등이라는 정치적 이념에 의해 표현되는 근대성이다. 민주주의는 이러한 근대적 이념의 산물이다. 물론 이 이념은 현실 속에서 끊임없이 무시되고 억압되고 있기는 하지만, 그것은 도처에서 자신을 드러내고 입증한다. 우리가 앞에서 보았던 장면이 한 예이다.

실제로 19세기 노동운동의 역사를 담고 있는 문서들을 보면, 이 시기 노동자들은 단순히 자본주의적 생산양식이 부과하였던 노동방식과 생활방식을 그대로 수동적으로 따랐던 것만은 아니었다. 자본주의는 노동자들의 삶을 특정한 방식으로 규정하는 시간 분할을 강제하였다. 공장에서 일을 해야 하는 낮의 시간과 소진된 노동력을 회복하기 위해 휴식을 취하고 잠을 자야 하는 밤의 시간의 분할이 그것이다. 다른 것들을 할 시간이 이 시간표에는 존재하지 않는다. 그러므로 이런 삶은 한마디로 동물과 같은 삶이다. 그런데 노동자들은 이러한 강제된 삶을 거부하였다. 그들은 휴식하고 잠을 자야 하는 밤 시간에 일기를 쓰고, 모여서 토론을 하고, 팸플릿과 신문을 발행했다. 한마디로 그들은 자본가들이 그들에게 요구하였던 일과는 다른 일들, 사유하고 성찰하는 일을 한 것이다. 자본가들이 노동자들은 능력이 없어서 할 수 없다고 했던 바로 그 일이다.

휴식의 시간을 사유의 시간으로 바꾼 노동자들은 스스로 자유인임을 증명한다. 모든 변화는 여기에서부터 시작되어야 한다. 우리를 노예적 노동으로부터 벗어나게 해주는 시혜를 베풀어줄 수 있는 사람은 없다. 우리는 불안정한 상황을 벗어날 수가 없다. 그러나 이러한 상황에 있다고 해서 노예적 삶이 우리의 운명인 것은 아니다. 우리에게 부과되고 강제되는 것과는 다른 것을 할 수 있는 능력과 자유를 우리는 가지고 있기 때문이다. 우리가 사유하는 존재인 한, 우리의 노동은 단지 노예적이고 동물적인 행위에 그치지 않을 것이다. 그런데 사유를 위한 시간은 우리에게 그냥 주어지지 않는다. 우리는 그 시간을 만들어야 한다. 그것이 우리가 자유인이 되는 길이고, 노예적 노동에서 벗어나는 길이다.

박기순

참고문헌

마르크스, 칼,『자본 I-2』, 강신준 옮김, 길, 2008.
아리스토텔레스,『정치학』, 김재홍 옮김, 길, 2017.
푸코, 미셸,『감시와 처벌』, 오생근 옮김, 나남, 2016.
플라톤,『파이드로스』, 김주일 옮김, 이제이북스, 2012.
헤겔, 게오르그 빌헬름 프리드리히,『정신현상학 1』, 임석진 옮김, 한길사. 2005.

Rancière, Jacques, *La nuit des prolétaires: Archives du rêve ouvrier*, Fayard, 1981.

과학적 이론이란
무엇인가

과학이란
무엇인가

우리는 어릴 적부터 줄곧 과학을 배우며 자랐다. 초등학교에 들어가기 전부터 과학 그림책이나 어린이 과학 백과사전을 탐독했을 수도 있다. 중학교와 고등학교에 입학한 이후에는 물리학을 배우기 시작하였고, 과학실에서 선생님과 함께 과학 실험을 직접 해보기도 하였다. 수학능력시험을 위해서 과학탐구영역 과목을 공부하였고 대학에 와서는 물리학이나 화학, 생물, 천문학, 공학 등의 교과목을 수강하기도 한다.

과학, 혹은 과학 지식은 단순히 학습의 대상이기만 한 것이 아니다. 우리는 '과학적으로 사고하기'를 요구받기도 한다. 또한 특정 이론이나 주장이 '과학적이다'라고 평가받으면, 우리는 그 이론이나 주장이 '옳다'거나 혹은 '합리적이다'라고 생각하며 더 이상의 의심을 접고서 받아들인다. 우리는 항상 과학적으로 사고하고자 노력하며, 과학적으로 입증된 것은 받아들이고 비과학적인 것, 미신적인 것은 배척해야 할 것이라고 배웠다.

그렇다면 도대체 과학이란 무엇이며 과학적으로 사고한다는 것은 어떻게 사고하는 것을 말하는가? 과학과 '과학 아닌 것', 혹은 과학과 '비과학'을 가르는 경계는 과연 무엇인가? '과학적 이론'과 '단순한 믿음'을 가르는 기준은 무엇인가?

우리는 어려서부터 과학을 꾸준히 배워왔지만, 정작 '과학이란 무엇인가?'라는 질문에 명확한 답을 내리기란 생각처럼 쉽지가 않다. 그래서인지 '과학이란 무엇인가?'라는 질문에 대해서는 이미 많은 선배 학자들이 고민하고 논의해왔다. 심지어 '과학이란 무엇인가?', 혹은 '과학의 이론은 여타의 이론과 어떻게 다르고 어떠한 특징을 가지고 있는가?'라는 질문에 대한 해답을 학문적이고 이론적인 차원에서 탐구하는 분야가 별도로 존재한다. 바로 과학철학Philosophy of Science이라는 학문 분야다. 과학철학에서는 과학의 이론, 혹은 과학적 추론의 방식 자체가 학문적 연구의 대상이 되는 셈인데, 이처럼 과학 이론을 포함해서 과학 활동 자체를 하나의 연구 대상으로 삼고 탐구를 수행하는 학문들을 통칭해서 과학학Studies of Science이라고 한다.[1]

사실 '과학이란 무엇인가?'는 '과학'이 태동한 시기부터 줄곧 제기되어온 질문이다. 일반적으로 우리가 과학이라고 부르는 학문은 16~17세기의 과학혁명기를 거치면서 형성되어 확립된 근대과학Modern Science을 지칭하는데, 근대과학을 정초한 여러 과학자들과 철학자들은 '과학의 방법'에 대해 끊임없이 의견을 제시하고 논의를 진행해왔다. 그리고 이와 같은 과학의 방법과 이론에 대한 논의 자체도 근대과학의 성립 이래 역사적으로 계속 변화하고 발전해오고 있다.

따라서 아래에서는 먼저 과학이란 무엇인가?, 혹은 '과학의 이론은 여타의 이론과 어떻게 다르고 어떠한 특징을 가지고 있는가?'라는 질문에 대해 우선 근대 이후 과학사와 과학철학의 분야에서 제시하는 설명들을 간략하게 정리하여 소개할 것이다. 이어서 과학적 추론의 과정을 '종이 상자 내용물 맞추기 게임'과 '실재에 대한 이론적 모형의 구축'의 관점에서 설명해볼 것이다.

이 글의 주된 목적은 단순히 과거에 진행된 과학철학의 이론적 논의들을 정리하여 소개하는 데에 있지 않다. 그보다는 현대 사회에서 하나의 진리처럼 맹목적으로 받아들여지는 과학에 대해서, 혹은 '과학적 이론'에 대해서 성찰적으로 논의해보는 데에 있다. 왜 우리는 과학의 지식과 이론을 여타의 지식이나 이론들보다도 더 합리적인 것으로, 믿음을 갖고서 받아들이는가? 과학적 지식과 이론은 과연 영속적으로 옳을 것인가? 혹시 과학은 또 다른 종류의 믿음에 불과한 것은 아닌가? 이런 식의 질문들을 던져보고 해답을 찾아나가는 과정을 통해서 '과학 이론과 활동' 자체에 대해 좀 더 깊이 이해할 수 있을 것이다. 또한 과학 이론에 대한 성찰적 논의의 과정을 통해서 우리는 보다 정교하게, 그리고 비판적으로 사유할 수가 있다. 그것이 바로 그동안 우리가 요구받았던 '과학적

---

1   본문에서 소개하는 과학철학 외에 과학 이론의 발전 과정을 역사학적인 관점에서 탐구하는 과학사History of Science의 분야나, 과학 활동을 과학자 집단의 사회적 활동의 결과물로 바라보며 분석하는 과학사회학Sociology of Science의 분야 등도 과학학Studies of Science에 포함된다.

으로 사고'하는 방식을 일부라도 이해하고 습득하는 길이기도 할 것이다.

'과학'과 '비과학'의 차이

앞에서 필자는 과학에 대해 다양한 방식으로 여러 질문들을 제시하였다. 그런데 엄밀하게 생각해보면, '과학이란 무엇인가?'라는 질문은 '과학'과 '과학 아닌 것', 혹은 '과학과 비과학을 가르는 경계는 과연 무엇인가?'라는 질문과 완전히 동일하지가 않다. 이는 '인간이란 무엇인가'라는 질문과 '인간과 비인간 존재(대표적으로 동물)는 어떻게 다른가?'라는 질문이 완전히 동일하지는 않은 것과 같다. 하지만 그럼에도 불구하고 과학과 비과학 지식의 차이를 따져보는 일은 '과학적 이론'이 무엇인가, 라는 질문에 대한 답을 얻는 데에 분명 많은 도움이 될 것이다. 인간과 동물이 어떻게 다른가, 라는 질문에 대해 충분히 탐구하고 논의하다 보면, 인간의 본질에 대해서도 보다 많이 알 수 있는 것과 마찬가지다.

사실 고대부터 과학에서 던져온 질문들이나 탐구해온 문제들은 애초 신화와 종교, 철학과 같은 비과학에서 던진 질문들이나 문제들과 상당히 유사하거나 동일하였다. 인간과 세계는 어떻게 만들어졌을까? 세계는 영원할 것인가, 아니면 언젠가는 멸망할 것인가? 이 우주는 얼마나 크고 언제 어디서부터 시작되었을까? 우리가 딛고 있는 이 광활한 땅의 끝은 어디이며, 어떤 모양으로 생겼을까? 사물의 본질은 무엇일까? 이와 같은 질문들은 17세기에 근대과학이 확립되기 훨씬 이전인 고대부터 인간들이 끊임없이 품어온 질문이며, 이에 대해 신화와 종교, 철학적 탐구를 통해서 나름대로 체계적인 설명을 고안하고 제시해보기도 하였다.

　하지만 이러한 질문들에 대해 신들의 자의성이나 초월성에 근거한 신화적, 종교적인 설명이 아닌 '합리적인' 설명을 내놓기 시작한 것이 바로 과학과 철학이 출발한 기원으로 설명된다.[2] 자연철학의 탄생에 대한 과학사와 철학사 교과서 속 통상적인 설명은 다음과 같다. 과거 그리스 신화에서는 세계와 인간의 탄생, 자연현상 등에 대해서 올림푸스산에 있는 신들의 의지나 작용에 의한 것으로 설명하였다. 땅이 갑자기 흔들리는 지진 현상에 대한 설명을 예로 들어보자. 그리스 신화에서는 포세이돈 신이 땅을 떠받치고 있는 바닷물에 큰 파도를 일으켜서 이로 인해 땅이 흔들리는 현상이 지진이라고 설명하였다. 하지만 기원전 6세기경에 활동한 최초의 자연철학자이자 과학자인 탈레스Thales는 이러한 설명에서 '포세이돈 신'이라는 '비자연적이고 초월적인 요인'을 제거해버렸다. 탈레스에 따르면, 지진은 단지 물 위에 떠 있는 땅덩어리가 출렁거리는 파도에 따라서 함께 흔들리는 현상에 불과한 것이다. 탈레스는 지진이라고 하는 단일한 자연현상에 대한 설명을 넘어서서 세계의 근원은 물이며 우주는 물로부터 발산한 유기체라는 식으로 세계와 자연현상에 대해 통합적이고 체계적인 설명을 제시하였는데, 그 과정에서 그는 '비자연적이거나 초월적인 요인'들을

2　일반적으로 서양과학사에서는 과학이 시작된 때를 철학과 동일하게, 자연철학이 출현한 때로 상정한다. 고대 그리스 밀레토스 학파의 자연철학자인 탈레스가 바로 그 시초의 자연철학자이다.

배제하고 합리적인 설명을 시도했다. 또한 그는 세계와 자연현상
에 대해 나름대로 체계적이고 논리적인 설명을 내놓으려고 했다.

　탈레스 이후 그리스의 철학자들은 사물의 근원에 대해서 무
한자, 공기, 4원소,[3] 원자 등 나름의 주장들을 제시하기도 하였으
며, 다른 한편으로는 우주의 구조, 땅의 모양 등에 대해서도 추론
하고 기계적 모형을 제시하기도 하였다. 예를 들어, 아낙시만드로
스Anaximandros는 땅의 모양을, 직경이 높이의 3배인 납작한 원통
형으로 추정하였다. 또한 별과 달, 태양의 직경은 각각 땅의 직경
의 9배, 18배, 27배라고 추정하였다. 물론 이러한 추론들은 근거가
충분한 것이 아니었지만, 기계적이고 이론적인 모형을 제시하였
다는 점에서 나름대로 의미가 있는 것으로 평가받는다.

　여기서 그리스 자연철학의 발전 과정을 더 이상 자세히 부연

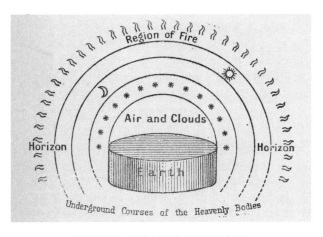

아낙시만드로스가 제시한 땅의 모양과 우주의 구조

할 필요는 없을 것이다. 하지만 한 가지 분명히 인식해야 할 사실은 바로 자연현상에 대한 합리적 설명, 혹은 과학적 설명의 '기본적 조건'들에 대한 것이다. 즉 자연현상에 대한 합리적, 과학적 설명은 우선 신과 같은 비자연적 요인이나 초월적 원인을 상정하지 않는다는 점이다. 이러한 원칙, 즉 비자연적이고 초월적인 요인의 배제는 오늘날에도 대체로 과학과 비과학을 가르는 중요한 기준이나 원칙으로 받아들여진다.

하지만, 이런 합리적 설명의 방식으로서 자연철학이 탄생한 이후에도 과학은 세계의 기원이나 세계의 영원성 여부, 우주의 크기와 땅의 크기, 사물의 본질 등과 같이 우리의 일상적 경험을 뛰어넘는 거대하고 근본적인 문제에 대해서는 쉽게 대답을 제시하지 못하였다. 단순히 생각해봐도 이 무거운 땅덩어리가 어떻게 물 위에 떠 있을 수 있으며, 세계의 수많은 물질들이 어떻게 물에서부터 파생되었는가, 라는 질문을 다시 하게 되기 때문이다. 그 결과 합리적 과학이 탄생한 이후에도 세계와 우주, 자연현상에 대한 신화적이고 종교적인 설명은 여전히 힘을 지니고 있었으며 사람들의 의식을 지배하였다.

또한 합리적 과학의 전제인 '비자연적 원인'의 배제 원칙에는 당시 사람들뿐만 아니라 오늘날의 사람들이 보기에도 애매모호한 부분이 있다. 예를 들어, 후대의 그리스 자연철학자들인 원자론자들이 제기한 '원자'는 과연 자연적인 것인가, 비자연적인 것인가? 심지어 아낙시메네스 이후 많은 철학자들이 세계의 근원으로 설

---

3   4원소설에 따르면, 세계는 물, 불, 공기, 흙으로 구성되어 있다. 다양한 사물들은 각각
이 네 가지 원소들이 고유한 비율로 조합되어서 만들어진 것이다.

정한 공기air는 눈에는 보이지 않기에 과연 그것이 물질적인 것인지, 아니면 비물질적인 것(따라서 비자연적인 것)인지 의문스러울 수 있다. 당시 공기라는 개념은 오늘날처럼 '기체 분자들의 집합체'로 파악되지 않았고, 오히려 신들의 기운과 영혼, 혹은 생명의 기운이 깃든 '숨결'과 같은 비자연적인 것으로 파악되기도 하였다. 그렇다면, 당시 사람들에게 공기는 과연 자연적인 것으로 여겨졌을까, 아니면 비자연적인 것으로 여겨졌을까?

이와 같이 고대 그리스에서 합리적 과학이 출발하고 세계와 자연현상에 대해서 나름대로 과학적인 설명들이 시도되었지만, 그럼에도 근대과학이 확립되기 이전까지 과학은 여러 종교와 신화에서 제시하는 설명들을 충분히 극복하거나 넘어설 만큼 정교하고 체계적으로 발전하지 못하였다. 그기에는 과학의 추론 방식이 근대적인 방식으로 확립되지 않았으며 과학에서 설정한 이론과 개념들은 자연현상과 사물을 설명하기에 충분히 엄밀하고 정교하지 못하였다. 또한, 경험과 관측의 수단들도 과학적 이론과 추론을 충분히 확정할 만큼 정교하게 발달하지 못하였기 때문이다. 이런 상황에서 근대 이전까지 과학적 지식은 비과학적 지식과 구분되지 않은 채로 오히려 비과학 지식들과 결합하고 병행하여 존재하였다. 실제로 많은 지식 분야에서 과학은 비과학 지식과 근원이 같거나 혼합되어 있었는데, 예를 들면 천문학astronomy과 점성술astrology은 하나의 이론을 공유하였으며 동일한 학자들에 의해 탐구되었다. 세계의 수리적 조화를 탐구하는 수학mathematics은 수비학numerology과 구분되지 않았고 물질세계를 탐구하는 화학chemistry은 아직 연금술alchemy로부터 분리되지 않았다.

이런 점에서 과학은 '근대과학'이 확립되기 이전까지는 하나의 지식 체계로서 별도로 존재하지 않았으며 철학과 신학, 신비주의 이론들과 다양한 방식으로 결합한 채로 존재하였다. 역사적으로 엄밀히 말한다면, 과학은 16~17세기의 과학혁명기를 거치면서 비로소 온전히 '탄생'한 것이다.[4] 그리고 과학을 근대 이후에 비로소 탄생한 것으로 바라보는 관점은 다음과 같은 점에서 과학에 대한 잘못된 역사적 이해를 경계한다. 즉 근대과학의 탄생 이전에도 과학이 다른 지식 분야와 구별되는 실체로 존재하였으며 지식 계보학적으로 어떤 단일한 계승의 라인을 유지하면서 꿋꿋하게 발전해 내려왔고 여타의 지식 분야들과 경쟁해왔을 것으로 보는 방식은 역사학적으로 잘못된 것이다. 이러한 방식은 과학에 대해 역사를 초월하여 '유구하게 이어지면서 존재한 가상의 실체'를 상정하는 것으로, 과학을 또 다른 방식으로 '비역사화'하고 신화화하는 것이기 때문이다.

근대과학에 대한
통념과 철학적 논의들

앞서 말한 바와 같이, '과학이란 무엇인가?'라는 질문은 사실 '과학'이라는 것이 하나의 지식 체계로서 만들어지고 확립되기 시작한 시기부터 줄곧 제기되었던 질문이었다. 특히 과학의 추론 방

---

4 과거 그리스로부터 근대과학으로 이어지는 식으로 서술하는 서양과학사의 여러 서적들에서 이런 식의 관점이 은연중에 채택되고 전제되었다.

법에 대한 이론적 논의는 근대과학이 성립되는 과정에서 본격적으로 시작되었으며, 그 이후 끊임없이 변화하고 발전하였다. 이런 점에서 과학은 근대과학의 방법을 탐구하기 시작한 여러 과학자들과 철학자들에 의해 비로소 확립된 지식 탐구의 방법이라고 말할 수도 있다.

과학에 대한 철학적 논의, 즉 과학 추론의 과정을 처음 이론적으로 논의한 이들은 바로 16~17세기에 활동한 프랜시스 베이컨Francis Bacon과 르네 데카르트Rene Descartes 같은 근대 철학자들이었다. 이들은 근대 철학뿐만 아니라 근대과학의 근간을 구축하였다는 점에서 과학의 선구자들이기도 하다.

과학적 추론의 과정, 혹은 과학 이론의 발전 과정에 대한 전통적인 견해는 프랜시스 베이컨에 의해 제시된 '귀납주의inductivism 이론'으로 대표된다. 귀납법은 개별명제(단칭명제)들의 합으로 일반명제(전칭명제)를 얻어내는 논리추론 방법을 의미한다. 이에 따르면, 과학은 자연현상에 대한 개별적인 경험 사실들, 즉 실험과 관찰을 토대로 얻어낸 개별적인 사실들을 꾸준히 축적하여 이들 개별적인 사실들 사이에서 발견되는 일반적 원리들을 찾아내는 활동이다. 또한 귀납주의적인 견해에 의하면, 과학은 전 시대에 밝혀낸 여러 지식들을 토대로 새로운 지식들을 하나씩 쌓아가면서 발전하는, 즉 '누적적으로' 발전하는 것으로 인식되었다. 과학에 대한 이와 같은 귀납주의적 견해와 누적적 발전의 관점은 프랜시스 베이컨에 의해 처음으로 정식화되고 제기되었으며, 또한 강화되었다. 프랜시스 베이컨은 스스로도 실험의 여러 방법들을 고안하고 수행했으며, 특히 실험과 기구들이 인간의 이성적 추론의 한계와 감각 경험의 불확실성을 극복하도록 하는 중요한 도구임을 간파하고 역설하였다.

이와 같은 귀납주의적인 견해의 등장과 발전은 17~18세기 이후 실험과학의 발전과 궤를 같이하고 있었다. 즉 이때부터 과학적 실험이 널리 고안되고 수행되었으며, 심지어 대중들에게까지 다양한 방식으로 시연되었다. 특히 19세기 무렵에 이르면 정밀 측정의 기술들과 실험 기법들의 발전에 힘입어 실험과학은 자연과 물질들에 대한 새로운 사실들을 발견하거나 규명해내는 등 성공적인 모습을 보여주었다. 그러면서 과학에 대한 귀납주의적 견해, 누적적 진보의 관념 또한 20세기에 이르기까지 과학자들과 일반인들의 관념 속에서 확산되고 강화된 것이다.

하지만 과학 추론의 방법을 귀납주의로 설명하는 관점에 대해서는 일찍부터 반론이 제기되었는데, 그것은 귀납추론의 논리적인 한계에서 기인하는 것이었다. 즉 논리적으로 개별명제를 아무리 많이 합하더라도 일반명제가 될 수는 없다는 것이다.[5] 또한 실제 과학 활동에서 어떤 법칙과 원리를 규명해나가는 과정이 귀납법을 사용해 진행되는지 의문스럽다. 즉 과학자들은 순전한 경험적 사실들을 먼저 하나씩 확인하면서 축적하고 난 뒤에 그것에서 어떤 일반적 원리들을 도출해내지는 않는다는 것이다.

과학자들은 실제로는 몇 가지 경험적 사실들로부터 논리적으로 추론하여 먼저 하나의 가설을 설정하고, 이 가설이 다른 경험적

---

5 생각해보자. 어제 해가 동쪽에서 떴고, 오늘도 동쪽에서 떴다. 수백 년간 해는 동쪽에서 떴으므로, 우리는 '모름지기 해는 동쪽에서 뜨는 법이다'라는 일반명제를 얻을 수 있다. 하지만, 미래의 어느 순간 태양 주위로 갑자기 무거운 중력을 가진 물체가 지나면서 지구의 자전 방향이 변하여, 해가 서쪽에서 뜰 수도 있는 것이다. 다시 말해, 과거까지의 개별적 경험 사실들을 무수히 쌓는다고 해서 이를 토대로 미래에도 변하지 않는 어떤 원칙을 얻을 수는 없을 것이다.

증거들과 부합하거나, 현상을 잘 설명하는지를 따져보는 식으로 과학 활동을 수행하는 듯이 보인다. 즉 그들은 가설을 세우고 실험이나 관찰에 의해 얻은 경험적 사실들을 통해서 가설이 올바른지 아닌지 확증하는 듯하다. 이런 식으로 가설을 먼저 설정하고 연역적인 추론으로 경험적 사실들을 확인하는 방법을 '가설연역법 hypothetical deductive method'이라고 부른다. 이와 같은 가설연역법의 방법론은 과학 연구 방법에 대한 전통적인 귀납주의적 설명 방식을 거부하는 이들에 의해 정식화되고 확립되었다.[6]

하지만 가설연역법에서 특정한 가설이 입증되었음을 과연 몇 번의 실험이나 관찰로 확신할 수 있을까? 지금 행하는 실험이나 관측에서는 가설이 올바른 것으로 뒷받침될지 몰라도 다음에 행하는 실험이나 관측에서는 가설이 틀린 것으로 결론날 수 있지 않은가? 실험이나 관찰, 즉 경험적 증거들의 숫자들을 수백 개로 늘린다고 하더라도 또 한참 뒤에 가설에 배치되는 실험 결과나 관측 사실들이 등장할 수도 있지 않은가? 가설은 과연 경험적 사실들을 통해 확증할 수 있기는 한 것인가? 논리적으로는 실험과 관찰 등을 통해 얻은 경험적 사실이 아무리 가설에 대해 긍정적이라고 하더라도 그것이 가설의 참과 거짓 여부를 결코 확증하지는 못한다.

이런 식의 논의에 따르면, 가설이나 이론을 실험이나 관찰과 같은 경험적 사실들을 이용하여 확증한다고 보는 가설연역법은 과학적 추론의 방법을 제대로 설명하지 못한다. 게다가 가설이나 이론은 수많은 경험으로 확증하기는 어렵지만, 한두 번의 예측 실패만으로도 거짓임이 쉽게 판별되어 버린다. 따라서 특정한 가설이나 이론이 과학적이냐 아니냐의 여부는 확증이 아니라 반증의 가능성 여부로 따져야 할 듯하다. 이러한 견해가 바로 '반증주의 이론falsification theory'이다.

20세기 들어 칼 포퍼Karl Popper가 주장한 반증주의에 따르면, 어떤 주장이나 가설이 과학적인 주장이나 가설이 되려면 기본적으로 반증 가능한falsifiable 주장이어야 한다. 여기서 어떤 가설이 반증 가능성falsifiability을 가진다는 것은 그 가설이 실험이나 관측에 의해서 반증될 가능성이 있다는 것을 의미한다. 예를 들면, "아침에 태양이 동쪽에서 떠오른다"라는 가설은 "아침에 태양이 동쪽에서 떠오르지 않는다"라는 경험적 관측에 의해서 반증될 수 있다. 이와는 반대로 어떠한 실험이나 관측에 의해서도 반증되지 않는 구조를 지니는 가설을 반증 불가능한 가설이라고 부른다. 반증 불가능한 가설이나 이론은 과학적 가설이나 이론이 될 수가 없다. 예를 들어, 포퍼에 따르면, 점쟁이가 말하는 운명 예측이나 점성술의 예측은 반증 가능하지 않기 때문에 과학적 이론이 될 수가 없다. 예를 들어, 점쟁이가 누군가에게 말하는 "올해 운수가 대통하다"와 같은 명제가 그 일례이다. 포퍼의 논의에 따르면, 그가 올해 자신의 운수가 대통한지 아닌지를 경험적인 사실로서 확증하거나 반증할 방법이 없다. 만약 그 누군가가 보기에 연말이 되도록 자신에게 특별한 행운이 없었고 생활은 계속 힘들어져서 점쟁이를 찾아가 당신의 점괘가 틀렸다고 따진다고 하더라도, 그 점쟁이는 "올해 당신은 자동차 사고를 크게 당할 뻔했는데, 아직까지 자동차 사고를 당하지 않고 멀쩡한 것을 보니, 지난 1년 동안 당신의 운수가 대통했기 때문이 아닌가?"라고 반박할지도 모른다. "운수

---

6   가설연역법의 추론 방식은 에른스트 마하의 실증주의와 버틀런트 러셀의
     논리학적 논의에 의해 정식화되었다.

가 대통하다"거나 "올해 당신은 동쪽으로 가는 것을 조심하라"고 하는 점쟁이의 말은 구체적인 사항을 지시하지 않으므로 실험이나 관찰에 의해 반증될 수가 없는 명제인 것이다.

한편 반증주의 이론은 과학적 추론의 방법과 발전 과정에 대해서 귀납주의로 설명하는 전통적 견해에 대해서도 강력하게 비판한다. 즉 가설연역법에서 가설이 경험적 사실들의 집합으로서 확증될 수가 없듯이 귀납법에서도 경험적 사실들의 집합이 전칭명제인 가설이나 이론과 동일할 수가 없다. 왜냐하면 경험적 사실들의 집합들로서는 가설이나 이론을 확증할 수가 없다면, 애초 경험적 사실들의 집합으로부터 일반명제인 가설과 이론을 추출해내는 과정 자체가 무의미할 것이기 때문이다.[7] 포퍼에 의해 주장된 반증주의는 특정한 가설이나 이론이 과학적 가설, 혹은 이론인지 아니면 사이비 과학인지를 판별하는 강력한 기준이 될 것으로 보이기도 한다. 하지만 실제로 행해지는 과학 활동에서 과학자들은 한두 가지의 경험적 증거가 자신들이 세운 가설이나 이론에 반하는 것처럼 보인다고 해서 곧바로 가설이나 이론을 폐기하는 것은 아니다.

과학사학자이자 과학철학자인 토머스 쿤Thomas S. Kuhn에 따르면, 모든 이론들이 항상 한두 가지의 반증 사례에 부딪히지만, 그렇다고 해서 이들 이론들이 곧바로 반증된 것으로 받아들여지는 것은 결코 아니다. 그보다는 과학자들은 한두 가지의 반증의 사례들을 '해결'하기 위해 오히려 임시방편적인ad hoc 가설을 추가로 도입해서 이론을 수정하거나 보완하는 쪽을 택하곤 한다는 것이다. 토마스 쿤은 과학의 역사 속에서 여러 사례들을 제시하면서 이론이 한두 가지의 실험이나 관측의 결과에 의해 반증되지 않고 견

려내는 모습을 보여주었다.[8]

과학혁명:
패러다임의 변화는 혁명적이다

근대 이후 과학의 발전에 대해서 반증주의 이론이나 귀납주의 이론 대신에 쿤은 전혀 새로운 견해인 과학혁명Scientific Revolution 이론을 제시했다. 그에 따르면, 과학 이론의 발전은 기존의 것들이 반증되거나 혹은 누적되는 방식으로 이루어지는 것이 아니라, 기존의 것이 새로운 것에 의해 혁명적으로 대체되는 방식으로 이루어진다고 보았다. 과학의 발전은 점진적으로 이루어지지 않는다는 것이다. 쿤은 이러한 혁명적 변화의 과정을 '과학혁명'이라고 지칭하였으며, 과학혁명에 의해 대체되고 교체되는 것을 '패러다임paradigm'이라는 용어를 사용하여 설명하였다. 패러다임은 과학 이론의 집합이자 이론들의 상위에 있는 무엇이라고 할 수 있다. 쿤에 따르면, 특정한 패러다임 아래에서 과학 활동은 그것을 강화하고 보완하는 방식으로 발전한다. 그는 이런 시기의 과학을 정상과학Normal Science이라고 지칭하였다.

그에 따르면, 특정한 패러다임 속에서 진행되는 정상과학 활

---

7   이렇게 본다면, 가설연역법은 귀납법을 역으로 서술한 것에 불과할 수도 있다.

8   쿤에 따르면, 포퍼의 반증주의 이론은 실제로 수행되는 과학의 방법론을 설명하는 것이
       아니라 단지 과학의 방법론에 대해 일종의 사회적, 심리적인 법칙을 설정하는 것에 불과하다.

동 상태에서는 그것에 위배되는 경험적 사실들이 실험이나 관측에 의해 발견되어도 전체 과학의 패러다임을 위협하는 것으로 받아들여지지 않는다. 오히려 그것은 비정상abnormal으로서 받아들여질 뿐이고, 이 비정상의 사실들을 기존의 패러다임 속에서 설명하기 위해 기존의 정상과학 이론을 약간 수정하거나 보완할 뿐이다. 물론 대부분의 비정상 사실들은 이러한 수정과 보완에 의해 설명되고 정상적 과학을 구성하거나 지지하는 것으로 해석된다. 하지만 기존의 정상과학 이론으로 설명이 되지 않는 비정상 경험들이 조금씩 늘어나고 급기야 기존의 패러다임을 토대로 하는 과학 이론에 결함이 있는 것으로 받아들여지면, 새로운 패러다임 과학 이론이 등장하고 기존의 것과 경쟁하기 시작한다. 그리고 새로운 패러다임이 기존의 패러다임을 완전히 대체한다면, 과학혁명이 일어난 것으로 말할 수 있다. 물론 새로운 패러다임을 토대로 하는 과학 이론은 문제가 되었던 비정상들을 충분히 설명할 뿐만 아니라 기존의 패러다임에서 설명되던 경험적 현상들과 이론들도 함께 포괄하여 설명할 수 있어야 한다.

쿤은 이와 같은 과학혁명 이론을 제시하였을 뿐만 아니라 과학사의 수많은 사례를 통해서 과학이 점진적으로 발전하지 않았으며 혁명적으로 발전하였음을 보여주고자 하였다.[9] 그리고 과학의 발전이 혁명적인 과정을 통해서 이루어지는 만큼 실제 패러다임 전환의 과정, 혹은 혁명의 과정에서 어떠한 패러다임이 보다 합리적이고 올바른지를 판가름할 객관적인 기준은 존재하지 않는다고 보았다.[10] 우리는 과학혁명이 완수되어 새로운 패러다임이 이미 받아들여진 상황만을 받아들이는 것이다. 이런 식의 설명은 과학의 발전이 이성적이거나 논리적인 과정으로 진행되는 것이 아

니라 그야말로 혁명적이고 혹은 비논리적인 과정으로 진행된다고
보는 것이다. 따라서 쿤의 논의는 과학에 대해 상대주의적 해석을
도입한 것으로 평가받기도 한다. 즉 과학은 그 발전 과정 자체에서
부터 더 이상 절대적인 진리를 향해 나아가는 지식 활동이 아니라
고 보는 것이다.[11] 그리고 이러한 논의의 결과들은 이전까지 과학
이론에 대해 부여하였던 거의 '절대적인 신뢰'를 거두고 과학의 이
론과 발전 과정에 대해 깊이 있게 성찰하도록 만들었다.

과학적 추론과
종이 상자 내용물 맞추기 게임

　　지금까지 근대 이래 과학에 대한 통념들이 만들어지고 변화
하는 과정을 포함해서 과학에 대해 시도된 이론적 논의들, 곧 과학
철학의 발전 과정을 역사적으로 정리해보았다. 그런데 앞에서 소
개한 여러 논의들은 과학 활동, 혹은 과학적 추론 과정을 각각 특
정한 방식으로 이론화하고 모형화하고 있음을 알 수 있다. 다시 말

9　　과학혁명의 구조에 관한 이론과 패러다임의 개념은 토마스 쿤의 『과학혁명의 구조』
　　　(까치, 2003)를 참고할 것.

10　　쿤은 이를 '공약불가능성'이라는 개념을 사용하여 설명한다. 그에 따르면, "과학혁명으로부터
　　　출현하는 정상과학적 전통은 앞서 간 것과는 양립되지 않을incompatible 뿐만 아니라,
　　　실상 동일 표준상의 비교 불능이다incommensurable"고 설명한다.
　　　토마스 쿤, 『과학혁명의 구조』, 김명자 옮김(까치, 2003), 155쪽.

11　　한편 오늘날 패러다임이라는 개념은 단순히 과학의 발전을 설명하는 데에 사용될 뿐만
　　　아니라, 새로움을 추구하려는 다양한 분야의 논의를 설명하는 용어로 쓰인다.

해, 귀납주의 이론과 가설연역법 이론, 반증주의 이론, 과학혁명 이론 등과 같은 과학철학의 이론들은 각각 '과학적 추론에 대한 이론적 모형'을 나름대로 설정하고 있는 것이다. 이러한 이론적 모형들은 과학사의 사례를 통해서, 혹은 실제 과학 활동으로 수행되는 모습에 대한 관찰을 통해서 다시 입증되고 비교된다.[12] 이런 점에서 '과학적 추론'을 '종이 상자 내용물 맞추기 게임'으로 바라보고 설명하는 아래의 논의는 또 다른 방식으로 설정된 '과학적 추론에 대한 이론적 모형'임을 분명하게 인식할 필요가 있다. 물론 이러한 설명은 과학적 추론에 대한 여러 철학적 논의의 성과들을 토대로 하고 있다.

　　과학 활동, 혹은 자연과학 분야의 이론적 활동은 일종의 '종이 상자 내용물 맞추기' 게임과 아주 유사하다. 여기에 종이 상자가 하나 있다. 그리고 그 안에는 무엇인가가 담겨 있는데, 상자는 투명이 아니기에 바깥에서는 내용물을 볼 수가 없다. 우리에게 주어진 과제는 상자 안에 무엇이 담겨 있는지를 알아맞히는 것이다. 물론 그 안에 무엇이 있는지를 알려면, 그냥 상자를 열어보면 될 것이다. 하지만 이 게임에는 하나의 중요한 제한, 혹은 원칙이 있는데, 그것은 바로 '종이 상자를 직접 열어 볼 수는 없다'는 것이다. 상자를 열지는 못한다면, 우리는 긴 바늘로 상자 안쪽을 찔러본다든지, 혹은 다른 도구를 사용해서 조사해볼 수 있을 것이다. 우리는 특정한 수단을 이용해서 상자 안쪽을 간접적으로 살펴볼 수 있을 뿐이다.

　　과학적 이론이나 추론의 과정이 이와 같은 종이 상자 내용물 맞추기 게임과 유사하다는 사실은 다음에서 소개하는 과학 활동의 실례를 통해서 어렵지 않게 이해할 수 있다. 기억해보자. 우리는 지구의 내부가 바깥에서부터 지각과 맨틀, 외핵, 내핵으로 이루어져 있다고 교과서에서 배웠다. 이러한 지식은 어떻게 얻어졌을까? 복숭아와 같이 작은 과일의 경우 그 속이 궁금하다면 그냥 칼로 반듯하게 쪼개서 안쪽을 살펴보면 될 것이다. 하지만 여러분도 짐작하다시피 지구는 복숭아만한 것이 아니다. 지구를 칼로 쪼개는 것은 불가능한데, 그러기에는 지구가 너무나 거대하고 단단하기 때문이다.

또 한 가지 쉽게 생각해볼 수 있는 방법은 지표면 아래로 계속 파내려가서 땅 속을 직접 확인하는 방법일 것이다. 하지만 이 방법에도 한계가 있다. 우선, 지하로 100미터 파내려갈 때마다 온도가 약 섭씨 1도 이상 상승하는데, 온도의 상승 폭은 아래로 내려갈수록 더욱 커진다. 그 결과 평균 두께 5~35킬로미터에 달하는 지각의 아랫부분에는 암석과 금속이 녹은 용암으로 가득 차 있다. 금속도 녹아버리는 깊은 곳을 계속 파내려가서 중심에까지 도달하는 것은 SF영화에서나 가능한 일이지 현실에는 아직까지 불가능한 일이다. 실제로 현재까지 인간이 최신의 과학기술을 이용해서 파내려간 최고 깊이는 단지 12킬로미터 남짓이다. 지구의 반지름이 대략 6,400킬로미터 정도라는 점을 고려해보면, 이는 표면의 아주 일부에 불과한 것이다. 지구를 복숭아에 비유하자면, 인간은 단지 복숭아 껍질 정도 깊이만을 파내려갔을 뿐이다. 이렇게 보면 굴착을 통해서 지구 내부의 구조를 '직접적으로' 확인할 수 있는

---

12   과학적 추론의 과정이 가설, 혹은 이론과 경험적 사실들을 끊임없이 대조하고 입증하는
     작업으로 이루어지듯이, 과학철학의 논의들은 과학적 활동에 대해서 이론적 모형과 실제
     과학 활동에 대한 관찰의 결과들을 끊임없이 대조하고 비교하는 작업을 수행하는 셈이다.

러시아 과학자들의 지표면 굴착 실험,[13]
콜라 반도의 굴착

소비에트 연방 시절 러시아의 과학자들은 1970~1989년에 시베리아 북단 무르만스크 주州의 콜라Kola 반도에서 지표면 아래로 최대한 굴착해 들어가는 실험을 진행하였다. 콜라 반도 지역 지각의 두께는 약 35킬로미터로 추정되었다. 19년에 걸친 작업을 통해서 그들은 굴착기를 지표면 아래 12,262미터에까지 도달시켰다. 러시아 과학자들은 자신들이 작업을 계속한다면, 1990년경에는 13,500미터를 통과하고 1993년경에는 약 15,000미터에까지 도달할 수 있을 것으로 예상했다. 그런데 지하 12킬로미터, 즉 12,000미터 이상 파내려가자 큰 어려움을 겪기 시작하였다. 지표면 아래로 내려갈수록 온도가 급격히 상승하는데 12,000미터에 이르자 애초 예상했던 섭씨 100도보다 훨씬 높은 180도까지 온도가 상승하였기 때문이다. 이런 고온의 환경에서는 굴착기를 동원하여 파내려가는 일이 급격하게 어려워졌던 것이다. 결국 러시아 과학자들은 1992년에 더 이상 굴착을 진행하는 것은 불가능하다고 판단하여 작업을 중단하였다. 이 실험 이후에도 몇몇 지역에서 지표면 굴착이 이루어졌지만, 콜라 반도의 굴착 실험에서 작성된 최고 깊이 기록은 아직까지 깨지지 않고 있다.

방법은 없다고 해도 무방할 것이다.

굴착을 통해 '직접적으로' 확인할 수 없다면, 지구의 내부 구조는 어떻게 파악할 수 있는가? 이미 많이들 알고 있는 바와 같이, '지진파'를 이용하여 탐구하는 방법이 있다. 지구 내부에 대한 이론적 모형은 지진파와 암석에 대한 다양한 지질학적 연구를 통해서 보완되고 발전하고 있다. 하지만 지진파는 지구 내부를 직접 눈으로 살펴보는 것이 아니라 '간접적으로' 짐작하게 하는 도구일 뿐이다.

다시 종이 상자 내용물 알아맞히기 게임으로 돌아가 보자. 지구의 내부가 어떻게 생겼는지 추론하는 문제는 손으로 열어볼 수 없는 종이 상자 안의 내용물이 무엇인지를 추측하는 문제와 원칙

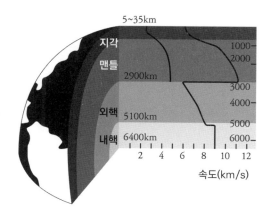

지구 내부 구조의 단면도

13   위키피디아 영문판(en.wikipedia.com)의 "Kola Superdeep Borehole" 항목을 참고.

적으로 동일하다고 할 수 있다. 그리고 지구 내부의 구조를 파악하기 위해 사용하는 관측과 실험의 도구인 지진파는 종이 상자를 이리저리 찔러보는 뾰족한 바늘과 같은 간접적인 도구인 셈이다.

실재와 현상,
이론적 모형과 실험

과학적 추론의 과정에서는 종이 상자의 내용물이 곧 밝혀내고자 하는 대상인 실재Reality이며, 내용물이 어떠하다고 하는 추측은 이론적 모형Model이다. 그리고 이 이론적 모형을 확인하는 여러 방법, 즉 찔러보는 도구, 엑스레이 등이 바로 실험과 측정의 도구이다.

앞에서 이야기한 지구 내부에 대한 탐구의 과정을 다시 생각해보자. 지구 내부가 '실제로' 어떠한지는 직접 눈으로 볼 수가 없으니 정확히 알 수가 없다. 다만 우리는 '지진파'를 이용한 간접적인 탐구를 할 뿐이다. 우리 선배 과학자들은 그동안 이 지진파 탐구를 통해서 지구 내부가 지각, 맨틀, 외핵, 내핵으로 이루어져 있다는 것을 알아냈다. 하지만 실제로 지구 내부가 과연 그러한지는 지구보다 큰 칼로 지구를 쪼개어보지 않는 이상 100퍼센트 확신할 수는 없다. 결국 우리는 지구의 내부가 지각과 맨틀, 외핵, 내핵의 구조로 이루어져 있다는 이론적 모형만을 가지고 있을 뿐이다. 이 이론적 모형을 가지고서 마치 실제로 지구 내부가 그러한 것처럼 받아들이고 있을 뿐이다.

종이 상자 내용물 알아맞히기 게임을 생각해보라. 우리는 종이 상자 내부에 '실제로' 어떤 물건이 있는지는 알 수가 없다. 종이 상자를 열어볼 수가 없기 때문이다. 다만, 우리는 바늘과 같은 도구로서 찔러보고서 그 내용물이 무엇인지 짐작할 수 있다. 바늘로 사방에서 종이 상자의 안쪽을 찔러봤더니 바늘이 어느 정도 깊이까지 들어가고 난 후에 무엇인가에 부딪혀서 더 이상 들어가지 않는다고 해보자. 그러면 우리는 종이 상자 안에 있는 물체는 무엇인가 딱딱한 물체일 것이라고 짐작할 수 있을 것이다. 만약 우리가 바늘을 수백 번 다른 방향에서 찔러봐서 그 찔러 들어간 깊이를 매번 정확히 측정하면, 종이 상자 속에 있는 물건의 모양을 어느 정도 근사하게 짐작할 수가 있을 것이다.

　　이처럼 종이 상자 속을 바늘로 찔러보는 것은 과학적 추론에서는 '실험'이나 '관측'의 작업에 해당한다. 즉 종이 상자를 열지는 못하지만, 다양한 도구로 그 속을 찔러본다든지 엑스레이를 쪼여서 그 속을 조영해본다든지 하는 방법은 가능하다. 그리고 만약 몇 번 찔러본 결과를 토대로 '이 물체의 모양은 구형이다'라는 식으로 설정하는 것은 과학 추론의 과정에서 '이론적 모형'을 상정하는 것이다. 그리고 만약 이 물체가 딱딱하다면, 어느 정도 깊이로 찔러 들어간 이후에 더 이상 들어가지 않을 것이라고 '예측'해볼 수가 있고, 실제로 바늘로 찔러보니 그러하다면, '이 물체는 딱딱한 물체'라고 확인할 수 있다. 이러한 과정이 바로 과학적 추론에서 이론적 모형을 설정하고 실험을 통해서 확인하는 작업인 것이다. 이론적 모형을 설정하고서 그것의 올바름 여부를 판정해줄 특정한 실험이나 관측을 고안하고 진행한다는 것은 특정한 결과가 도출될 것으로 예측한다는 뜻이다. 만약 실제로 그렇게 된다면, 이 이론적 모형은 올바르게 설정된 것으로 수용된다.

　지금까지의 논의를 정리해보자. 우리는 지구 내부가 실제로 어떻게 생겼는지 확정적으로 알 수는 없다. 그런데 지구 내부가 정확히 어떻게 생겼는지는 모르지만, 땅이 갑자기 급격히 흔들리는 지진이나 용암과 가스가 급격하게 분출되는 화산 활동 등의 '현상'들을 경험한다. 실재가 정확히 어떠한지는 모르지만 그 실재가 현상으로 드러나는 것을 경험하고 있는 것이다. 우리는 이러한 현상들을 통해서 실재의 모습을 간접적으로 경험할 뿐이지, 실재의 모습을 직접적으로 파악하기는 불가능하다. 그래서 우리는 실재가 어떠할 것이라고 하는 이론적 모형을 설정하고서, 일상적으로 경험하는 현상이 이 이론적 모형에 따라서 실재의 결과로서 합리적으로 설명되는지를 논리적으로 추정하는 것이다.

　한편, 이론적 모형으로부터의 특정한 결과를 예측한 후에 실험이나 관찰을 통해서 검증하는 작업의 결과에 대해 단순히 수용 아니면 채택이라는 두 가지의 선택지만 있는 것은 아니다. 이론적 모형이 특히 수학적인 것이고, 예측의 결과 또한 특정한 수치일 경우 더욱 그러하다. 일반적으로 이론적 모형에 의해 예측된 수치, 혹은 계산에 따른 수치와 실제로 관측된 수치 사이의 차이를 우리는 '오차'라고 부른다. 이 관찰이나 실험에서 이론적 추정치와의 차이, 즉 오차가 발견되면 이론적 모형에 결함이 있음을 의미하는 것이므로 모형을 수정하게 될 것이다.

　그런데 이론적 모형을 고안할 때에 설정한 기본 전제가 잘못되었다면, 이론적 모형을 아무리 수정하고 보완하더라도 예측치는 관측이나 실험으로 얻어진 결괏값과 달라지기 마련이고, 오차는 사라지지 않을 것이다. 하지만 어떤 사람들은 이론의 기본 전제를 문제 삼기보다는 이론적 모형의 세부 내용을 수정하고 보완하는 작업을 계속하기도 한다.

　　과학사에서는 이를 '현상 구제하기save the phenomenon' 작업이라고 지칭하는데, 바로 지구와 태양, 행성들의 위치와 운동 궤도에 대해서 지구중심설과 주전원 이론 등을 채택하여 설명하고자 하였던 시도가 그 대표적인 일례라고 할 수 있다. 지구중심설(천동설)은 아리스토텔레스 이래로 천체들의 등속원운동을 기본 전제로 삼아서 성립된 것이다. 기원후 2세기에 이르면, 천체들에 대한 등속원운동 이론은 프톨레마이오스에 의해 주전원epicycle 등의 소원의 개념들이 추가되고 보완되면서 차츰 천체들의 운동에 대한 표준적 이론으로서 확립되었다.

　　그런데 프톨레마이오스 이후 서양의 과학자들은 지구중심설과 주전원 이론을 토대로 산출한 이론적 예측치가 실제 행성 운동을 관측한 수치와 일치하지 않으며 상당한 차이가 발생하는 것을 발견하였다. 그리고 그들은 이러한 이론치와 관측치의 차이를 지구중심설 모형을 보완하고 미세하게 조정함으로써 해결하고자 하였다. 이론적 모형의 보완과 세부적인 조정을 통해서 현상을 구제하고자 하였던 것이다. 하지만, 서양의 과학자들이 이러한 작업을 천 년 이상 계속 진행하였음에도 불구하고 이론치와 관측치의 차이는 어느 정도 이상 줄어들지 않았다. 결국 어떤 천문학자가 지구중심설 이론의 기본 전제들을 처음으로 의심하고 고민하기 시작하였는데, 그가 바로 16세기에 등장한 코페르니쿠스였다. 코페르니쿠스는 천체들의 운동에 대해 기존에 당연하게 받아들였던 지구중심설을 파기하고 대신 지구와 행성들이 태양을 중심으로 공전운동을 하는 것으로 보는 태양중심설(지동설)을 주창하였다. 이어서 케플러는 천 년 이상 전제로서 받아들여졌고 심지어 코페르니쿠스조차도 의심하지 않았던 '등속원운동' 이론을 파기하고 부등속 타원궤도의 이론을 도입하였다. 이로써 태양과 그 주위의 행성들에 대한 이론적 모형이 '태양중심 체계'와 타원궤도 이론으로 새롭게 혁신되었고, 이 새로운 이론적 모형에 의거하여 계산해 낸 예측치는 실제의 관측치와도 정확하게 일치하기 시작하였다.

지구중심설과 태양중심설의 예를 통해서 볼 수 있듯이, 과학적 추론에서 설정되는 이론적 모형은 한두 명의 과학자에 의해 한 순간에 뚝딱 만들어지는 것이 아니며, 거듭되는 실험과 관측의 결과를 토대로 끊임없이 보완되면서 발전한다. 다시 말해서 과학적 추론에서는 이론적 모형 자체가 계속 발전하고, 관찰과 실험에 의해 새롭게 뒷받침되거나 수정, 보완된다. 이런 점에서 과학적 이론은 결코 항구적이지 않으며, 거듭해서 변화하고 발전하는 것이다.

일상적 경험과 상식,
근대과학

한편, 앞에서 이야기한 '열어볼 수 없는 종이 상자'는 사실 우리의 일상적 경험 세계를 뛰어넘는 영역을 상징하는 것으로 볼 수도 있다. 즉 '열어볼 수 없음'은 우리가 일상적으로 경험할 수 없음, 혹은 일상적인 경험으로는 확인할 수 없음을 의미하는 것이다.

그런데 근대 이후 과학은 우리의 일상적 경험을 넘어서는 영역을 본격적으로 다루기 시작하였다. 앞에서 말한 바와 같이, 쪼갤 수 없는 지구의 내부는 우리가 직접 눈으로 관찰하기란 불가능하다. 또한 인간의 크기와 육안으로 관찰 가능한 범위를 생각할 때 지구는 워낙 거대하여 땅의 정확한 모양을 일상적인 관측으로 제대로 알 수가 없다. 다시 말해, 땅의 전체 모양은 우리의 일상적 경험의 한계를 넘어서는 일이다.

게다가 이 광활한 우주를 생각해보라! 우주의 거대한 크기에 비하면 지구는 너무나도 하찮을 정도로 작다. 이 거대한 우주의 크기와 기원을 합리적으로 탐구하는 것 또한 일상적 경험을 넘어서는 일이다. 미시적인 원자와 소립자의 세계도 마찬가지이다. 원자나 전자와 같은 물질의 미시 세계는 눈으로 볼 수도, 촉각으로 인지할 수도 없다. 우리의 일상적 경험을 완전히 뛰어넘는 세계인 것이다. 우주의 크기가 어떠한지, 우주는 언제 만들어졌는지, 태양계의 모양은 어떠한지, 물질의 내부 성분과 미세 구조가 어떠한지 우리의 일상적 경험과 관찰로서는 파악할 수가 없는 것이다.

따라서 '열어 볼 수 없는 종이 상자의 내부를 파악하는 일'은 근대 이후 과학적 추론의 활동이 일상적 경험의 세계를 넘어서는 영역을 탐구하고 파악할 수 있게 하는 지적인 도구로서 발전하였음을 상징하는 표현이기도 하다.

우리의 일상적 경험이 세계의 실재를 정확하게 인식하는 데에 도움이 되는 경우도 있지만 반대로 방해되는 경우도 있다. 예를 들어, 우리가 순전히 일상적 경험에 따른다면, 땅은 지극히 편평한 것으로 보이지 결코 하나의 구체로는 보이지 않는다. 또한 우리는 지구가 자전하고 있다는 것을 알고 있지만, 일상적 경험에 충실히 따른다면, 땅은 확고하게 정지해 있고 천체들이 땅덩어리 주위로 매일 한 바퀴씩 둥글게 돌고 있는 것으로 보인다. 우리의 일상적 경험은 지구중심설을 지지하지 태양중심설을 지지하지는 않는다.

그런데 이러한 일상적 경험의 한계를 극복하게 해주는 것이
바로 근대 이후 과학에서 확립된 실험과 관찰, 도구를 사용하는 연
구 방법이다. 일상적 경험, 혹은 감각 경험의 한계를 파악하고, 실
험과 도구의 역할에 주목하여 실험철학을 주창한 이가 바로 프랜
시스 베이컨이다. 그가 보기에, 실험과 도구는 인간이 지닌 감각
경험의 한계를 극복하게 만드는 유용한 도구였다. 그러므로 근대
이후 과학은 인간의 익숙한 경험과 일상적 상식을 넘어서는 문제
에 대해 이론적 모형을 설정하고 실험적 증거로 논리적으로 검증
하는 방식을 확립하였다.

한편, 앞에서 설명한 것처럼 우주의 크기와 기원, 사물의 본
질과 같은 우리의 일상적 경험을 뛰어넘는 문제에 대해, 근대과학
이 발전하기 전까지는 여러 종교와 신화에서 나름대로 설명을 제
시하기도 하였다. 하지만 종교와 신화에서 제시하는 설명들은 우
리의 일상적 경험을 넘어서는 문제들에 대해 효과적으로 검증하
는 방법을 함께 제시하지 못하였으며, 따라서 합리적으로 입증되
지도 못하였다. 반증주의 이론을 차용하지 않더라도, 세계와 우주
에 대한 종교와 신화의 설명들은 검증이 불가능한 것이었다. 종교
와 신화에서 제시한 설명들은 오히려 과학에서 수행된 실험이나
관측의 결과에 의해 반증되거나 논파되었던 것이다. 이에 반해 근
대과학은 일상적 경험의 한계를 넘어서는 문제에 대해 차츰 구체
적이고 합리적인 설명들을 제공할 수 있게 되었다.

표준적 이론,
논리적 게임

　　만약 우리가 설정한 이론적 모형이 현재까지 파악된 경험과 관측 사실들을 충분히 합리적으로 설명한다면, 우리는 이 이론적 모형이 실재와 가깝거나 혹은 실재를 가장 잘 표상representation하는 것으로 받아들일 수 있다. 물론 새로운 실험이나 관찰을 통해 새로운 사실이 발견되었는데, 그때까지 다듬어진 이론적 모형이 새로운 관찰 사실을 합리적으로 설명하지 못한다면, 이론적 모형은 새롭게 보완될 필요가 있을 것이다. 만약 이러한 보완에 실패하거나 혹은 보다 좋은 이론적 모형이 제시된다면, 기존의 이론적 모형은 폐기될 것이다. '지구의 내부는 지각, 맨틀, 외핵, 내핵 등의 구조로 이루어졌다'고 보는 이론적 모형은 현재까지 관찰되거나 실험된 여러 경험적 사실들을 충분히 잘 설명하고 있기에 널리 받아들여지고 있는 것이다. 그리고 이 이론은 새로운 실험과 관찰 사실들에 의해 끊임없이 보완되며 발전하고 있다.

　　과학자들은 이렇게 수많은 실험과 관찰에 의해 오랫동안 보완되어서 일반적으로 받아들여지고 있는 이론적 모형을 흔히 '표준이론standard theory'이라고 지칭한다. 앞에서 거론한 지구 내부가 지각과 맨틀, 외핵, 내핵의 구조로 이루어진 것으로 파악하는 이론적 모형은 판구조론 등과 같은 다양한 이론들에 의해 뒷받침되고 보완되었으며, 지질학이나 지구과학의 분야에서 하나의 '표준적 이론'으로 자리잡고 있다. 이외에도 우주의 크기와 기원, 모양 등에 대해서도 빅뱅 이론 등을 아우르고 있는 '표준적 이론'이 있는

데, 이 표준이론은 소립자물리학 등과 연결되어 있고, 또한 통합되어 있다. 물리학에는 우주에 존재하는 네 가지 힘을 통합하는 대통일이론Great Unification Theory도 존재하는데 물리학자들은 이를 '표준이론'이라고 일컬으며 계속 보완하고 발전시키고 있다. 물론 이 표준적 이론, 혹은 이론적 모형은 새로운 증거로 인해 얼마든지 변경되고 심지어 폐기될 수 있으며, 이런 가능성은 과학의 역사가 뒷받침하고 있다.

중요한 사실은 과학 활동에서 이렇게 이론적 모형을 새롭게 수립하거나 변경modify하고 보완하는 과정과 관측 및 실험을 통해서 이론적 모형이 올바른지 여부를 확인하는 과정은 철저하게 '논리적으로' 진행된다는 점이다. 일반적으로 과학 이론은 추론을 통해 고안되지만, 이 또한 기존의 이론들과 경험적 사실들을 충분히 고려하는 과정을 거치는 것이지 무작정 추론되는 것이 아니다. 또한 이 이론적 모형이 실재(혹은 진실)를 보다 올바로 반영하고 있는지는 철저하게 실험적 증거나 관찰의 결과에 의해 논리적으로 지지되거나 거부되는 것이다. 이런 점에서 과학 활동은 이론적 모형을 설정하고 그에 따른 경험적 현상이나 관찰의 결과를 미리 예측하며, 실제로 실험과 관측을 수행하여 예상된 결과가 도출되는지 여부를 검증하는 일종의 '논리적 게임'이라고 말할 수 있다.

결국 우리가 마치 '사실'인 것처럼 받아들이고 있는 많은 과학적 명제들은 실은 과학계에서 현재까지 가장 최선으로 생각되는 이론의 집합들을 '표준이론'으로 구성하여 받아들이고 있는 것일 뿐이다. 이러한 표준적 이론이 현재까지는 '실재를 가장 잘 표상하고 있는 것'[이론적 모델]으로 파악되는 것이다. 그리고 이 표준적 이론은 언제든지 폐기될 수 있고 변경될 수 있다. 하지만, 각

땅이 둥근 것을
어떻게 알았을까?

개미처럼 지표면에 붙어 사는 인간이 땅의 전체 모양이 구체라는 것을 어떻게 알아낼 수 있었을까? 인간들은 20세기 중반에 이르러서야 비로소 인공위성을 이용하여 지구의 전체 모습을 담은 사진을 찍을 수 있었다. 하지만 인간들은 인공위성을 쏘아 올리기 훨씬 이전부터 땅의 모양이 구체라고 추정하기 시작했다. 고대 그리스인들은 이미 기원전 6세기경부터 땅의 모양이 구체라고 하는 지구설을 받아들였다. 그런데 그들은 땅이 구체라는 것을 과연 어떻게 알았을까? 생각해보라. 축구공 표면 위에서 기어다니는 개미가 자신이 딛고 있는 것이 구체임을 어떻게 쉽게 알 수 있겠는가?

분야의 표준적 이론을 변경하거나 폐기하는 것은 결코 쉽지가 않다. 왜냐하면 표준이론은 그동안 수많은 과학자들에 의해 고안되고 보완되었으며, 무수히 많은 증거들과 논리적인 논의를 통해서 뒷받침되고 있기 때문이다. 만약 기존의 표준이론을 크게 변경하거나 폐기하고 새로운 표준이론을 세우고자 한다면, 새로운 표준이론은 그동안 설명되고 뒷받침되었던 다양한 증거들과 실험의 결과들을 다시 설명할 수 있어야 하며, 표준이론을 구성하고 있는 여러 하위 이론들도 새롭게 뒷받침하거나 새롭게 고안해내어야 한다.

과학적 추론에 대한 도식적 설명

지금까지의 논의를 통해서 우리는 과학적 추론의 과정이 일종의 종이 상자 내용물 맞추기 게임과 유사하다는 것을 알게 되었다. 여기서 좀 더 도식적이고 이론적으로 이야기를 해보자. 앞에서

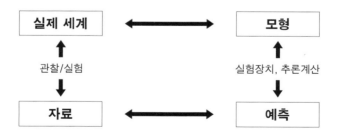

말한 바와 같이 '열어볼 수 없는 종이 상자'는 '실제 세계'를 의미하고, 이 종이 상자 내부의 물체가 어떠할 것이라고 설정하는 것은 '이론적 모형'에 해당한다. 우리는 이 이론적 모형을 고안한 이후 바늘로 찔러보는 실험으로 이 모형을 검증하고자 한다. 만약 종이 상자 내부의 물체가 딱딱한 것이라고 '이론적 모형'을 설정할 경우 바늘은 모든 방향에서 일정한 깊이만 들어가다가 무언가에 부딪혀서 더 이상 들어가지 않을 것으로 '예측'할 수 있다. 우리는 이러한 모형에 의거하여 실험의 결과를 예측하고 난 뒤에 실제 관찰과 실험을 수행한다. 그리고 그 실험의 결과와 자료로서 이론적 모형이 애초 예측한 결과와 부합하는지를 검증하는 것이다.

　　과학적 추론의 이러한 과정을 도식화해보면, 위의 그림과 같이 그릴 수 있을 것이다.[14] 이를 순서대로 번호를 매겨서 설명하면 다음과 같다.

1.　　과학적 추론 과정에서 과학자들은 우선 실제 세계가
　　　어떠할 것이라고 하는 이론적 모형을 고안한다.
　　　다른 말로 하면, 실재를 올바로 표상하는 것으로 생각되는
　　　이론적 모형을 고안하는 것이다.
2.　　과학자들은 이 이론적 모형을 입증할 수 있는 실험 장치와
　　　방법을 고안하거나 수학적 모형을 토대로 계산을 수행한다.

---

[14]　과학적 추론의 과정이 이런 식으로 이루어지고 있으며, 위의 그림과 같이 도식화할 수 있다는 것 역시 몇몇 논자들의 견해라는 것을 알 필요가 있다. 물론 이러한 설명과 이론적 도식은 과학철학적 논의를 깊이 있게 수행한 이들에 의해 다듬어져서 제시된 것이기에 쉽게 반박하기는 어려울 것이다. 여기서 제시하는 논의와 도식은 로널드 기어리 등이 쓴 『과학적 추론의 이해Understanding Scientific Reasoning』(소화, 2014)를 참고하였음.

3. 이러한 과정을 거쳐서 이론적 모형에 부합하는 실험의
   결과나 관찰의 값, 혹은 계산의 값들이 예측된다.

4. 이후 미리 고안되었던 실험이나 관찰, 혹은 계산의 작업을
   실행하여, 실험 자료나 관찰의 결과를 얻어낸다.

5. 그리고 이렇게 실험과 관찰의 결과물로서 얻어낸 자료들을
   앞서 예측했던 값들과 비교하고 대조한다.

6. 실험과 관찰의 결과물인 자료들이 예측한 값들과 어떻게 차이
   나는지에 따라서 이론적 모형을 수정, 변경하거나 보완한다.
   이렇게 수정, 보완된 이론적 모형을 토대로 앞의 과정을
   되풀이한다.

이러한 과정을 계속 수행하면서 이론적 모형은 실제 세계를
보다 잘 반영하거나 표상하는 것으로 발전한다.

한편 실제 세계와 이론적 모형 사이의 관계를 설명하는 또 다
른 좋은 예가 있는데, 바로 '지표면에 대한 지도 만들기mapping' 작
업이다. 지구는 구체이므로 우리가 지도를 그리고자 하는 실제의
지표면은 평면이 아니라 구면의 일부이다. 게다가 지표면은 기하
학적으로 깔끔한 구체의 표면이 아니라 높은 산과 낮은 강, 고원지
대와 바다 등으로 구성된 울퉁불퉁한 구면의 모습을 가지고 있다.
이러한 지표면을 평면인 지도에 투사하여 그리고자 한다. 따라서
이 구면의 모든 지점들을 동일한 비율로 평면에다 축약하고 투사
한, '완벽하게' 올바른 지도란 애초부터 불가능하다. 다만, 구면의
울퉁불퉁한 실제 지표면을 '보다 정확하게' 평면에다 투사하여 반
영하고 표상한 지도와 그렇지 못한 지도가 있을 뿐이다. 또한 평면
인 지도에 그려져 있는 지면에 대한 정보는 지면 위에 실제로 존재

하는 사물이 아니고, 지표면의 실재를 표상representation하고 반영 reflection하는 것일 뿐이다.

과학적 추론에서 실제 세계에 대해 이론적 모형을 설정하는 것도 이러한 지도 그리기 작업과 아주 비슷하다. 지도 위에 그려진 것들은 지표면에 존재하는 실재가 아니고 실재를 반영한 것일 뿐이듯이, 과학적 추론에서 고안한 이론적 모형은 결코 실제 세계 자체가 아니라 실제 세계를 단순화하여 반영하고 표상하고 있는 것일 뿐이다. 우리는 지도가 실제 지표면을 얼마나 잘 반영하고 있는가를 따지듯이 과학 추론을 통해서 이론적 모형이 실제 세계를 얼마나 잘 반영하고 설명하고 있는지를 따질 뿐이다.

마지막으로 본문에서 과학 이론이란 어떠하다고 말하는 필자의 논의나 위에서 설명한 과학적 추론에 대한 도식적 설명 자체도 '과학적 추론 과정에 대한 하나의 이론적 모형'이라고 말할 수 있다. 과학적 추론 활동 자체가 실재에 대해 이론적 모형을 설정하듯이, 위에서 정리하고 그림으로 도식화한 것 자체도 '과학 이론에 대한 이론적 모형'을 설정한 것이다. 따라서 이 역시 논리적으로 보완되거나 반박될 수 있는 것이다.

박권수

참고문헌

강신익 외, 『과학철학: 흐름과 쟁점, 그리고 확장』, 창비, 2011.
김영식, 임경순, 『과학사 신론』, 다산출판사, 1999.

기어리, 로널드, 존 비클, 로버트 몰딘, 『과학적 추론의 이해』, 조인래, 이영의, 남현 옮김, 소화, 2014.
차머스, 앨런, 『현대의 과학철학』, 신일철 옮김, 서광사, 1985.
쿤, 토머스, 『과학혁명의 구조』, 김명자 옮김, 까치, 2003.

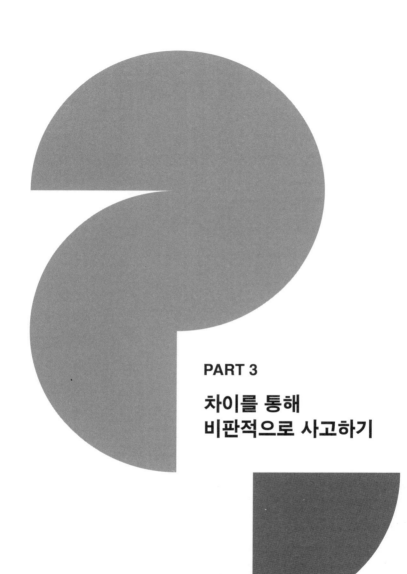

PART 3

차이를 통해
비판적으로 사고하기

사랑하면/해서
결혼하는가

단체 맞선으로
저출산을 해결할 수 있을까

2019년 2월 27일 통계청은 2018년 우리나라 합계출산율이 0.98이라고 발표했다. 합계출산율이란 한 여성이 평생 낳을 것으로 기대되는 평균 출생아 수다. 인구학자들은 인구 이동과 사망률 변화가 없다고 가정할 경우, 현재 인구가 유지되기 위한 합계출산율이 2.1이라고 지적한다. 그런데 1960년 6.0에 달했던 한국의 합계출산율은 급속히 하락하여 1983년 2.06에 이르렀고, 2002년부터는 1.1~1.2 수준에 머무르고 있다. 이러한 수치는 경제협력개발기구OECD 평균인 1.68을 훨씬 밑도는 것으로, 한국은 2012년 이후 줄곧 OECD 국가 중 가장 낮은 출산율을 기록하고 있다.

이에 따라 1960년대 100만 명을 상회했던 출생아 수는 2017

년 35만 7천여 명으로 감소했다. 그 결과, 한국의 인구는 2032년을 기점으로 감소하여 2065년에는 1990년대 수준으로 후퇴할 것으로 예상된다. 그런데 이러한 수치는 출산율이 조만간 어느 정도 상승하리라는 예상 위에서 추계된 것으로, 만약 현재와 같은 초저출산율이 계속된다면 인구 감소 시점은 2023년으로 앞당겨질 것이라고 한다.[1] 이처럼 한 국가의 합계출산율이 지속적으로 1.0대를 기록한 사례는 사회주의 체제가 붕괴한 1990년대 동유럽을 들수 있고, 불과 반세기 만에 출생아 수가 약 3분의 1로 감소한 사례는 14세기 흑사병이 창궐한 유럽 외에는 찾아보기 어렵다.[2] 이처럼 "덮어놓고 낳다보면 거지꼴을 못 면한다"를 외치며 '인구 폭발'의 공포에 전율했던 한국 사회는 인구 감소라는 정반대 상황에 직면하여 "하나로는 부족합니다"를 역설하는 시대로 접어들었다. 혁명도 전쟁도 체제 붕괴나 자연재해도 없이 말이다.

현재의 저출산 현상이 어떤 미래로 귀결될 것인지는 불확실하다. 어떤 이들은 인구의 정체 또는 감소가 현재 심각한 사회문제인 청년 실업, 비정규직 확대, 도시와 생태 위기를 해소할 수 있는 기회가 될 것이라고 낙관한다. 반면 많은 이들은 생산인구 감소와 인구의 고령화로 한국 경제가 성장 동력을 상실하고 노인 부양 부담이 급증할 것이라고 우려한다. 이처럼 미래에 관한 전망에 대해서는 사람들마다 의견 차이가 있으나, 현재에 대한 진단은 동일하다. 출산할 수 있는 젊은 세대가 출산을 거부하거나 포기하는 상황이라는 것이다.

청년 세대가 직면한 이러한 현실을 가리키기 위해, 한때 '삼포세대'라는 말이 유행했다. 오늘날 젊은이들이 학업과 취업 압박, 실업과 주거 문제 등으로 인해, 과거 젊은이들이 당연하게 누렸던

(수행 또는 감당했던) 세 가지, 곧 연애, 결혼, 출산을 포기한다는 것이다. 그런데 '삼포세대'라는 압축적인 단어는 한 가지 '상식'을 전제하고 있다. 바로 연애해서 결혼하고, 결혼해서 출산한다는 가정이다. 이러한 가정에 기초해 일부 지방정부는 저출산을 타개한다는 명분으로 젊은이들의 단체 맞선이라는 '기발한(기이한)' 정책을 시행하기도 했다.

여기서 몇 가지 의문이 든다. 사랑-결혼-출산은 마치 '세트 메뉴'처럼 반드시 하나로 결합해야 하는가? 사랑해서 결혼하고 결혼하면 출산한다는 가정이 그토록 당연한 것인가? 다시 말해, 출산의 전제는 결혼이고, 결혼의 전제는 사랑인가? 사랑해도 결혼하지 않고, 사랑하지 않고도 결혼하는 것은 불가능한가? 사랑하지 않거나 결혼하지 않은 사람들이 출산해서는 안 되는가?

많은 역사학자와 사회학자들은 현재 지극히 당연한 상식으로 간주되는 사랑-결혼-출산의 결합이 인류 역사에서 매우 이례적인 현상이라는 데 동의한다. 이와 같은 규범은 18세기 말 서구에서 등장하여 세계적으로 확산되었고 20세기 후반부터 해체되거나 변화하고 있다. 한국 사회 역시 출산율과 혼인율 하락 등의 지표를 통해 그러한 변화를 목도하는 중이다.

여기에서는 서구에서 성, 사랑, 결혼, 가족에 관한 (흔히 '현대적'이라고 지칭되는) 특정한 규범이 성립, 확산된 과정을 고찰한 다음, 그러한 규범이 최근 어떤 변화를 겪고 있는지, 그리고 그러한 변화가 한국에서는 어떤 양상으로 나타나는지 분석할 것이다. 이

---

1   "장래인구추계: 2015~2065년", 통계청 보도자료 (2016. 12. 7).

2   조영태, "황금돼지해 맞이 인구정책", 『중앙일보』 (2019. 1. 31).

를 통해 한국 사회가 당면한 문제들을 진단하고, 더욱 자유롭고 평등한 공동체를 위해 어떤 관점과 실천이 필요한지 토론해보자.

'감상적 결혼'의 등장:
사랑과 결혼은 어떻게 결합했나

현대 영어에서 경제를 가리키는 '이코노미economy'의 어원은 고대 그리스어 '오이코노미아oikonomia'로, 가족, 가족의 재산, 집oikos과 관리, 할당, 경영nemein의 합성어였다.[3] 한 마디로 오이코노미아는 가족[가내노동]의 관리를 지칭했다. 고대 그리스는 가내생산 사회로 현재 '경제'라고 불리는 생산과 분배, 소비 영역에서의 가족의 기능이 매우 중요했고, 그러한 가족의 위상은 이후에도 오랫동안 크게 변화하지 않았다. 18세기 후반 영국에서 산업화가 진행된 이후에야 비로소, 가족은 생산의 중심에서 물러나 점차 소비의 영역으로 변모하게 되었다. 이러한 가족의 위상 변화와 더불어, 결혼에 관한 관념도 달라지기 시작했다.

산업화 이전에 많은 사회에서는 정략결혼政略結婚, political marriage 또는 marriage of convenience이 일반적이었다. 한 마디로 젊은 이가 사랑하는 이를 배우자로 선택하기보다는 가족, 친족, 때로는 더 큰 공동체가 맺어준/허락한 이와 결혼하는 경우가 많았다. 이렇듯 결혼은 사랑에 기초한 개인 간의 결합이 아니라, 정치경제적 이해관계에 따른 가족, 친족, 왕국 간의 연합으로 간주되었다. 왕과 귀족은 결혼을 통해 영토를 확장하거나, 전쟁을 끝내고 평화조

약을 맺거나, 부와 권력을 증식할 수 있었다. 그보다 가난하고 권력도 없었던 농민이나 수공업자, 상인들도 유리한 사돈 관계를 맺음으로써 농토나 가업을 유지, 확장하고자 했다. 따라서 이들은 자녀의 결혼에 대해 왕과 귀족만큼 막강하지는 않았지만 상당한 권력을 행사했다. 젊은이들 역시 결혼이 생산의 기본 단위를 확립하는 계기('가족의 창업')였던 만큼, 배우자의 신분, 직업, 지참금 등 정치경제적 이해관계에 신중했다.[4]

　　물론 사랑한 이와 결혼한 사람도, 결혼 이후에 사랑하게 된 부부도 있었다. 하지만 오랫동안 많은 사회에서 사랑은 결혼의 전제가 아니라 오히려 위협으로 여겨졌다. 옛 사람들은 생산의 기본 단위인 가족과 새로운 가족의 출발점인 결혼이 사랑이라는 변덕스러운 감정에 지배되는 것을 두려워했기 때문이다.[5] 16세기 말 셰익스피어가 이탈리아에서 전해내려온 이야기를 토대로 쓴 『로미오와 줄리엣』이 단적으로 보여주듯, 가문의 반대를 무릅쓰고 열정적인 사랑을 선택한 젊은이들의 최후는 비극으로 예견되었다.[6] 반면 중세의 수많은 연애시는 영주의 부인을 향한 기사의 애절한 사랑을 찬미했고, 17세기 프랑스 궁정을 배경으로 한 알렉상드르 뒤마의 1844년작 『삼총사』는 프랑스 왕비와 영국의 버킹엄 공작, 그리고 주인공 달타냥과 유부녀 콘스탄스 사이의 사랑(또는 불

3　　Dotan Leshem, "Retrospectives: What Did the Ancient Greeks Mean by Oikonomia?", *Journal of Economic Perspectives* Vol.30 No.1 (2016).

4　　스테파니 쿤츠, 『진화하는 결혼』, 김승욱 옮김 (작가정신, 2009); 루이스 A. 틸리, 조앤 W. 스콧, 『여성, 노동, 가족』. 김영, 박기남, 장경선 옮김 (후마니타스, 2008), 65~71쪽.

5　　쿤츠, 앞의 책, 38쪽.

6　　노명우, 『혼자 산다는 것에 대하여: 고독한 사람들의 사회학』 (사월의 책, 2013), 68쪽.

륜)을 자연스럽게 묘사했다. 한마디로 전근대 시기에 사랑과 결혼
의 관계는 긴밀하지 않았다.

이러한 경향이 역전되기 시작한 것은 18세기 말에 이르러서
다. 자본주의의 확산과 산업화로 임금노동이 일반화되자, 젊은이
들의 자율성이 증가하고 부모에 대한 의존이 약화되었다. 또한 당
시 새롭게 등장한 계몽주의와 자유주의의 영향으로, 가족이나 공
동체의 압력보다 개인의 자유가 우선시되었다. 그 결과, 부모나 친
족에 의한 중매결혼 대신 연애결혼, 곧 결혼 당사자가 사랑하는 이
를 배우자로 선택하는 결혼이 이상으로 자리 잡기 시작했다. 이로
써 결혼은 가족, 가문, 공동체의 연합이 아니라, 개인 간의 계약으
로 간주되었다. 이처럼 이해관계보다 사랑과 헌신이 더욱 중요해
진 결혼을 '감상적 결혼sentimental marriage'이라고 부른다.[7]

18세기 말에서 19세기 초에 출판된 많은 소설들은 낭만적 사
랑과 감상적 결혼을 매혹적으로 묘사했다. 대표적으로 영국의 제
인 오스틴이 1813년에 발표한 『오만과 편견』은 현재에도 소설과
영화를 통해서 수없이 변주되고 있는 플롯, 곧 상대방을 오해한 남
녀가 사랑에 빠지게 되는 과정을 흥미롭고 섬세하게 서술했다. 이
소설에서 특히 주목할 점은 남자 주인공 다아시에게 어렸을 때 가
족이 정해준 약혼녀가 있었고, 여자 주인공 엘리자베스의 어머니
역시 딸이 다른 상대와 결혼하기를 바랐다는 사실이다. 그럼에도
이들은 가족의 반대와 신분 격차를 극복하고 결혼에 성공했다. 16
세기 로미오와 줄리엣에게 동반 자살이라는 선택지만을 허락할
만큼 막강했던 부모와 가문의 권력은, 19세기에 이르러 사랑을 선
택한 젊은이들의 결단과 용기에 굴복하게 되었다. 이와 함께 결혼
은 개인 간의 계약이고 사랑이 결혼의 필수 전제이자 견고한 토대

라는 새로운 이상이 확립되었다.

'감상적 결혼의 이면:
현대적 봉건제'

『오만과 편견』은 엘리자베스와 다아시의 결혼으로 끝을 맺고, 우리는 그들이 다른 많은 이야기의 주인공들처럼 그 후로도 오랫동안 행복하게 살았으리라 기대한다. 실제로 19세기 유럽과 북미에서, 특히 부르주아 계층을 중심으로 사랑에 기초한 결혼과 가족을 신성하게 여기는 경향이 지배적이었고, 많은 이들이 핵가족의 사생활 속에서 행복을 추구했다.

그런데 이처럼 이상화된 결혼과 가족 모델은 여성과 남성에 관한 독특한 관념에 토대를 두고 있었다. 바로 남녀가 타고난 본성이 전혀 다르고, 따라서 그들이 수행해야 하는 역할 역시 분명히 구분되어야 한다는 생각이다. 물론 과거에도 성별에 따른 분업이 존재했지만, 남녀가 가정이자 일터인 집에서 함께 일하는 경향이 대세였다. 하지만 산업화로 인해 가정과 일터가 분리되고 가사노동과 생산노동을 병행하기가 점점 어려워졌다. 그 결과, 남편이 가족을 부양할 만큼 충분한 소득을 벌 수 있는 부르주아 계층을 중심으로 남편은 집 밖에서 화폐 소득을 위한 생산노동만을, 여성은 집 안에서 가족을 유지하기 위한 재생산노동만을 담당하는 분업이 점

---

7   쿤츠, 앞의 책, 9~10장; 메릴린 옐롬, 『아내의 역사』, 이호영 옮김 (책과함께, 2012), 5장.

차 일반화되었다. 현재까지도 영향력을 발휘하고 있는 '남성 생계 부양자-여성 전업주부(의존자)' 모델이 확립된 것이다. 그리고 이러한 분업에 의한 구분은 여성과 남성의 존재론적 차이에 대한 인식으로 심화되었다. 남성에게는 이성, 독립성, 도전, 경쟁, 욕망이, 여성에게는 감성, 의존성, 순응, 협동, 정숙함이 각각 할당되었다.[8]

감상적 결혼과 성별 분업은 한편으로 자연스럽고 평화로운 현상처럼 보인다. 그러나 그 이면에는 여러 모순과 불평등이 자리 잡고 있었다. 프랑스혁명을 계기로 남성과 동등한 권리를 요구하는 여성들의 목소리가 분출했지만, 새롭게 권력을 장악한 부르주아 남성들의 반대와 억압에 직면했다.[9] 그 결과, 19세기 동안 대다수 국가에서 여성의 교육권, 재산권, 노동권이 제한되었고, 참정권도 부여되지 않았다. 이로 인해 결혼은 여성에게 사랑의 선택과 법적, 경제적 의존 사이의 딜레마를 초래했다. 남편에게 생계를 의존하고 법적 보호를 받아야 했던 여성이 어떻게 순전히 사랑만으로 결혼을 선택할 수 있었겠는가? 불평등은 결혼 이후의 삶에도 중대한 영향을 미쳤다. 아내의 행복은 전적으로 남편의 선의에 달려 있었기 때문이다. 또한 여성의 순결을 찬미하는 문화는 여성의 성적 무지와 불감증을 초래했고, 정숙한 아내에게서 성적 만족을 구하지 못한 남편들의 성매매가 용인되었다.[10]

다시 『오만과 편견』으로 돌아가 보자. 엘리자베스의 어머니 베넷 부인은 왜 그토록 딸들을 부잣집에 시집보내기 위해 안달했던 것일까? 당시 법률에 따라 베넷 씨의 재산은 남성 후계자에게만 상속될 수 있으므로, 딸들 대신 먼 친척인 콜린이 상속자가 되었기 때문이다. 남편 사후에 자신과 딸들이 빈털터리가 될 것을 노심초사하던 베넷 부인은 가장 아름다운 첫째 딸 제인을 대부호

빙리에게, 둘째 딸 엘리자베스를 상속자 콜린에게 시집보내고자 부단히 노력했다. 그러한 어머니의 성화에도 불구하고, 엘리자베스는 다아시를 사랑하게 되었고 결혼에 성공했다. 다행히 다아시는 매력적이었고 진심으로 엘리자베스를 사랑했으며 심지어 훨씬 더 부자였다. 반면 엘리자베스의 친구 샬롯은 매력 없고 사랑하지도 않는 콜린과 결혼하기로 결정했다. 부유하지 않은 노처녀였던 샬롯에게 배우자를 선택할 자유가 극히 제한되어 있었고, 콜린의 안정적 직업과 재산은 매력적인 선택지였기 때문이다.

또한 사랑한 사람과 결혼했다고 해서 반드시 행복했던 것도 아니다. 프랑스 소설가 기 드 모파상이 쓴 1883년 작 『여자의 일생』은 높은 신분의 아내조차 남편의 일탈로 한없이 불행해질 수 있었음을 보여준다. 귀족의 딸 잔느는 소녀 시절 연모했던 줄리앙과 결혼에 성공했지만, 남편에 대한 환상은 신혼 첫날밤부터 깨지기 시작했다. 성에 완전히 무지했던 잔느는 남편의 접근에 충격과 혐오를 느꼈던 것이다. 잔느의 결혼 생활은 이후 더욱 불행해졌는데, 줄리앙이 처음엔 하녀와 다음엔 백작 부인과 부정을 저질렀고, 결국 그 사실을 알게 된 백작에 의해 살해되었기 때문이다. 소설 도입부에서 결혼을 앞둔 잔느에게 아버지가 하는 조언은 감상적 결혼 이면의 모순을 분명하게 보여주는 동시에, 앞으로 잔느가 겪을 불행을 암시한다.

---

8   쿤츠, 앞의 책, 9장; 캐롤 페이트먼, 『여자들의 무질서』, 이평화, 이성민 옮김 (도서출판b, 2018).

9   박정미, 이 책, 2장.

10 쿤츠, 앞의 책, 10~11장; 박정미, 「하수도, 피해자, 위험(에 처)한 여자: 19~20세기 초 '의료-도덕 정치'와 성매매 정책의 형성」, 『사회와 역사』, 한국사회사학회, 2018, 120쪽.

남작 부부는 낮은 소리로 무언가 말다툼을 하고 있었다. 남작이 무언가 를 요구하는데, 아델라이드[잔느의 어머니, 남작 부인]가 거절하고 있 는 것 같았다. 보통 때보다 한층 더 숨을 헐떡이면서 아델라이드는 이렇 게 외치고 있었다. "여보, 정말이지 난 못 하겠어요. 어떻게 말을 꺼내야 좋을지 모르겠다고요." 남작은 아내의 곁을 떠나 잔느에게로 다가섰다. "나하고 뜰이나 한 바퀴 돌지 않으련?" "아빠가 좋으시다면요." (…) 남 작은 살며시 딸의 손을 잡았다. 아버지와 딸은 몇 분 동안 말없이 걸었 다. 남작은 잠시 망설이더니 드디어 결심한 듯 입을 열었다. "얘야, 내가 아주 곤란한 역할을 맡았구나. 네 어머니가 해야 될 일이지만 한사코 싫 다고 하니 내가 대신 할 수밖에. 결혼 생활에 대해서 네가 무엇을 얼마나 알고 있는지 모르겠다. 부모는 자식들에게, 특히 딸자식에게 비밀스럽 게 숨기는 것이 있단다. 부모는 딸의 행복을 맡아줄 남자를 찾아 딸을 내 줄 때까지 완전무결하게 순결하도록 보살펴줘야만 해. 인생의 감미로운 비밀 위에 드리워진 포장을 걷어올릴 권리는 그 남자에게만 있으니까. 그런데 딸들이란 아무런 삶의 의혹도 없이 몽상 뒤에 숨겨진 약간 동물 적인 현실 앞에서 저항을 하지. 정신적인 상처뿐 아니라 육체적인 상처 까지도 받게 되는 걸 모르고, 인생과 자연의 법칙이 남편에게 부여한 절 대적인 권리를 거부하는 때가 있단 말이다. 더 이상은 설명하기가 어렵 구나. 하지만 이것만은 잊지 말아야 한다. 이제 너는 완전히 네 남편에게 속해 있다는 것 말이다." 이 말을 듣고 잔느는 막연한 예감처럼 괴롭고 짓 눌리는 듯한 우울에 몸이 떨리기 시작했다. 아버지와 딸은 다시 집을 향 해 걸었다. (…)

'이것이 바로 그가 말한 아내가 된다는 것이었구나. 이것이…… 이것 이…….' 잔느는 절망에 잠겨서 오랜 사랑의 전설을 담은 벽지 그림에 눈

길을 주며 한참이나 꼼짝하지 않고 있었다. 줄리앙은 여전히 움직이지
도 않고 말도 없었다. 천천히 고개를 돌려 보았다. 그는…… 자고 있었
다! 입을 반 쯤 벌리고 편안하게 잠들어 있었던 것이다. 잔느는 믿을 수
가 없었다. 자신을 하찮은 여자처럼 대한 그 짐승 같은 행위보다도 그가
잠들어 있다는 사실에 더 심한 모욕과 분노를 느꼈다. 오늘 같은 밤에 잠
이 오다니, 둘 사이에 있었던 일이 그에게는 조금도 놀라운 사실이 아니
란 말인가? 아아! 두들겨 맞는 편이, 난폭한 취급을 받는 편이 차라리 정
신을 잃을 정도로 온갖 추잡한 애무로 상처받은 것보다 훨씬 더 나을 것
같았다.[11]

영국의 여성운동가 메리 울스톤크래프트는 모파상이 『여자
의 일생』을 쓰기 약 100년 전인 1792년에 이미 여성에게만 강요된
순결(또는 무지)이 억압의 결과이며, '차이'가 불평등을 정당화하
기 위한 수사에 불과하다고 비판했다. 이러한 주장은 19세기 이른
바 '1세대 페미니스트들the 1st wave feminists'들에 의해 반복적으로
제기되었다. 울스톤크래프트의 『여권의 옹호』 일부를 읽어보자.

남자들의 폭정을 설명하고 정당화하기 위해 지금까지 갖가지 교묘한 이
유들이 제시되어 왔는데, 그 요체는 바로 남녀는 서로 다른 미덕을 추구
해야 한다는 것이다. 아니, 여자는 진정한 미덕을 갖출 정신적 능력이 없
다는 게 더 솔직한 표현이리라. 하지만 여자에게도 영혼이 있다면, 미덕을
추구하게 하기 위해 신이 인간에게 내려주신 길은 한 가지뿐일 것이다.

11　　기 드 모파상, 『여자의 일생』, 방곤 옮김 (하서, 2010).

만약 여성이 하찮은 하루살이 같은 존재가 아니라면, 순수라는 허울 좋은 이름 아래 그들을 무지한 상태에 가둬두어서는 안 될 것이다. 남자들은 우리 여자들이 앞뒤 안 가리고 어떤 열정에 몰두한다든지, 천한 악덕에 빠져든다고 비웃는가 하면, 어리석고 변덕스럽다고 불평하기도 한다. 그리고 그건 물론 근거 있는 비판이다. (…) 여자들은 (흔히들 '약삭빠름'이라는 적절한 이름으로 부르는) 인간의 나약함에 대한 약간의 지식과 유순한 성격, 겉으로 보기에 순종적인 태도 등을 익히고 유치한 종류의 예의범절만 철저히 지키면 남자들의 보호를 받을 수 있고, 얼굴이 예쁘면 적어도 스무 살까지는 그 밖의 아무것도 필요 없다는 것을 아기 때부터 듣고 자라고, 엄마를 보면서 그 사실을 거듭거듭 확인하게 된다. (…)

우리에게 유순한 가축 같은 존재로 살아가라니 그런 모욕이 어디 있는가! 수없이 많은 사람이 우리에게 그야말로 걸핏하면, 그리고 아주 강력하게, 여자는 매력적인 부드러움으로 순종함으로써 남자를 지배한다고 하지 않았던가! 그렇게 유치한 표정을 짓고, 그렇게 하찮은 존재가, 그리고 그렇게 수상한 방식으로 상대를 지배하는 존재가 과연 불멸의 영혼을 가질 수 있을까!12

성적 결혼:
모순의 재생산

감상적 결혼에 내포된 모순은 19세기 말~20세기 초에 점차 개선되었다. 1893년 뉴질랜드를 선두로 여성에게도 참정권이 부여되기 시작했고, 여성의 고등교육도 확대되었다. 또한 성욕을 통해 인간의 심리를 설명한 프로이트의 정신분석학과 인간 섹슈얼리티를 탐구한 성과학sexology이 등장함으로써, 여성도 성욕을 가진 존재라는 사실이 뒤늦게 '발견'되었다. 무엇보다 새롭게 형성된 대도시에서 익명성과 임금노동의 자유를 맛본 젊고 발랄한 여성들은 19세기의 성적 억압을 거부하고 자유로운 '데이트'(1890년대 노동자계급의 속어로 등장한 이 말은 1910년대 일반화되었다)를 즐겼다. 그 결과, 혼전 순결 규범이 약화되었고, '정숙한 여자'와 '타락한 여자' 사이의 구분도 흐릿해졌다. 여성의 순결과 불감증을 높이 평가했던 19세기와 달리, 1920년대에는 성적 만족이 행복한 결혼 생활의 전제가 되었다. '감상적 결혼'에서 '성적 결혼sexual marriage'으로 전환이 발생한 것이다.[13]

그런데 여성의 법적 지위 향상과 성적 자유의 증대가 가족 내 성별 분업의 해체로 귀결되지는 않았다. 오히려 노동자의 실질임금 상승으로 19세기 부르주아 계급에서만 가능했던 남성 생계 부양자-여성 전업주부로 구성된 핵가족 모델이 노동자 계급에도 확산되었다. 남성 노동자들에게 아내가 전업주부라는 사실은 가장의 능력과 권위를 나타내는 상징으로 간주되었다. 또한 기혼여성의 임금이 매우 낮았고 지금보다 가사노동의 부담도 훨씬 컸기 때문에—가령 아내는 시장에서 사온 닭의 털을 뽑아서 요리하고, 냉장고, 청소기와 세탁기 없이 집안일을 해야 했다— 아내들 역시

12   메리 울스턴크래프트, 『여권의 옹호』, 손영미 옮김 (연암서가, 2015), 54~55쪽.

13   쿤츠, 앞의 책, 332~337쪽, 12장; 앵거스 맥래런, 『20세기 성의 역사』, 임진영 옮김 (현실문화, 2003), 2~3장.

임금노동과 가사노동이라는 혹독한 이중 부담을 지기보다는 전업주부의 삶을 더욱 선망했다. 이러한 경향은 1910년대 미국에서 포드주의Fordism 생산양식이 확립되고 다수의 남성 노동자에게 가족을 부양할 수 있는 '가족 임금family wage'이 실질적으로 보장되자 더욱 가속화되었다. 1929년 대공황과 뒤이은 2차 세계대전으로 잠시 위기에 처했던 핵가족은 전쟁이 끝나자 황금기를 맞았다. 전후 미국과 유럽의 젊은이들은 과거보다 더 어린 나이에 결혼하여 더 많은 자녀들을 낳았다. 여성의 교육 수준은 향상되었지만, 결혼 후에 학업이나 직업을 그만두고 가사에 전념하는 것이 순리로 여겨졌다.[14]

1942년에 대학을 졸업하고 결혼 후에도 노동조합 신문사에서 기자로 일했던 베티 프리단은 둘째 아이를 임신하자 해고되었다. 이후 다수의 미국 여성들과 마찬가지로 전업주부의 삶을 살던 프리단은 많은 주부들이 가족이라는 사적 영역에 고립된 채 공허와 우울을 경험한다는 사실을 깨닫고, 그러한 현상을 비판한『여성성의 신화Feminine Mystique』를 1963년에 출판했다. 이 책은 다음과 같이 시작한다.

> 이 문제는 미국 여성들의 가슴속에 여러 해 동안 묻혀 있었다. 이 동요는 낯설었고, 불만족스러웠으며, 20세기 중반의 미국 여성들이 애타게 기다리며 간절히 바라던 것이었다. 교외에 사는 가정주부들은 제각기 이 문제를 가지고 홀로 싸웠다. 침대를 정리하면서, 식료품 가게에서 물건을 사면서, (…) 아이들을 보이스카우트와 걸스카우트에 태우고 다니면서, 그리고 밤마다 남편 옆에 누워 "이것이 과연 전부일까?"하고 스스로에게 조용히 묻는 것조차 두려워했다.

지난 15년 동안 여성을 위해, 여성을 다룬 수백만 개의 글 중에서 여성들의 이런 갈망에 대해 다룬 글은 하나도 없었다. 전문가들이 쓴 칼럼과 책, 잡지는 여성들에게 현모양처로서 본분을 완성하는 길을 모색하라고 가르쳐왔다. (…) 여성들은 시인이나 물리학자, 사장이 되려는 여성들은 신경질적이고 여성스럽지 못하며 불행한 여성이니 가엾게 여기라고 배웠다. 진정으로 여성스러운 여자는 구식 페미니스트들이 쟁취하려고 싸운 직업이나 고등교육, 정치적 권리, 자주성, 독립의 기회 따위는 원하지 않아야 한다고 배웠다. (…) 여성들이 할 일이라곤 아주 어린 나이에 남편을 만나 아이를 낳는 일에 자신들의 삶을 바치는 것이었다. (…)

교외의 멋진 저택에 사는 주부. 이것이 젊은 미국 여성들이 꿈꾸는 자화상이며, 전 세계 모든 여성들이 부러워하는 것으로 여겨지는 여성상이었다. 미국의 가정주부들은 발달한 과학과 편리한 기계 장치 덕분에 단조롭고 고된 일, 출산의 위험과 늙은 할머니를 병간호해야 하는 일에서 자유로워졌다. 그들은 건강하고 아름답고 지적이며, 남편과 아이, 살림에만 집중했다. 이것이야말로 진정한 여성으로서 자아를 실현하는 것이라고 생각한 것이다. (…)

이름 붙일 수 없는 이 문제가 헤아릴 수 없이 많은 미국 여성들을 괴롭히고 있다는 사실을 나는 시나브로 알아차리게 되었다. (…) 이름 붙일 수 없는 이 문제란 도대체 무엇이었던가? 여성들이 이것을 표현하려고 애쓸 때 사용하는 단어들은 대체 어떤 것이었나? 한 여성은 "무언가 공허하

---

14   쿤츠, 앞의 책, 12~14장; 틸리, 스콧, 앞의 책, 8~9장; 마리아로사 달라 코스따.
      『집안의 노동자: 뉴딜이 기획한 가족과 여성』, 김현지, 이영주 옮김 (갈무리, 2017).

고…… 불완전한 기분이 들어요"라고 했다. 또는 "내가 존재하고 있는 것 같지가 않아요"라고 말하기도 했다. 어떤 여성은 가끔씩 진정제를 복용해 그런 느낌을 희미하게 만들어버리기도 했다. (…)

만약 내가 옳다면, 오늘날 수많은 미국 여성들의 가슴 속에서 꿈틀거리고 있는 이 이름 붙일 수 없는 문제는 여성다움을 상실했기 때문에 나타난 것이 아니다. 너무 많이 교육을 받은 탓도 아니며, 가사노동의 힘겨운 요구 때문도 아니다. 그것은 우리가 인식하고 있는 것보다 훨씬 중요한 것이다. (…) 그것은 한 국가와 한 문화로서 우리의 미래에 중대한 열쇠가 되기에 충분할 것이다. "나는 남편과 아이들, 그리고 가정 말고 다른 무언가를 원한다"고 말하는 여성 내면의 목소리를 더는 무시할 수 없다.15

베티 프리단은 이러한 "이름 붙일 수 없는 문제"의 해결책으로 여성이 자아실현을 위해 가정에만 머무르지 말고 공적 세계에서 학업과 직업을 추구할 것을 권고했다.

사회학자 울리히 벡과 엘리자베트 벡-게른스하임은 현대 산업사회의 특징을 '개인화individualization'라는 개념으로 포착했다. 개인화는 개인에 대한 전통과 공동체의 영향력이 축소하는 반면, 개인의 결정과 책임이 증가하는 현상을 지칭한다. 그런데 현대 자본주의의 개인화는 성별에 따라 전혀 다른 방식으로 진행되었다. 남성은 노동시장을 통해 화폐소득을 얻음으로써 개인이 되었지만, 여성은 무임금 가사노동의 의무를 맡고 그로 인해 생계부양자인 남편에 경제적으로 의존해야 한다는 점에서 여전히 독립적인 개인이 되지 못했다는 것이다. 이러한 사실에 기초하여 벡과 벡-

게른스하임은 산업사회에서 성별은 현대판 신분이며, 남성 생계 부양자-여성 의존자라는 성별 분업은 현대에 새롭게 도입된 봉건제라고 결론짓는다.[16]

개인화:
성-사랑-가족의 분리

그런데 무임금 가사노동보다 임금노동이 과연 더 나은 선택지인가? 또는 남성 임금노동자가 전업주부보다 더욱 우월한 존재인가? 이 질문에 대한 대답은 그리 간단하지 않다. 자본주의 사회에서 임금노동은 노동자의 생존과 자유를 가능케 함과 동시에, 자본에 대한 종속의 대가로 소외와 착취 또한 초래하기 때문이다. 그러므로 임금노동이 가사노동보다 본질적으로 더 나은 대안이라고 쉽게 단언할 수 없다. 이 질문에 답하기 위해서는 두 형태의 노동이 어떤 조건에서 어떤 방식으로 수행되었는지 살펴볼 필요가 있다.

2차 세계대전 이후 핵가족의 황금기는 또한 20세기 자본주의의 황금기로, 서구의 많은 남성 노동자들은 유례없는 고임금을 향유하게 되었다. 또한 19세기의 주기적인 불황과 1920년대 말~1930년대 초의 대공황을 경험한 유럽과 북미 국가들은 대량실

---

15   베티 프리단, 『여성성의 신화』, 김현우 옮김 (갈라파고스, 2018), 1장.

16   울리히 벡, 엘리자베트 벡-게른샤임, 『사랑은 지독한, 그러나 너무나 정상적인 혼란:
      사랑, 결혼, 가족, 아이들의 새로운 미래를 향한 근원적 성찰』,
      강수영, 권기돈, 배은경 옮김 (새물결, 2006), 62~67쪽.

업과 빈곤을 극복하기 위한 방안을 모색했고, 그 결과 2차 세계대전 이후 복지국가가 확립되었다. 이제 많은 노동자들은 사회보험 social insurance에 가입함으로써 실업과 질병, 산업재해와 퇴직이라는 사회적 위험에 대비할 수 있게 되었다. 자본가들도 남성 노동자에게 가족 임금을 제공하고 복지 비용을 분담하는 데 합의했다. 그러한 정책이 노동조합의 파업과 사회주의의 위협을 차단하고, 노동력의 안정적 재생산을 가능케 할 뿐만 아니라, 홀로 가족의 생계를 책임진 남성 노동자의 복종과 충성을 확보하는 데도 도움이 되리라 기대했기 때문이다. 이로써 19세기에 비참하고 위험한 존재로 여겨졌던 노동자는 20세기 중반에 새로운 중산층, 점잖은 시민이자 어엿한 가장으로 인정받게 되었다. 이것은 또한 남성 노동자에게 가족 부양의 책임과 부담이 집중되었음을 의미하는 것이기도 하다.[17]

가장의 풍족한 임금은 가족의 안락한 생활을 보장했다. 또한 다양한 가전제품의 도입으로 가사노동에서 육체노동의 비중이 감소했다. 이제 전업주부는 가사노동뿐만 아니라 남편에게 정서적 안정을, 자식에게 교육과 보살핌을 제공할 의무를 지게 되었다. 1950년대에 미국 사회학자 탤컷 파슨스가 현대 핵가족에서 남편과 아내의 기능을 각각 '도구적 역할'과 '표현적 역할'로 개념화한 것은 바로 이러한 시대적 배경에서였다.[18] 그런데 아내가 표현적 역할을 수행하기 위해서는 남편의 도구적 역할이 필수적이었다. 달리 말하면, 남성 노동자가 임금을 벌기 위해 자본가에게 종속되어야 했던 것처럼, 여성이 전업주부가 되기 위해서는 남편에게 의존해야 했던 것이다. 반면 사별하거나 이혼한 여성, 결혼하지 않은 여성은 스스로 생계를 책임져야 했는데, 여성이 일할 수 있는 직종이 제한되었고 임금 또한 매우 낮았으므로 빈곤을 벗어나기 쉽지 않았다. 복지국가는 이들의 최저 생활수준을 보장하기 위해 공공부조public assistance를 도입했지만, 사회보험에 비해 공공 부조는 액수가 적었을 뿐만 아니라 수급자에 대한 도덕적 낙인을 수반했다.[19]

『여성성의 신화』는 2차 세계대전 이후 서구에서 전성기를 누렸던 핵가족 모델이 1960년대에 균열을 일으키고 있음을 보여주는 징후였다. 이제 중산층 아내와 딸들은 질문하기 시작했다. 왜 남성은 가정과 직업의 양자택일을 고민하지 않아도 되는 반면, 여성은 결혼하면 능력이나 적성과 무관하게 가정에 머물러야 한단 말인가? 여성도 직업을 가지라는 베티 프리단의 주장은 '현대적 봉건제'를 거부하고 여성도 개인이 되자는 선언이었다. 실제로 1960년대를 기점으로 서구의 많은 여성들이 결혼과 출산 후에도 임금노동을 계속하거나, 임금노동을 위해 결혼과 출산을 연기, 포기, 거부함으로써 개인화의 대열에 동참했다. 또한 1960년대 후반에 부활한 여성운동, 이른바 2세대 페미니즘the 2nd wave feminism은 "동일노동 동일임금"을 주장하는 등 노동시장의 성차별을 해소하기 위해 노력했고, 그러한 시도는 일정한 성과를 거두었다.[20]

또한 1970년대 초부터 자본주의의 황금기가 서서히 막을 내

17　　틸리, 스콧. 앞의 책, 9장; 쿤츠, 앞의 책, 14장.

18　　Talcott Parsons and Robert F. Bales, *Family, Socialization and Interaction Process* (Free Press, 1955).

19　　김수정, 「복지국가 가족지원정책의 젠더적 차원과 유형」, 『한국사회학』, 38권 5호, 한국사회학회, 2004; 황정미, 「여성 사회권의 담론적 구성과 아내, 어머니, 노동자 지위」, 『페미니즘연구』 7권 1호, 한국여성연구소, 2007.

리자, 여성의 노동시장 참여는 새로운 국면을 맞게 되었다. 1970
년대 말~1980년대 초에 다시금 시작된 불황과 대량실업, 비정규
직화 등 이른바 '노동력 유연화'의 결과, 과거 남성 노동자에게 보
장되었던 '평생직장' 관념이 점차 해체되었다. 남편의 소득만으로
생계를 유지하기 어려워진 가정이 증가하자, 아내의 노동시장 참
여가 더욱 가속화되었다. 또한 여성의 평등과 자율성에 대한 요구
가 경제 불황과 결합하면서 이혼율이 상승했다. 이처럼 맞벌이 가
구와 여성 생계부양자 가구가 증가함으로써, 고전적인 '남성 생계
부양자-여성 의존자' 모델이 쇠퇴하기 시작했다.[21]

그뿐만 아니라 1960년대 이른바 '성혁명'과 여성운동, 피임
약의 출시와 낙태의 합법화로 인해, 과거에 긴밀했던 성-사랑-결
혼-임신-출산의 관계가 획기적으로 느슨해졌다. 다시 말해, 사랑
하지 않는 사람과 성적 쾌락을 추구할 수도 있고, 사랑한다고 해도
결혼하지 않을 수도 있으며, 성관계가 가족 내부에 국한되지 않기
도 하고, 피임과 낙태로 성관계와 임신, 출산이 분리되었으며, 한
배우자와 평생 결혼을 유지하는 부부가 크게 감소했고, 결혼하지
않고 동거하면서 출산(과거에는 합법적 결혼 밖에서 태어난 아이
들을 사생아私生兒, illegitimate children라고 불렀다)을 선택하는 사람
들이 증가했다. 21세기에 이르러서는 동성 결혼을 합법화하는 국
가들이 증가함으로써, 결혼이 여성과 남성의 이성애에 기초한 결
합이라는, 오랫동안 전혀 의심의 여지가 없었던 관념도 도전받게
되었다.

이처럼 과거 '공적 세계'인 노동시장을 매개로 이루어졌던 개
인화가 이제 이른바 '사적 세계', 곧 개인의 친밀성 영역에까지 확
산되었고, 성-사랑-결혼-임신-출산의 모든 단계에서 선택이 불

가피해졌다. 그 결과, 선택의 자유는 증가했지만 선택하지 않을 자유는 감소했고, 일상의 매순간 다양한 선택 간에 갈등과 긴장을 조정할 필요가 증대했다. 벡과 벡-게른스하임은 20세기 후반부터 진행된 개인화의 새로운 국면을 다음과 같이 묘사한다.

"도대체 엄마는 왜 그런 남자와 결혼하신 거죠?" 커닝햄의 소설인 『세상 끝의 집』에서 딸은 어머니에게 이렇게 묻는다. "걱정되지 않으셨어요? 엄마의 진짜 삶은 놓쳐버리고, 뭐랄까, 어딘가 다시는 돌아올 수 없는 그런 곳으로 가버리는 건 아닐까, 내가 지금 실수하고 있는 건 아닐까, 라고 말예요." 하지만 어머니는 그 질문이 마치 무슨 귀찮은 파리라도 되는 양 손을 내저었다. (…) "그 시절에는 그렇게 거창한 질문은 하지 않았단다." 어머니는 대답했다. "넌 그렇게 많이 생각하고 궁금해 하고 계획하는 게 힘들지도 않니?" (…)

19세기 후반까지도 독일 민법의 아버지들(민법에 오직 '아버지들'만 있는 건 우연의 일치만은 아니다)은 결혼을 그 자체로 그리고 저절로 정당화되는 (특히 기혼자들은 전혀 비판할 이유가 없는) 제도로 확립해놓았다. (…) "혼인법의 영역은 (…) 개인적 자유의 원리가 지배하지 않는 영역이라는 견해에 기초하고 있다. 혼인은 오히려 혼인 당사자들의 의지로부터 독립된 도덕적·법적 질서로 간주되어야 한다."

20　　조은, 조주현, 김은실, 『성 해방과 성 정치』 (서울대학교 출판부, 2004); 앨리스 에콜스, 『나쁜 여자 전성시대: 급진 페미니즘의 오래된 현재, 1967~1975』, 유강은 옮김 (이매진, 2017).

21　　쿤츠, 앞의 책, 16장.

개인화는 이와 정반대되는 원리에 기반하고 있다. 개인의 일대기들은 전통적인 계율과 확실성, 외부적 통제와 일반적인 도덕률로부터 멀리 떨어져나와 개방적이고 개인의 결정에 따라 계속 달라지며, 각 개인에게 일종의 과제로 제시된다. 살아가는 문제에서 개인의 결정과 관련되지 않는 가능성들의 비율은 점차 줄어들고, 개인적 결정에 열려 있는 일대기의 비율과 개인의 이니셔티브는 늘어나고 있다. 표준적인 일대기는 '선택의 일대기'로 변형되었고, 그 대가로 온갖 강박증과 '자유의 전율'이 나타나고 있다. (…)

개인화는 남성과 여성이 산업 사회가 제시한 삶의 방식, 즉 핵가족이라는 삶의 방식에 따라 남녀에게 주어지던 성별 역할로부터 해방되었음을 의미하기도 한다. 그리고 이와 동시에 (바로 이것이 상황을 더욱 악화시키고 있다) 노동 시장과 훈련, 그리고 이동성 때문에 자기만의 삶을 오롯이 건설하려면 어쩔 수 없이 가족과 인간 관계와 친구들에 대한 책무를 희생시킬 수밖에 없음을 깨닫고 있다(그렇게 하지 않으면 당장 물질적 불이익이라는 고통을 겪게 된다). (…)

현대화가 진행됨에 따라 일상생활의 전 영역에서 스스로 결정해야 할 문제들의 수가 급격히 증가하고 있다. 약간 과장하자면 '뭐든지 결정을 요한다'고 할 수 있다. 누가 설거지를 하고 누가 언제 기저귀를 갈며 쇼핑이나 청소를 할 것인지 하는 문제들은 누가 생활비를 벌며 누가 이사할지를 결정하며 그리고 침대에서의 밤의 기쁨은 반드시 일상생활을 함께 하는 정식 결혼한 반려자하고만 즐겨야 것인지 등의 문제들과 마찬가지로 불명확한 것이 되고 있다. 결혼은 섹스와 분리될 수 있고 섹스는 부모 되기와 분리될 수 있으며, 부모 되기는 이혼과 그에 따라 생기는 여러 개의 가정家庭, 함께 살기 혹은 떨어져 살기 등에 의해 더 많은 갈래들로 나뉜다. (…) 아무런 결정도 내리지 않을 자유는 사라져가고 있다.[22]

이렇듯 1960년대 이후 서구에서 전개된 개인화는 양면성을 지닌다. 한편으로 그것은 전통적 규범과 공동체의 압력으로부터 개인이 해방되었음을 의미한다. 이제 여성과 남성 모두 획일화된 인생의 경로(대표적으로 '남성 생계부양자-여성 의존자' 모델)를 따르는 대신, 자신만의 라이프 스타일을 추구할 수 있게 되었다. 그러나 개인화는 동시에 전통과 제도가 제공하던 보호와 확실성을 해체함으로써 위험과 긴장을 초래하기도 한다. 이제 개인은 평생직장과 평생가족 대신 불안정하고 불확실한 현실에 직면하게 되었다. 사회학자 지그문트 바우만의 표현을 빌리면, 모든 단단한 것들이 녹아내려 유동적이게 된 '액체근대'에 도달한 것이다.[23]

한국의 가족,
개인화와 가족주의 사이에서

지금까지 18세기 말 이래 서구 사회가 경험한 성, 사랑, 결혼의 변화를 검토해보았다. 한국에서는 이러한 변화가 단기간에 압축적으로 전개되었고, 그로 인해 전통과 현대, 탈현대적postmodern

---

22   벡, 벡-게른샤임, 앞의 책, 서문~1장.

23   지그문트 바우만, 『액체근대』, 이일수 옮김 (강, 2009).

요소들이 공존함으로써 더욱 복잡한 양상을 띠고 있다.

과거 한국에서도 서구와 마찬가지로 정략결혼, 곧 부모나 친족이 자녀의 배우자를 결정하는 결혼이 지배적이었다. '자유연애'와 '연애결혼'이라는 관념은 20세기 초 서구에서 일본을 거쳐 도입되었으나, 널리 확산되지 못했다. 1926년 극작가 김우진과 한국 최초 소프라노 윤심덕의 동반 자살 사건은 낡은 정략결혼의 현실과 새로운 연애결혼의 이상 사이의 충돌을 단적으로 보여준다. 어렸을 때 부모가 정해준 이와 결혼한 김우진은 일본 유학 도중 '신여성' 윤심덕과 사랑에 빠졌고, 이룰 수 없는 사랑을 비관한 두 사람이 귀국 도중 현해탄에 투신한 것이다.[24] 또한 우리는 1950~1960년대에 결혼한 어르신들을 통해 결혼식 날 처음으로 배우자의 얼굴을 보았다는 이야기를 심심찮게 들을 수 있다.

'연애결혼'은 1960년대 산업화와 도시화가 본격적으로 진행된 이후에야 비로소 규범으로 자리 잡기 시작했다. 아울러 조부모-부모-자녀로 이루어진 확대가족의 수가 감소하고 부모-자녀로 이루어진 핵가족이 더욱 증가했다. 그러나 한국의 핵가족은 서구의 핵가족과 다른 양상을 보였는데, 사회학자들은 크게 세 가지 차이점을 제시한다.

첫째, 서구 핵가족이 친족으로부터 독립적인 부부 중심 가족이었던 반면, 한국의 핵가족은 여전히 부계중심주의父系中心主義, 곧 남편 가족이 강력한 영향을 행사했다. 현재까지도 부부 갈등과 이혼의 주요 원인으로 손꼽히는 제사와 명절, 그리고 시가의 간섭은 부계중심주의의 대표적 사례다.

둘째, 서구 핵가족의 기초가 부부 간의 사랑이라면, 한국 핵가족은 부부 관계보다 부모와 자녀 관계, 특히 어머니와 자녀의 관계가 더욱 긴밀한 특징을 지닌다. 직업에 몰두하느라 다른 가족 구성원들로부터 소외된 아버지들, 배우자와의 불화에도 불구하고 자녀를 위해 이혼을 유보하는 부부들의 사례는 이와 같은 자녀 중심성을 분명하게 보여준다.

마지막으로 한국 핵가족에서는 '남성 생계부양자-여성 의존자' 모델이 서구만큼 일반적이지 않았다. 한국 사회에 만연했던 빈곤과 저임금으로 가족을 부양할 만큼 충분한 소득을 버는 가장이 그리 많지 않았기 때문이다. 남성 생계부양자 모델은 1970년대 도시 화이트칼라 계급을 중심으로 점차 일반화되었고, 1980년대 중반의 호황과 그에 따른 실질임금 상승으로 대기업 육체노동자 계급에까지 확산되었다. 그러나 다른 한편으로 여성의 교육 수준 향상으로 결혼 후에도 임금노동을 지속하는 고학력 여성들이 증가했다. 또한 1997년 금융위기와 신자유주의로 인해 노동의 불안정성과 실업이 증가하자 남성 생계부양자 모델이 크게 타격을 입었고, 많은 가족에서 맞벌이는 선택이 아니라 필수가 되었다.[25]

이렇듯 현재 한국의 가족은 봉건적인 부계중심주의와 현대적인 핵가족 이념, 그리고 탈현대적인 개인화와 신자유주의와 같은 비동시대적 요소들이 서로 힘을 겨루는 경기장이다. 그리고 그러한 힘겨루기가 초래하는 긴장과 갈등은 때로 매우 극단적인 지표들로 표출된다.

서론에서 언급한 초저출산율, 그리고 만혼晩婚, 비혼非婚, 이혼

---

24   노명우, 앞의 책, 68~69쪽.

25   장경섭, 『가족, 생애, 정치경제: 압축적 근대성의 미시적 기초』(창비, 2009); 이재경, 『가족의 이름으로』(또하나의문화, 2005); 홍찬숙, 『개인화: 해방과 위험의 양면성』 (서울대학교 출판문화원, 2015).

離婚의 증가는 과거보다 더 많은 사람들이 결혼을 선택하지 않거나, 결혼과 가족 외부에서 보내는 시간이 더욱 길어졌고, 또 결혼했다고 해도 아이를 낳지 않거나 적게 낳는다는 사실을 보여준다. 이러한 현상은 가족주의 해체와 개인화의 징후라고 볼 수 있다. 그것의 양극단에는 자발적으로 비혼을 선택한 '화려한 싱글'의 증가와 가족으로부터 보호를 받지 못한 노인들의 높은 자살률이 각각 자리 잡고 있다.

반면 혼외출산율이 2퍼센트에 불과하고, 기혼 여성, 특히 출산과 양육이 집중되는 30~40대 초 기혼 여성들의 노동시장 참여율이 60퍼센트에도 미치지 못한다는 사실은 한국에서 가족주의가 여전히 강력한 영향을 미치고 있음을 입증한다. 가끔 언론에서 보도되는 가족 '동반 자살', 곧 부모가 자식을 살해하고 스스로 목숨을 끊는 사건들은 강력한 가족주의가 얼마나 참혹한 결과를 초래하는지 보여준다.

개인화가 진행됨과 동시에 가족주의가 여전히 온존하는 한국의 복잡한 현실을 제대로 설명하기 위해서는 개인의 선택과 가족의 압력뿐만 아니라, 젠더, 교육 수준, 계층, 노동시장과 국가정책을 모두 고려할 필요가 있다.

저출산의 사례를 들어보자. 노동시장에서 유리한 지위를 점하고 있고 출산과 양육의 의무로부터 상대적으로 자유로운 고학력 고소득 남성은 결혼을 적극적으로 선택하는 경향이 있는 반면, 고학력 고소득 여성은 여전히 양육이 여성의 책임으로 간주되는 현실에서 출산이 안정된 직장 생활을 위협할 수 있으므로 (비)자발적으로 비혼을 선택할 가능성이 있으며, 저학력 저소득 남성과 여성은 결혼을 하고 싶어도 미루거나 포기할 수 있다. 출산 후에도 임금노동을 계속할 의지가 있는 여성이라 하더라도 유자녀 여성을 기피하고 차별하는 기업과 충분한 양육 지원 정책을 제공하지 않는 정부로 인해 임금노동을 포기하기도 한다. 가족이 여성을 끌어당기는 힘보다 기업과 국가가 여성을 가족으로 밀어 넣는 힘이 더욱 강력할 수도 있는 것이다. 동거, 곧 합법적인 결혼 외부의 결합과 미혼모에 대한 낙인이 매우 심각한 현실에서, 많은 이들에게 혼외출산은 가능한 선택지가 아니다. 한국에서 성-사랑-결혼 사이의 관계는 상당히 느슨해진 반면, 결혼-출산의 결합은 여전히 강력한 것이다.

그렇다면 저출산은 가족주의의 해체와 개인화의 필연적인 결과인가? 유럽 복지국가, 대표적으로 스웨덴의 사례는 전혀 다른 현실을 보여준다. 스웨덴은 20~40대 여성의 노동시장 참여율이 90퍼센트에 이를 정도로 매우 높고, 여성과 남성의 임금 격차도 적다는 점에서 노동시장의 성차별이 한국보다 훨씬 덜하다. 반면 합계출산율은 2에 가깝고, 2014년 현재 혼외출산율은 54.6퍼센트에 달한다. 합법적 부부 사이에서 태어난 아이들이 그렇지 않은 아이들보다 적다는 뜻이다. 이처럼 여성의 노동시장 참여율과 합계출산율, 혼외출산율이 동시에 높다는 것은 기업과 국가가 임금노동과 양육을 병행할 수 있도록 충분한 지원책을 제공하고, 부모의 결혼 여부와 무관하게 모든 아이들이 차별 없이 자랄 수 있는 환경이 조성되어 있음을 의미한다.

사회학자 장경섭은 스웨덴을 비롯한 유럽 복지국가의 사례를 참조하여, 한국 사회의 주류적 관점에서는 상당히 급진적인 대안으로서 '여성출산'이 가능할 때에야 비로소 저출산 문제가 해결될 수 있다고 본다. 서구와 마찬가지로 한국에서도 여성이 결혼 여부와 상관없이 출산하고 양육할 수 있는 환경이 조성될 필요가 있다는 것이다.

가족출산은 구체적인 가족 형태·구조를 반영하여 '직계가족출산'과 '핵가족출산'으로 나누어 볼 수 있는데, 급격한 산업화·도시화에도 불구하고 (출산에 관한 시어머니의 권위로 집약되는) 직계가족출산 규범이 20세기 후반까지도 상당히 강력하게 작용했었다. 그런데 1990년대 들어서는 사회적 민주화와 청년인구의 경제력 향상으로 점차 젊은 부부의 자결권이 강조되는 핵가족출산 규범이 확산되기 시작했다. 그러나 얼마 가지 않아 미증유의 경제위기가 닥치고 청년 세대가 다시 경제적 자율성을 집단적으로 상실하게 되면서 이러한 출산 규범의 진화에 급제동이 걸리게 되었다. 그리고 사회·문화적 페미니즘 확산과 맞물려 진행된 젊은 여성인구의 고학력화 및 경제활동 강화는 핵가족의 가부장적 성격과 충돌해 핵가족 출산 규범을 더욱 약화시키게 되었다. (…)

최근의 국가적 저출산 대책은 기본적으로 핵가족출산 규범을 보강하기 위한 재정적·사회제도적 지원에 초점을 맞추고 있다. 그러나 국가가 모든 신혼 가정에 (경제위기 이후 급격히 붕괴되어온) 정규직 남성 가장의 가족생계임금을 대체할 수 있는 수준의 파격적·장기적 재정 지원을 할 수도 없으며 가정 내에서 (극도로 저조한 남성의 육아·가사 참여로 드러나는) 부부관계의 가부장성을 근본적으로 혁파할 수도 없기 때문에, 이러한 대책이 뚜렷한 효과를 거둘 수가 없는 형편이다. 이러한 정책적 한계로 인해 결국 여성의 일·가족 양립에 대한 지원이 특별히 강조되어 왔는데, 이는 결국 생산·재생산 노동력으로서의 여성 동원의 극대화를 통해 경제체제와 가족 문화의 모순을 보완하려는 미봉책인 것이다.

이러한 사회적·정책적 환경에서는 궁극적으로 여성 스스로가 자신의
사회·경제 활동, 부부·이성 관계, 모성 가치 등을 종합적으로 고려한 기
초 위에서 자발적으로 출산을 결정하는 '여성출산' 시대의 보편적 확립
을 기대할 수밖에 없을 것이다. (물론 이 경우에도 위에서 지적한 가족
관계의 위험(매개)성은 여전히 문제가 될 것이다) 한국의 인구 전문가
들이나 정책 관료들이 이제 대놓고 부러워하는 서구의 높은 혼외출산율
은 가족이 출산하지 않고 여성이 출산하는 사회·정치적 변화의 산물이
며, 사회 해체의 결과가 아니라 사회 진화의 산물이다. (…) 서구의 복지
국가는 광범위하고 치밀한 모성 및 아동·청소년기 보호 장치들을 통해
출산에 수반된 신체·사회·경제적 위험들을 예방하거나 사회화함으로써
여성의 출산에 대한 자결권이 (혼인 지위에 무관하게) 실제 출산 행위로
이어지도록 만드는 결정적 작용을 해왔다. 이러한 서구의 경험에 비추어
볼 때, 한국의 사회정책이 서구의 복지국가 모형을 면밀히 참고하고 적
극적으로 반영하게 되면 여성출산 시대의 도래라는 사회적 변화에 조응
하는 인구정책적 효과가 함께 나타날 것임을 쉽게 예측할 수 있다.[26]

사랑이라는
무질서를 앞두고

스무 살. 눈부신 젊음이 만개하는 시작점. 그와 동시에 불투

---

26   장경섭, 「'위험회피' 시대의 사회재생산: 가족출산에서 여성출산으로?」,
        『가족과 문화』 23권 3호, 한국가족학회, 2011.

명한 미래의 출발점. 여러분은 아마도 이제 각자의 삶에서 벡과 벡-게른스하임 부부가 말한 '개인화'의 국면을 통과하게 될 것이다. 한편으로 수험생이자 미성년자로서 겪었던 압박감과 각종 제약으로부터 해방된 반면, 다른 한편으로는 더욱 자유롭고 느슨한 것 같지만 동시에 새로운 질서가 부과되는 대학 생활에 진입하게 되었고, 무엇보다 성년으로서 첫발을 내딛게 되었다. 얼마 전까지 사랑 따위에는 신경 쓰지 말고 공부만 하라던 주변 사람들은 이제 연애는 하는지, 누구랑 하는지, 혹은 왜 못/안 하는지 궁금해할 것이다.

스스로도 수많은 질문을 던지게 될 것이다. 어떻게 살아야 하는가, 사랑하면 어떻게 해야 하는가, 어떻게 관계를 유지 또는 단절해야 하는가. 그 과정에서 울고 웃을 것이며, 깨닫고 성장할 것이다. 그렇다. 사랑은 지독히 정상적인 무질서다. 이 글은 그러한 무질서를 어떻게 감당해야 하는지 알려주는 지침이 아니지만 메시지는 분명하다. 사랑과 그에 따르는 무수한 선택의 기로에서 더 이상 전통이나 관습이 아니라 여러분 자신의 판단과 결정이 중요해진 시대가 되었다는 것, 그 과정에서 자신의 욕망뿐만 아니라 상대방의 욕망에도 귀 기울여야 한다는 것, 상호 존중을 통해서 새로운 공존의 윤리와 행복의 조건이 만들어진다는 것이다. 한마디로 사랑에도 '비판적 사고'가 필요하다. 여러분의 건투를 빈다.

박정미

참고문헌

김수정, 「복지국가 가족지원정책의 젠더적 차원과 유형」, 『한국사회학』 38권 5호, 한국사회학회, 2004.

노명우, 『혼자 산다는 것에 대하여: 고독한 사람들의 사회학』, 사월의 책, 2013.

벡, 울리히, 엘리자베트 벡-게른샤임, 『사랑은 지독한, 그러나 너무나 정상적인 혼란:
　　사랑, 결혼, 가족, 아이들의 새로운 미래를 향한 근원적 성찰』,
　　강수영, 권기돈, 배은경 옮김, 새물결, 2006.

박정미, "하수도, 피해자, 위험(에 처)한 여자: 19~20세기 초 '의료-도덕 정치'와
　　성매매 정책의 형성", 『사회와 역사』, 한국사회사학회, 2018.

이재경, 『가족의 이름으로』, 또하나의문화, 2005.

장경섭, 『가족, 생애, 정치경제: 압축적 근대성의 미시적 기초』, 창비, 2009.

장경섭, 「'위험회피' 시대의 사회재생산: 가족출산에서 여성출산으로?」,
　　『가족과 문화』 23권 3호. 한국가족학회, 2011.

조영태, "황금돼지해 맞이 인구정책", 『중앙일보』, 2019. 1. 31.

조은, 조주현, 김은실, 『성 해방과 성 정치』, 서울대학교 출판부, 2004.

통계청, "장래인구추계: 2015~2065년", 보도자료, 2016. 12. 7.

홍찬숙, 『개인화: 해방과 위험의 양면성』, 서울대학교 출판문화원, 2015.

황정미, 『여성 사회권의 담론적 구성과 아내, 어머니, 노동자 지위』,
　　『페미니즘연구』 7권 1호, 한국여성연구소, 2007.

달라 코스따, 마리아로사, 『집안의 노동자: 뉴딜이 기획한 가족과 여성』. 김현지, 이영주 옮김, 갈무리, 2017.

드 모파상, 기. 『여자의 일생』, 방곤 옮김, 하서, 2010.

맥래런, 앵거스, 『20세기 성의 역사』, 임진영 옮김, 현실문화, 2003.

바우만, 지그문트, 『액체근대』, 이일수 옮김, 강, 2009.

에콜스, 앨리스, 『나쁜 여자 전성시대: 급진 페미니즘의 오래된 현재,
1967~1975』, 유강은 옮김, 이매진, 2017.

옐롬, 메릴린, 『아내의 역사』, 이호영 옮김, 책과함께, 2012.

울스턴크래프트, 메리, 『여권의 옹호』, 손영미 옮김, 연암서가, 2015.

쿤츠, 스테파니, 『진화하는 결혼』, 김승욱 옮김, 작가정신, 2009.

틸리, 루이스 A., 조앤 W. 스콧, 『여성, 노동, 가족』, 김영, 박기남, 장경선 옮김, 후마니타스, 2009.

페이트먼, 캐롤, 『여자들의 무질서』, 이평화, 이성민 옮김, 도서출판b, 2018.

프리단, 베티, 『여성성의 신화』, 김현우 옮김, 갈라파고스, 2018.

Leshem, Dotan, "Retrospectives: What Did the Ancient Greeks Mean by Oikonomia?"
　　Journal of Economic Perspectives Vol.30 No.1, 2016.

Parsons, Talcott and Robert F. Bales, *Family, Socialization and Interaction
　　Process*, Free Press, 1955.

다수자와 소수자는
공존할 수 있는가

인종주의적 편견은
남의 이야기가 아니다

2017년에 개봉한 영화 〈겟 아웃Get out〉은 신랄한 풍자와 상징적 장치들을 통해 미국 사회 내에 존재하는 인종차별의 요소들을 다루고 있다. 백인 중산층으로 이루어진 집단의 파티에 참석한 주인공인 흑인 크리스는 자신이 그곳에 어울리지 않는다고 느끼지만, 다행히 또 다른 흑인을 만나 그에게 흑인들에게 친숙한 방식의 손동작으로 인사를 건넨다. 그러나 상대는 크리스의 제스처를 어색해 하면서 백인 중산층의 전형적인 방식인 악수로 인사를 받는다. 그는 육신은 흑인이지만 이미 철저하게 백인화된 상태였던 것이다. 이 짧은 장면에서 관객은 흑인 집단과 백인 집단 사이에는 인사 방식에서부터 문화적 간극이 존재함을 깨닫는다. 백인들은 자신들의 우월한 유전자의 순수성을 지키고 싶어한다. 예컨대 크리스의 백인 여자 친구 로즈가 흰 우유에 시리얼을 타 먹지 않고 둘을 따로 먹는 장면에서, 관객은 인종적 순수성에 대한 백인들의 집착을 확인할 수 있다. 그러나 동시에 그들은 흑인들의 신체적 우월함을 찬양하며 흑인과 백인의 결합을 통해 영원한 삶을 살고자 한다. 영화는 이처럼 흑인의 우월한 신체와 백인의 우수한 두뇌를 혼합하면 보다 진보한 인간을 탄생시킬 수 있다는 기괴한 믿음을 가진 백인 집단을 설정하고 있는데, 이는 암암리에 현재까지 남아 있는 인종적 편견을 나타낸다. 정말로 흑인은 백인보다 머리가 나쁘고, 대신 흑인은 백인보다 육체적 능력이 월등한가? 이러한 인종적 특징에 대한 일반화는 정당화될 수 있는가? 그것은 오히려 인종에 대한 클리셰cliché, 즉 널리 퍼져 있는 통념적인 편견을 부추기는 것은 아닐까? 종종 우리는 '누구누구는 흑인 치고 머리가 좋아'라는 말을 듣는다. 이러한 표현 속에 이미 특정 인종에 대한 편견이 강하게 녹아 있는 것은 아닌가?

오늘날 인종주의적 편견과 인종차별적 의식은 사라지지 않았을 뿐만 아니라, 다른 피부색을 가진 사람들을 배제하자는 주장에 힘이 모이기까지 하고 있다. 특히 전 세계적이고 장기적인 경기침체와 사회적 양극화가 이러한 상황을 강화하고 있다. 불안정한 삶을 강요받는 가운데 언제든 사회에서 낙오자로 전락할 수 있다는 공포, 기존의 정치 질서가 자신들의 삶을 대변하지 못한다는 불만, 기성세대와 기성 체제, 사회문화 전반에 대한 분노 속에서 좌절한 사람들 중 일부는, 이주노동자, 난민 등이 자신보다 더 큰 혜택을 입는다고 보며, 이들을 추방해야 한다고 공공연하게 주장한다. 심지어 네오나치와 같은 극단적인 정치적 단체들이 등장해 외국인

영화 〈겟 아웃〉의 한 장면

을 '박멸'해야 한다고 주장하기도 한다.

　난민과 외국인 노동자를 추방하고 순수한 민족 공동체를 유지하자는 주장이 공공연하게 등장하고 대중적 인기를 얻으면서, 나치즘의 망령이 부활하는 것이 아닌가 하는 의구심마저 자아내고 있다. 미국 트럼프 행정부 역시 집권과 동시에 이슬람권 국가 출신자의 입국을 막는 조치를 취하거나, 멕시코에서 오는 이주민들을 막기 위해 국경에 벽을 세우겠다고 발표하는 등 인종 적대적 입장을 고수하고 있다.

　인종적 편견 내지 인종주의의 문제는 한국에서도 예외가 아니다. 2018년에 500여 명의 예멘 난민들이 제주도로 입국해 난민 신청을 하면서 한국에서도 난민 수용 찬반 논쟁이 벌어졌다. 문제는 난민 수용에 반대하는 입장의 사람들이 '스웨덴에서 발생한 성폭력의 92퍼센트가 무슬림 난민에 의한 것이고 피해자 중 절반이 아동이다'라는 가짜뉴스를 온라인 매체에 유포하여 '무슬림 난민

=아동 성폭행범'이라는 근거 없는 편견을 조장했다는 사실에 있다. 정당화될 수 없는 이러한 편견은 특정 인종에 대한 공포와 불안을 조장하면서 인종적 적대감을 증폭시킨다. 또 한국에서는 같은 민족임에도 국적이 다른 집단을 대상으로 일종의 '유사-인종적' 편견이 표출되기도 한다. 예를 들어 중국인 동포의 말투(함경북도 방언)는 보이스 피싱이나 범죄자의 모습을 표현하는 개그 소재로 종종 사용되며, 〈황해〉, 〈청년경찰〉, 〈범죄도시〉 등의 영화들은 중국인 동포의 범죄성을 강하게 부각시킨다. 그런데 정부 통계만 보더라도, 외국인의 범죄 비율이 내국인에 비해 결코 높지 않음을 알 수 있다.[1] 그럼에도 특정한 집단의 특성을 범죄와 같은 부정적 편견과 결부시키는 대중매체의 표현들은 우리 곁에 살아가는 이웃이기도 한 이들 집단의 존엄성을 크게 훼손한다.

　　미국이나 유럽 사회 내의 유색인종, 한국사회에서의 예멘 난민이나 중국인 동포와 같이 그 사회의 주류 정체성을 가지고 있지 않은 집단을 일반적으로 '소수자minority' 집단이라고 일컫는다. 여기서 소수자란 단지 '수가 적다'라는 의미만이 아니라, 다수적인 정체성으로부터 배제된 고유한 정체성을 갖고 있다는 사실을 지칭한다. 따라서 난민과 이주노동자, 유색인종뿐만 아니라, 남성 중심적 사회에서는 여성이 소수자이며, 이성애 중심적 사회에서는 동성애자나 트랜스젠더 정체성을 가진 사람들이 소수자이고, 비장애인 중심의 사회에서는 장애인이 소수자인 것이다. 또 기독교가 보편화된 사회에서는 이슬람이나 불교도 등이 소수자이고, 거꾸로 이슬람권 국가에서는 기독교인이나 유태인들이 소수자를 형성한다.

　　이제 우리는 인간의 보편적 권리라는 측면에서 이러한 소수자의 고유한 '다름'을 어떻게 사유할 것인가에 관해서 더 알아보기로 하자.

인권human rights :
인간의 '보편적' 권리

　　인간의 역사를 살펴보면, 비교적 근래에 이르러서야 모든 인류의 동등한 기본적 권리가 인정되었다는 사실을 알 수 있다. 다시 말해, 인간 역사 대부분은 불평등에 지배되었고, 그러한 불평등은 폭력적 강제력에 의해 뒷받침되었다. 심지어 우리가 민주주의의 탄생지라고 일컫는 고대 그리스 아테네의 도시공동체 역시 노예제에 의해 뒷받침되는 사회였다. 고대 그리스의 철학 역시 인간의 불평등을 존재론적으로 정당화하기도 했다. 대표적인 그리스 철학자인 아리스토텔레스는 로고스logos, 곧 이성과 법칙에 의한 질서를 예찬하면서, '이성을 갖지 못한' 인간의 열등함을 논하기도 했다. 그리하여 그는 이성을 가진 자들(남성, 주인, 가부장)이 이성을 덜 가진 자들(여성, 노예, 아내와 자식)을 지배하는 것이 자연의 질서에 합당한 일이라고 보았다.

　　근대에 이르러 이러한 관점은 더 이상 유지되기 어려웠다. 계

1　2017년에 한국형사정책연구원이 발간한 『공식통계에 나타난 외국인 범죄의 발생 동향 및 특성』과 경찰청 통계를 종합해 보면, 2015년 인구 10만 명 대비 내국인 범죄자는 3,369명, 중국인은 1,858명으로 나타났다. 2016년의 내국인 범죄율은 3.9퍼센트, 외국인 범죄율은 2.14퍼센트였다. 즉 통계적으로 외국인의 범죄율이 내국인의 범죄율보다 높지 않음을 알 수 있다.

몽사상의 확산과 개인의 자유, 평등이라는 관념의 탄생은 모든 시민과 인간의 권리라는 이념으로 이어졌다. 1689년에 영국은 명예혁명의 결과 '권리장전'을 통과시키면서, 국왕의 권력을 제한하고 모든 시민의 생명권을 천명하였다. 즉 권리장전은 시민에 대한 국왕의 자의적인 감금이나 박해를 금하고, 의회에서의 발언으로 인해 불이익을 받는 것을 금지하면서 표현의 자유를 옹호하였다. 또 불필요하게 잔인한 형벌을 금지하기도 했다. 이러한 내용은 영국의 지배로부터 독립하기 위해 혁명을 일으킨 미국인에게도 계승되었다. 1776년에 미국 '독립 선언문'은 "만인은 평등하게 창조되었으며, 신은 생명, 자유와 행복추구권과 같은 양도 불가의 권리를 인간에게 부여하였다"고 선언하면서, 모든 인간의 생명권, 자유권, 행복추구권을 천명하였다. 1789년 프랑스혁명의 와중에 탄생한 「인간과 시민의 권리 선언」은 "인간의 자연적이고 소멸될 수 없는 권리"를 지키는 것이 법의 목적이라고 선언한다. 그에 따르면 "인간은 자유롭게, 그리고 권리에 있어 평등하게 태어나 존재한다. 사회적 차별은 공공 이익을 근거로 해서만 있을 수 있다." 흔히 '프랑스 인권 선언'이라고도 불리는 이 선언문은 모든 인간의 자유권, 재산권, 안전권, 압제에 대한 저항권을 천명하였다.

그런데 이러한 '프랑스 인권 선언'은 발표된 직후에 반론에 직면한다. '인간의 권리'에서 말하는 '인간'이 너무나 제한적이라는 반론이다. 그러한 반론을 제기한 인물은 프랑스혁명 당시의 여성 혁명가 올랭프 드 구즈였다. 불어에서 '인간'을 뜻하는 단어 'homme'는 동시에 '남성'을 지칭하기도 한다. 드 구즈는 이 사실을 토대로, 이 권리 선언에서 '여성'이 배제되어 있다고 고발하였다. 그리하여 그녀는 「인간[남성]과 시민의 권리 선언」의 문구들을 수정하여, 「여성femme과 시민의 권리 선언」을 새로이 작성한다. 그리하여 "인간homme은 자유롭게, 그리고 권리에 있어 평등하게 태어나 존재한다"는 문구는 "여성femme은 자유롭게, 그리고 권리에 있어 평등하게 태어나 존재한다"는 문구로 대체되었다. 여기서 '모든 인간은 자유롭고 평등하다'라는 인권 선언의 규정은 '누가 자유롭고 평등한가'라는 질문으로 이어지면서, 결국 '누가 인간의 범주에 포함되는가'라는 새로운 물음으로 전치되었다. 그리하여 인권 선언의 이념은 생물학적으로는 인간의 범주에 포함되나 정치적으로는 포함되지 않는, 그리하여 자유롭고 평등한 공동체에서 배제되는 '여성'의 지위에 관한 전복적 질문으로 '재맥락화'된다. 이러한 사례는 인권의 역사는 동시에 인권 선언의 규정들을 둘러싼 정치적, 사회적 갈등과 투쟁의 역사이기도 하다는 사실을 의미한다. 실제로 '모든 인간의 권리'라는 이념은 이러한 선언들이 발표된 이후에도 실현되지 못했다. 18세기와 19세기 서구인들은 제3세계에 대한 제국주의적인 침탈을 벌여 수많은 원주민들을 노예로 삼거나 강제 노동을 강요했다. 여성, 노동자, 흑인 노예, 식민지 민중, 동성애자, 유태인, 타국적자 등은 이러한 선언에 명시된 권리로부터 배제된 것이다. 그리하여 19세기 이후 발생한 노동자들과 여성들의 참정권 투쟁, 제3세계의 민족해방 투쟁 등은 이렇게 '인권'의 이념에서마저 배제된 집단이 이 배제에 저항함으로써 자신들에게도 '인간의 보편적 기본권'을 인정해달라고 요구한 사례들로 이해될 수 있다.

그러나 그러한 사회적 저항의 시도들과 이로 인한 인권의 확대 과정은 인권 이념의 근본을 무너뜨린 역사적 사건들 앞에서 좌절을 맛보아야 했다. 20세기에 이르러 벌어진 두 차례의 세계대전은 지구 전체를 폭력과 학살의 전쟁터로 만들었으며, 그 과정에서 나치의 유태인 학살, 일제의 위안부 만행 등 인간에 대한 야만적인 폭력이 발생했다. 그리하여 2차 세계대전이 종식된 직후인 1948년에 설립된 국제연합UN은 다시금 「세계인권선언」을 발표해, 더 이상 차별과 폭력이 없는 세계로 나아가야 한다는 이념을 천명하였다. 1948년 6월 르네 카생의 초안을 토대로 UN 인권위원회가 이 선언문을 완성하였고, 그해 12월 10일 파리에서 개최된 제3차 UN 총회에서 당시 58개 전체 회원국 중 8개국을 제외한 50개국의 찬성으로 채택되었다. 「세계인권선언」은 이전의 인권 선언들과 마찬가지로 개인의 자유와 권리를 상세히 명시하였다. 동시에 이 선언문은 인간의 기본적 권리가 어느 누구를 대상으로든, 어떤 국가나 장소에서든 동등하게 적용돼야 한다는 생각을 최초로 인정하였다. 그리하여 진정한 의미에서 전 세계 모든 사람들의 보편적 권리를 천명한 선언문이 된 것이다. 따라서 오늘날 「세계인권선언」은 전 세계 약 250여 개의 언어로 번역되어 가장 많이 인용되는 인권 문서이며, UN에 가입한 국가들이 지켜야 할 규범적 토대로 인정되어, 국제 인권법과 수많은 국제조약, 선언의 기초를 형성하고 있다. 그리하여 이 선언문의 이념과 내용은 다양한 국가의 헌법과 법률 조항에 반영되어 있다. 이 선언이 발표된 이후 60여 개가 넘는 국제 인권 규범이 제정되었다. 이 선언문은 20세기에 두 차례의 세계대전과 인간성의 처참한 파괴를 접한 뒤, 인권의 보편성을 강조하고 세계 평화를 유지하기 위한 목적으로 작성되었다. 그리하여 이 선언문은 이전의 다른 선언문에 비해 사회적 약자와 소수자의 권리를 강조하는 데 역점을 두기도 했다. 제 1조와 2조는 이러한 보편적 인간의 기본권을 천명한다.

1조

모든 사람은 자유로운 존재로 태어났고, 똑같은 존엄과 권리를 가진다.
사람은 이성과 양심을 타고 났으므로 서로를 형제애의 정신으로 대해야
한다.

2조

모든 사람은 인종, 피부색, 성, 언어, 종교, 정치적 견해 또는 그 밖의 견
해, 출신 민족 또는 사회적 신분, 재산의 많고 적음, 출생 또는 그 밖의 지
위에 따른 그 어떤 구분도 없이, 이 선언에 나와 있는 모든 권리와 자유
를 누릴 자격이 있다.

더 나아가, 어떤 사람이 속한 곳이 독립국이든, 신탁통치령이든, 비자치
령이든, 그 밖의 어떤 주권상의 제약을 받는 지역이든 상관없이, 그곳의
정치적 지위나 사법관할권상의 지위 혹은 국제적 지위를 근거로 사람을
구분해서는 절대로 안 된다.

또 이 선언문은 차이를 근거로 자행되는 차별을 엄격히 금지하고 있다.

7조

모든 사람은 법 앞에서 평등하며, 어떤 차별도 없이 똑같이 법의 보호를
받을 자격이 있다. 모든 사람은 이 선언에 위배되는 그 어떤 차별에 대해
서도, 그리고 그러한 차별에 대한 그 어떤 선동 행위에 대해서도 똑같은
보호를 받을 자격이 있다.

이를 토대로 선언문은 난민을 비롯해, 절박한 상황에 처한 사

람이 낯선 곳에서 적대적 상황에 둘러싸이지 않고 환대받을 권리를 언급한다.

14조 1항

모든 사람은 박해를 피해 다른 나라에서 피난처를 구할 권리와 그것을 누릴 권리를 가진다.

나아가 이 선언문은 현대사회의 가장 큰 문제 중 하나인 경제적 불평등이 인간의 기본권을 위반하는 것이라는 전제하에, 기본적인 사회적 삶을 영위하기 위한 조건이 보장돼야 함을 규정하고 있다. 즉 '사회권' 역시 인권에 포함된다.

22조

모든 사람은 사회의 구성원으로서 사회보장을 받을 권리가 있다. 또한 모든 사람은, 국가의 자체적인 노력과 국제적인 협력을 통해, 그리고 각 국이 조직된 방식과 보유한 자원의 형편에 맞춰 자신의 존엄성과 인격의 자유로운 발전에 반드시 필요한 경제적·사회적·문화적 권리를 실현할 자격이 있다.

이처럼 성별, 인종, 국적, 경제적 배경과 무관하게 모두가 평등하게 누리는 권리로서 모든 인간의 보편적 기본권을 선언한「세계인권선언」은 오늘날 현대사회에서 인간의 권리를 이해하기 위한 기본적 문헌자료로 인정받고 있다. 그러나 인권 선언문이 존재한다고 해서 모든 사회에서 인간의 권리가 자동적으로 보장되는 것은 아니다. 앞서 언급되었듯이, 오늘날에도 다양한 소수자들에 대한 차별적 편견이 여전히 존재하며, 그것이 실제적인 차별 혹은 폭력으로 이어지기도 한다. 따라서 우리는 인간의 권리에 대한 이러한 공적 선언문의 내용이 구체적인 현실 속에서 실현되는가 아니면 여전히 특정한 개인 혹은 집단을 대상으로 자유에 대한 억압과 차별이 존재하는가에 대해 계속해서 추적하고, 부당한 억압과 차별이 존재한다면 이를 극복하기 위한 목소리를 낼 필요가 있다. 전 세계적으로 존재하는 다양한 인권 단체들 역시 그러한 목소리를 내고 있다. 그렇다면 오늘날 현대사회에서 인권의 개념은 어떤 의미를 갖는 것일까? 전통사회와 구분되는 현대사회의 특징 중 하나는 개방성과 다양성에 있다. 전통사회와 달리 현대사회는 전 지구적 통합과 이를 가능케 해준 이동 및 통신 수단들의 영향으로 전 지구적 인종, 문화, 종교의 다양성이 상호 교차하는 형태를 이루고 있다.

　따라서 다양성은 현대사회의 필수적 요소인 것이다. 만일 그러한 다양성을 거부한다면, 현대사회는 폐쇄적인 전근대사회로 퇴보할 수밖에 없을 것이다. 그런데 이렇게 다양성이 불가피한 상황이라면, 나와 다른 정체성을 가진 이웃 시민에 대한 적대적 혐오에 기반을 둔 사회는 폭력적 갈등으로부터 벗어나지 못할 것이다. 역사적으로 나치 독일뿐만 아니라 아르메니아인들에 대한 터키의 학살, 보스니아 내전 당시 세르비아인들에 의한 알바니아인들에 대한 인종청소, 르완다 내전 당시 후투족에 의한 투치족 학살 등의 사례를 보면, 이러한 폭력적 갈등이 얼마나 끔찍한 결과를 초래하는지 알 수 있다. 다양성이 공존할 수 있는 사회, 곧 소수자에 대한 차별과 억압이 없고 다수자와 소수자가 더불어 사는 공동체를 만들기 위해서는 인간의 보편적 기본권에 대한 상식이 우리의 모든 사회적, 문화적, 정치적 관계에 뿌리를 내려야 한다. 「세계인권선언」의 전문前文이 말해주듯, "우리가 인류·가족·모든 구성원의 타고난 존엄성과, 그들의 평등하고 빼앗길 수 없는 권리를 인정할 때, 자유롭고 정의롭고 평화적인 세상의 토대가 마련될 것이다."

오늘날 인권의 쟁점:
혐오발언hate speech에 대한 성찰

표현의 자유에 한계는 없는가

2012년 9월, 독일의 극우 인종주의 단체 '친독일 시민운동Pro Deutschland'은 당시 이슬람 선지자 무함마드를 풍자하는 영상을 베를린 시내에서 상영하고자 시도했다. 그러자 당시 독일 내의 이슬람주의 단체들은 이 상영회가 강행되면 테러 공격을 자행하겠다고 밝혔다. 양측의 폭력 충돌과 테러의 위협이 제기되던 상황에서 정부는 안전상의 이유로 상영회를 불허하여 상황을 종료시킨다. 그러자 중도좌파 진영인 사회민주당과 녹색당은 강력히 반발하며, 정부의 상영 불허 조치는 '표현의 자유'에 대한 억압이라고 비판했다.

이 사례는 오늘날 표현의 자유가 직면한 역설적인 상황을 보여준다. 우리가 앞서 여러 인권 선언들의 내용에서 살펴보았듯, 전통적으로 표현의 자유는 권력에 의한 억압에 저항하던 진보적, 계몽주의적 지식인들, 그리고 권력자들을 조롱하고 성적 금기에 도

242

'다름'은 '열등함'을 나타내는가?:
차이에 대한 철학적 사고들

인종주의나 민족주의, 국수주의, 성차별주의 등은 한 사회의 내적 다양성을 부정하고, 사회를 하나의 동질적 집단으로 간주하거나 그러한 동질적 요소들을 강화해야 한다는 사고방식이다. 개별적인 사람들 사이에서 그들의 고유한 차이difference가 아닌 동일성identity만을 보려고 하는 동일성의 논리 혹은 동일성 원칙은 전통적으로 철학적 사고에도 깊숙이 뿌리박혀 있다. 그러나 동일성에 대한 강요가 전체주의적 폭력으로 이어진 20세기의 경험은 현대 철학자들로 하여금 이러한 전통적인 동일성 원칙을 비판하도록 만들었다. 이렇듯 현대 철학에서 제기되는 동일성 비판은 하나의 획일적인 동일성을 넘어서는 다양성과 개방성의 사유를 강조하고 있다.

1. 들뢰즈 & 가타리: 소수자-되기

프랑스 현대 철학자인 질 들뢰즈Gilles Deleuze와 펠릭스 가타리Félix Guattari는 소수자의 창조적 역량을 강조한 바 있다. 그에 따르면, 소수자는 단지 '희생 당하고 피해를 입는 사람들'이 아니다. 오히려 소수자는 표준적인 모델을 거부하고 일탈함으로써 새로운 생성의 가능성인 '되기'의 잠재적인 역량을 갖는다고 그들은 보고 있다. 즉 소수자의 힘은 고정된 정체성에 머무르지 않고 끝없이 변신을 거듭하면서 자신을 창조하는 데 있다는 것이다.

이를 설명하기 위해 들뢰즈와 가타리는 '수목적 사유'와 '리좀Rhizome적 사유'의 차이를 제시한다. '수목적 사유'란 나무와 같은 형태의 식물 대부분의 특징을 갖는 사유를 말한다. 즉 그것은 중심적, 위계적, 수직적 체계를 일컫는다. 나무는 '뿌리'라는 핵심과 '줄기', '잎' 사이의 위계를 갖고 있다. 즉 잎은 떨어져 나가도 생명에 지장이 없지만, 뿌리가 뽑히면 나무는 죽고 마는 것이다. 이러한 원리에 따라 나무는 뿌리에서 시작해 수직적인 형태로 자라난다. 그리고 뿌리가 단단히 박혀야 비바람을 이겨낼 수 있기에, 나무는 고정된 위치를 벗어나지 않고, 특정한 영토에 머물러 있다. 이에 반해, 잔디와 같은 리좀 형태의 식물은 뿌리와 줄기가 구분되지 않는다. 즉 어느 부위가 본질적이며 어느 부위가 부차적인지 한눈에 구분되지 않는다. 또 잔디는 위로 자라나기도 하지만, 동시에 뿌리줄기를 따라 계속해서 수평적으로 뻗어나간다. 마찬가지로, 들뢰즈가 제시하는 리좀적 사유는 탈중심적, 탈위계적, 수평적 특징을 가지며, 고정된 영토성과 체계를 거부하는 사고방식을 말한다. 들뢰즈와 가타리는 수목적 사유 모델을 다수자적 사유의 특징으로, 리좀적 사유 모델을 소수자적 사유의 특징으로 제시한다. 그리고 이를 통해 다수자 중심의 위계적, 수직적 사유를 넘어서려 하는 소수자의 전복적 능력에 주목한다. 이를 나타내는 것이 '소수자-되기'라는 개념이다. 대부분의 사회에는 다수자와 소수자를 가르는 표준적 척도가 있다. 예컨대 들뢰즈와 가타리가 사는 프랑스 사회에서는 '이성애자-유럽인-표준어 사용자-도시 거주자-성인-남성-백인'이 다수자의 표준적 모델이다. 소수자들은 이러한 지배적인 주류 문화 속에서 숨죽이며 살아갈 수밖에 없다. 그런데 때로 소수자들은 이러한 주류 문화를 변화시켜 소수자성을 드러내곤 한다. 예를 들어 미국 힙합 음악은 미국 내 인종적 소수자인 흑인들이 사용하는 영어African-American Vernacular English의 특징을 보여준다. 즉 영어라는 지배적 언어 내에서 고유한 소수자적 언어가 발전되는 것이다. 이러한 언어의 변형은 영어라는 다수자 언어 속에서 소수자 언어로의 전환이 발생하는 것이며, 다수자 질서에 균열을 만들어낸다. 유사한 사례를 우리는 프란츠 카프카Franz Kafka의 소설에서 발견할 수 있다. 그는 독일어로 글을 썼던 체코의 유태인이었다. 카프카는 독일어로 소설을 썼지만 독자적인 표현법을 발전시키는데, 예컨대 표준 독일어와 체코 유태인들의 방언(이디시어)이 뒤섞인 독창적 문체를 사용하기도 했다. 이처럼 카프카는 독일어라는 다수적 정체성을 '탈영토화'함으로써 '소수자성'이 생성되도록 하였다. 이처럼 들뢰즈와 가타리는 '다수자 권력의 소수자적 변형'이라는 의미에서, 다수자성 내에서 소수자성이 생성될 수 있는 가능성을 '소수자-되기'라는 개념으로 설명하며, 이를 통해서 기존의 지배적 다수자성을 변화시킬 수 있는 소수자의 창조적 역량을 강조한다.

2. 아도르노와 비동일성의 변증법

유태계 독일인 철학자인 테오도르 아도르노Theodor W. Adorno는 나치의 탄압을 피해 미국으로 망명 생활을 하러 떠나야 했다. 따라서 그의 철학은 '어떻게 하면 아우슈비츠의 비극이 반복되지 않을 수 있는가'라는 현실적 물음에서 출발한다. 이러한 관심에서 그의 철학은 전통 철학이 추구해온 '동일성 원칙'을 비판하고자 한다.

전통적으로 철학은 진리를 '주체와 객체의 동일성'이라는 설명 방식을 통해 이해해왔다. 즉 사유하는 주체가 어떤 대상을 관찰하고 그에 대해 가지고 있는 관념이 이 실제 대상과 일치한다면, 주체가 가진 관념은 '참'이 될 것이고, 그렇지 않다면 그의 관념은 '거짓'이 될 것이다.

그런데 어떻게 하면 참된 인식에 도달할 수 있을까? 서양의 전통적인 합리주의 철학은 꼼꼼하게 합리적인 방식으로 만들어진 철학 체계를 수립한다면, 세계 전체를 인식할 수 있다고 생각했다. 그런데 정말로 이러한 체계를 통해 세계를 온전히 파악할 수 있는 것일까? 실제로는 그렇지 않다. 이 체계에서 벗어나는 것이 분명히 발생하기 때문이다. 따라서 '인식의 총체성'을 구축하기 위해 주체는 자신이 수립한 체계의 그물망을 빠져나가버리는 것을 배제하거나 억압할 수밖에 없다.

서양 철학의 전통은 이처럼 주체와 동일한 것만을 진리로 규정하고, 주체의 체계에서 벗어나는 것, 주체와 동일하지 않은 것을 비진리로 여긴다는 점에서 '동일성 원칙'을 고수하고 있다. 그리고 이러한 동일성 원칙은 동일하지 않은 것, 비동일자를 억압하고 배제한다는 점에서 폭력적이라는 것이 아도르노의 비판이다.

아도르노의 비판이 갖는 핵심은 이러한 철학적 동일성 원칙이 순수한 철학 영역 내에 국한된 것이 아니라는 데에 있다. 즉 아도르노는 현대사회에 나타나는 동일성(같음)에 대한 강요, 비동일성에 대한 억압 역시 동일한 사고 구조를 보여준다고 지적한다. 이러한 사고방식은 '유태인'이라는 타자의 '비동일성'에 대해 폭력을 가함으로써 게르만 인종의 유전적 '동일성'을 지키고자 했던 나치 정권의 반유대주의적, 우생학적 사고방식에서 그 가장 극단적인, 그러나 동시에 가장 순수한 형태로 나타났다. 독일인들은 어째서 유태인들을 박해했을까? 그들의 반유태주의는 유태인들이 가지고 있던 특정한 민족적 특징에서 비롯한 것일까? 유태인의 민족적, 인종적, 종교적 정체성(예를 들어 선민의식, 수전노 기질, 예수의 신성을 부정 등)이 본래적으로 존재하며, 이것이 독일인들의 분노를 샀다고 보는 것은 사태를 온전히 이해하지 못하는 관점이다. 나치 세력과 같은 게르만 인종주의자들은 자신들의 '인종적 동일성'을 확보하기 위해서, 이 동일성에서 벗어나 있는 '비동일자'를 향해 공격적 충동을 투사한 것이다. '우리'의 동질성을 확보하기 위해, 나치 세력은 '우리 안의 타자'에 대한 배제와 억압의 논리를 동원했다.

1차 세계대전 직후 독일은 패전으로 인한 전쟁 배상금의 부담과 인플레이션으로 인한 경제 위기와 정치적 불안정으로 인해 심각한 혼란을 겪었다. 이러한 위기는 (데카르트 이후 근대철학의 절대적 출발점이었던) '사유하는 주체'가 어떻게 동일성 원칙에 의해 (주체성을 상실한) '군중'으로 변해갔는지를 역사 속에 드러내 보였다. 사유하는 주체는 사라지고, 총통의 명령에 복종하는 독일 국민만이 남았다. 총통이 그들을 '주체'로 호명한 것이다. 그런데 이렇게 호명된 주체는 계몽적, 합리적 주체가 아니라 반유태주의적 주체, 전

246

체주의 대중운동의 주체로 전락하고 말았다. 이들은 사회적 위기로 인한 자신의 불안, 공포, 분노의 정념을 소수자에게 투사하였다. 그들이 유태인 상점에 불을 지르고 유태인 추방과 학살에 동참할 때, 그들은 또 다른 의미에서의 주체, 동일성 원칙의 주체, 비동일자의 추방과 제거에 앞장선 주체였다. 그리하여 전통 철학의 동일성 원칙이 상정했던 '사유하는 주체'라는 이상은, 바로 그 동일성 원칙이 갖는 지배적 성격 속에 자신의 본래 모습을 상실하고 '총통에 복종하는 군중', '유태인을 혐오하는 공격적 정념의 주체'가 되어버렸다.

이처럼 아도르노는 '동일성 원칙'에 내재해 있는 폭력성을 비판함으로써, 오늘날의 사회에서 비동일성이 억압받지 않는 새로운 형태의 보편적 관계망이 필요하다고 주장한다. 그러한 대안적 보편성은 동일성을 배타적으로 옹호하는 위계적 체계성을 넘어서, 다양한 비동일성들 사이의 위계적이지 않은 관계들이 공존할 수 있는 방식으로 형성되어야 한다. 아도르노는 밤하늘의 별자리가 그러한 공존의 짜임 관계constellation를 보여주지 않느냐고 묻는다. 즉 여러 개의 별들로 이루어진 성좌星座는 각각의 별들로 이루어진 보편적인 '전체'의 형상을 이루고 있지만, 그러한 전체 속에는 다양한 개별적인 별들이 위계질서 속에서 억압당하지 않고 서로 각자의 빛을 내며 공존하고 있다. 오늘날 우리 사회에서도 이러한 비동일성의 공존과 억압 없는 관계성이 가능할 수 있을까?

전했던 예술가들을 권력의 탄압으로부터 보호하기 위한 권리로 천명되었다. 그런데 오늘날에는 적어도 제도적 민주주의가 어느 정도 안착된 제1세계와 중심부 국가들에서는 상당 부분 표현의 자유가 허용되고 있다. 이런 상황에서, 표현의 자유는 과거와 같이 권력자를 비판하는 목소리를 탄압하지 말라는 요구로 제기되는 것이 아니라, 거꾸로 소수자와 약자들에 대한 혐오표현을 둘러싼 쟁점으로 제기되기도 한다. 예컨대 인종주의자들이 소수인종을 조롱하는 혐오발언은 표현의 자유에 의해 옹호되어야 하는가?

그런데 몇 년 뒤, 프랑스에서는 이슬람 선지자에 대한 언론의 비판이 실제로 테러 공격으로 이어졌다. 이슬람 선지자 무함마드를 조롱한 프랑스 언론사 『샤를리 에브도Charlie Hebdo』에 총격 테러가 가해져 언론인들이 살해되면서, 이 테러 사건은 '언론의 표현의 자유에 대한 탄압'으로 받아들여졌다. '나는 샤를리 에브도다Je suis Charlie Hebdo'라는 문구가 널리 확산되면서, 사망한 언론인들과 만화가들에 대한 추모 열기가 고조되었다. 그러나 다른 한편으로 일부의 논자들은 이러한 테러 공격의 희생자를 추모하면서도, '풍자, 곧 표현의 자유는 윤리적 책임으로부터 자유로운가' 하는 물음을 제기하기도 했다. 영국 『가디언』의 만화 칼럼니스트 조 사코Joe Sacco가 대표적이다. 그는 사건 직후 「풍자에 관하여On Satire」라는 제목의 만화를 기고하여, '과연 작가는 그 무엇이든 풍자할 권리를 얻는 것인가?'라는 화두를 던졌다. 즉 그는 풍자와 같은 공개적 표현이 사회적 약자인 소수자를 조롱할 자유와 권리마저 얻는가, 하고 물었다.

오늘날 우리는 온라인 공간을 장악한 혐오표현들의 홍수 속에서 같은 질문을 마주하고 있다. 돈을 흥청망청 쓰면서 남성에게

『가디언』에 실린 조 사코의 만평 「풍자에 관하여」

의존하는 여성을 일컫는 '김치녀', 성형수술을 받은 여성을 비하하는 '성괴', 운전을 못하는 여성을 일컫는 '김여사', 아이를 카페에 데려와 시끄럽게 떠들도록 내버려두는 '맘충' 등은 대표적인 여성혐오적 표현이다. 이러한 혐오표현들은 특정한 성별을 가진 사람들에 대한 상상 속의 이미지를 정형화하여, 그들에 대한 부정적인 관념을 조장한다. 이뿐만이 아니다. 특정 지역 출신자, 피부색이 다른 사람, 이주노동자, 장애인, 성소수자들을 비하하는 혐오발언들도 도처에서 흔히 접하게 된다. 심지어 일본군 위안부 피해자, 5·18 민주화운동 희생자, 세월호 사고 희생자 등 많은 사람들에게 아픔을 준 역사적 사건의 희생자들을 비하하는 표현들도 등장해 사회 전반에 파장을 남긴 일도 있었다.

　우리 사회는 표현의 자유를 인정하므로, 성, 인종, 종교 등 소수자에 대한 혐오발언에 대해서도 제재가 아닌 관용적 태도를 취해야 할 것인가? 그러나 이러한 (혐오발언에 대한) 표현의 자유는 다른 누군가, 그중에서도 사회적 약자이거나 소수자인 집단의 권리를 심각하게 침해한다는 사실 역시 자명하다. 그렇다면 우리 사회는 이에 대해 어떤 태도를 지녀야 할까? 표현의 자유 원칙에 따라 혐오발언 역시 인정해야 할까? 아니면 이를 법으로 규제하는 것이 옳을까?

각국은 혐오발언을 어떻게 다루고 있는가

먼저 혐오발언을 어떻게 정의할 수 있는가를 논의해보자. 2016년에 국가인권위원회 연구과제로 제출된『혐오표현 실태조사 및 규제방안 연구』는 혐오표현을 다음과 같이 법률적으로 정의한다. 혐오표현이란 1. 표적집단인 소수자를 대상으로 가해지며 2. 적대성이 분출된다는 특징을 지니고 있으며 3. 표현행위성, 즉 언어표현 자체로 행위의 성격을 갖는다는 사실과 관련이 있다. 그리고 그 유형은 1.차별적 괴롭힘 2.차별표시 3.공개적인 멸시·모욕·위협 4.증오선동으로 분류될 수 있다.

이 중 오늘날 주로 문제가 제기되는 것은 소셜미디어를 포함하는 온라인상의 혐오표현이다. 온라인 혐오표현의 경우 1.지속적 반복 가능성 2.빠른 순환력과 회전력 3.온라인에 영구적으로 보존될 가능성 4.익명성 5.범국가적 플랫폼 구축 가능성 등으로 인해 이전 시대에 비해 훨씬 더 빠른 속도와 파급력으로 혐오표현을 확산시키고, 그와 관련된 사회적 논란을 야기한다. '가짜뉴스'와 결부된 온라인 혐오표현은 쉽게 네티즌의 호기심을 자극해 클릭을 유도하고, 그들의 뇌리에 깊게 각인되어, 소수자 그룹을 비롯한 피해 대상에 대한 적대적 편견을 주입하며, 그리하여 특정 소수자 그

룹의 존재를 왜곡함으로써 그들의 배제와 추방을 정당화하는 논리로 기능한다.

대부분의 유럽 국가들은 이러한 형태의 공개적인 혐오표현이 조직적, 반복적으로 이루어질 때 이를 처벌하는 법률 조항을 가지고 있다. 2차 세계대전 이후 설립된 유럽인권재판소ECHR는 전 유럽 대륙에 사법적인 영향을 행사하고 있다. 이 때문에 유럽 국가들은 대체적으로 종교적, 인종적 소수자에 대한 공격을 인권에 대한 범죄로 인식하게 되었다. 대표적인 나라는 독일이다. 독일 형법 166조는 '신앙, 종교 단체 및 이념 단체들에 대한 모욕'의 처벌을 규정하고 있다. 또 독일 형법 130조는 '대중선동Volksverhetzung'을 통해 특정 소수자 그룹에 대한 증오를 조장하여 공적 질서와 평화를 교란한 자를 처벌토록 규정하고 있다. 홀로코스트 등 특정한 역사적 사실을 부정하는 행위도 처벌 대상이다. 2016년에는 실제로 홀로코스트를 부인하고 외국인 혐오를 부추긴 네오나치 온라인 커뮤니티가 폐쇄되고, 게시글을 올린 사람들이 체포되어 형사처벌을 받기도 했다.

일본도 최근 이러한 흐름을 따르고 있다. 일본에 거주하는 한국인들을 대상으로 혐오를 조장하고, 모든 한국인의 추방을 주장하는 극우단체 '재특회(재일 특권을 용납하지 않는 시민 모임)'가 온라인에 이어 오프라인에서도 시위를 열며 확산되자, 일본은 2016년에 '헤이트스피치 대책법'을 제정하여, 혐오표현에 대한 형사처벌 방침을 밝혔다. 그리고 2019년 1월 일본 가나가와神奈川현 가와사키川崎 간이재판소는 온라인상으로 재일 한국인 중학생의 실명을 거론하며 "일본 국내에 생식生殖하는 자이니치, 너는 불령 조선인이다", "자이니치라고 하는 악성 외래기생 생물종" 등의 혐오표현을 게재한 오이타시 거주 66세 남성에게 최초로 이 법률에 근거해 벌금형을 선고하였다.

반면 미국에서는 대체적으로 혐오표현의 윤리적 문제와 무관하게, 그에 대한 국가적 규제나 법적 처벌을 최소화해야 한다는 관점이 지배적이다. 이는 표현의 자유를 최고의 사회적 가치로 인정한 미국 수정헌법 1조의 영향이다. 표현의 자유를 중시하는 미국의 법 이념에는, 어떠한 윤리적 가치에 대해 국가나 법률이 근본적으로 중립적 태도를 유지해야 한다는 전제가 있다. 즉 표현의 자유를 신봉하는 사회에서는 국가가 특정한 가치관이 옳거나 틀렸다고 말할 수 없으며, 오로지 개인들 사이의 의견의 다양성을 있는 그대로 존중해야 한다는 것이다. 따라서 혐오표현에 대해서도 마찬가지로 국가는 중립을 지켜야 한다는 것이 미국 사회의 주된 의견이라고 할 수 있다. 예컨대 2006년 이라크전쟁에서 사망한 군인의 장례식장에서, 이 군인이 동성애자였다는 이유로 "이 군인을 죽게 한 신에게 감사한다Thank god for dead soldiers"는 내용의 피켓 시위를 벌인 웨스트보로 침례교회 소속의 기독교 근본주의 시위대를 처벌해달라는 유가족의 소송에 대해 지방법원은 벌금형을 선고했으나, 연방대법원은 무죄를 판결한 바 있다.

물론 최근 미국 사회에서 소수자에 대한 증오범죄와 인종주의적 폭력행위들의 발생이 증가하고 있어, 미국 내에서도 혐오표현에 대한 처벌을 옹호하는 의견들이 많아지고 있다. 그러나 여전히 미국 사회의 주된 의견은 법적 처벌을 반대하는 쪽이다. 왜냐하면 표현의 자유라는 대원칙이 무너질 경우, 개인의 주관적 의사 표현에 대한 국가에 의한 자의적인 검열과 처벌이 횡행할 위험이 생겨날 수 있기 때문이다. 물론 미국 역시 혐오표현이 실제적인 혐오범죄로 이어질 경우에는 이를 엄격하게 처벌하고 있다. 대표적 사례는 2009년에 제정된 미국의 혐오범죄금지법, 소위 '매슈 셰퍼드-제임스 버드 법'이다. 매슈 셰퍼드는 1998년 와이오밍 주에서 두 명의 가해자에 의해 들판에 묶인 채 밤새 구타를 당해 살해당한 21세 청년이었다. 그가 살해당한 이유는 그가 동성애자였기 때문이다. 제임스 버드는 텍사스에서 백인들에 의해 트럭에 묶여 끌려다니다 사망한 흑인 청년이다.

이처럼 미국 사회 역시 실질적 혐오범죄에 대해서는 단호하게 반대하고 있으며, 혐오표현이 이러한 혐오범죄로 이어질 가능성 역시 간과하지 않고 있다. 다만 혐오발언 자체만으로 그것을 처벌하는 것은 용인하지 않고 있으며, 시민사회의 토론과 논쟁을 통해 소수자에 대한 차별과 편견을 극복해나가야 한다고 보고 있는 것이다.

오늘날 범람하는 온라인 혐오표현의 문제를 마주한 우리 사회는 이 문제에 대해 어떠한 태도를 취해야 할까? 혐오표현 자체를 용인해서는 안 된다는 대전제하에, 유럽과 같은 방식으로 이를 형사처벌의 범주에 포함시키는 강경한 태도를 선택해야 한다는 입장을 취할 수도 있고, 아니면 미국처럼 혐오표현에 대해서도 표현의 자유를 인정하고, 시민사회 자체 내에서 논쟁과 토론을 통해 그 영향력을 축소하는 방향을 택할 수도 있다. 어떤 방법을 택하건 우리는 혐오표현의 사회적 위험성에 대한 경계심을 늦춰서는 안 될 것이다.

민주주의에 차별과
혐오의 자리는 없다

많은 사람들은 흔히 현대사회에 더 이상 소수자에 대한 차별은 없다고 생각하거나, 실제로는 차별적 언어를 사용하고 있음에도, 자신은 인종차별주의자가 아니라고 말한다. 예를 들어 많은 사람들은 '나는 동성애를 혐오스럽다고 생각하지만 차별에는 반대한다'고 말한다. 타인의 성적 취향이 '혐오스럽다'고 말하는 행위가 이미 차별이며, 그러한 발화 행위가 가능한 이유는 이성애자와 동성애자가 갖는 관계의 불평등에서 기인하는 것이라는 사실을 의식하지 못한다. (거꾸로, 동성애자가 '나는 이성애를 혐오스럽다고 생각한다'고 말하는 경우는 드물거나, 있다 해도 큰 파급력을 갖지 못한다. 이는 이성애만을 '정상'으로 간주하는 사회에서 그러한 발언은 발화 권력을 얻지 못하기 때문이다) 또 앞서 보았듯, 많은 사람들은 별다른 생각 없이 어떤 사람이 '흑인 치고 머리가 좋다'라거나, '여자 치고 운전을 잘한다'는 발언을 하기도 한다. 이러한 식으로, 소수자에 대한 차별은 자연적 조건에서 비롯하기도 하며, 다수가 현존하는 사회적 구조의 불평등과 차별을 잘 의식하지 못해 생겨나는 경우도 많다.

그렇기 때문에 혐오발언을 비롯해 소수자의 인권이 부정되는 차별적 표현이나 실질적인 차별적 조치들에 대항하기 위해서는 국가와 법의 개입이 필요하다고 볼 수 있다. 만일 국가가 사회적으로 존재하는 차별에 대해 '가치중립'을 선언한다면 그것은 바람직한 일일까? 그것은 모든 시민의 차별을 금지하는 헌법의 정신[2]을 국가 스스로 위반하는 것이 아닌가? 즉 그것은 모든 시민에게 차별 없는 사회적 삶을 보장해야 할 국가의 의무를 회피하는 것이며, 나아가 현재의 차별 구조를 유지하는 것에 지나지 않는다고도 말할 수 있을 것이다.

　　그러나 국가가 단순한 혐오발언의 발화 행위에 대해 일일이 제재하고 형사처벌하는 것은 또 다른 문제를 낳을 수도 있다. 그것은 국가권력의 과잉 대응과 이로 인한 시민사회의 자율성 축소 등의 부작용으로 이어질 것이다. 또 정부 기관이 인터넷상의 모든 게시물과 댓글을 일일이 검열하여 그 안에 혐오표현의 요소가 있는가를 확인하는 과정은 개인의 사생활을 과도하게 침해하는 권위주의라고 비판받을 수도 있다.

　　따라서 처벌 중심의 국가 개입보다는, 우리 사회와 법률이 사회적 차별과 불평등을 단호히 반대한다는 것을 공개적으로 선언함으로써 보편적 인권으로서 평등의 가치가 확산되도록 하는 방안을 상정해볼 수 있다. 예컨대 법의 언어로 모든 차별을 금지한다는 선언이 이루어진다면 (헌법에 의해 공인된) 보편적 평등이라는 가치가 보다 분명하게 시민들에게 인식될 것이다. 현재 우리 사회의 다양한 인권 단체나 시민 단체들은 '차별금지법'을 제정하여 우리 사회에 만연한 소수자들에 대한 혐오와 차별에 대항하자고 주장한다.

　　오늘날 사회적 위기가 나와 다른 정체성을 가진 사람들, 타자와 소수자에 대한 혐오 정념의 분출로 이어지고, 특정 집단의 배제

2　　헌법 11조 1항은 "모든 국민은 법 앞에 평등하다. 누구든지 성별·종교 또는 사회적 신분에 의하여 정치적·경제적·사회적·문화적 생활의 모든 영역에 있어서 차별을 받지 아니한다"고 규정하고 있다.

와 추방을 선동하는 주장들이 소셜미디어를 통해 확산되는 시점에, '인간의 보편적 기본권'이라는 이념을 다시 사유하는 것은 어쩌면 혐오와 증오의 정념이 거대한 폭력을 야기했던 역사를 되풀이하지 않을 수 있는 유일한 방안일지도 모른다. 이러한 성찰들을 통해 우리는 '배제를 넘어서는 공동체'를 이룩하기 위한 시도를 중단 없이 이어가야 할 것이다. 민주주의는 혐오, 차별, 불평등과 별개로 존립할 수 없다. 민주주의는 모든 인간의 동등한 존엄에서 출발하는 정치 이념이기 때문이다.

한상원

참고문헌

김지혜, 「모두를 위한 평등」, 『민주법학』 66호, 민주주의법학연구회, 2018, 183~208쪽.
이종훈, 『세계를 바꾼 연설과 선언』, 서해문집, 2006.
이정념, 「온라인 혐오발언과 의사표현의 자유–유럽인권재판소의 최근 판결을 중심으로」,
　　　『저스티스』 153집, 한국법학원, 2016, 37~56쪽.
홍성수, 『혐오표현 실태조사 및 규제방안 연구』, 국가인권위원회 연구용역보고서, 2016.

들뢰즈, 질, 펠릭스 가타리, 『카프카: 소수적인 문학을 위하여』, 이진경 옮김, 동문사, 2001.
아도르노, 테오도르, 막스 호르크하이머, 『계몽의 변증법』, 김유동 옮김, 문학과지성사, 2001.
월드론, 제러미, 『혐오표현, 자유는 어떻게 해악이 되는가?』, 홍성수, 이소영 옮김, 이후, 2017.

기계는 인간을
대체할 수 있을까

기계와 로봇에 대한
오래된 상상력

한국에서 인공지능Artifical Intelligence, AI이란 단어가 대중들에게까지 회자되기 시작한 것은 아마도 2016년 3월 9일부터일 것이다. 이날 천재 바둑기사 이세돌과 구글의 인공지능 알파고AlphaGo 간의 '세기의 바둑 대결'이 이루어졌고 그 결과는 우리 모두가 알다시피 인간 대표 이세돌의 4대1 완패였다.

사실 산업 현장과 삶의 주변에서 자동화 기계, 혹은 로봇이 인간의 육체적 노동, 특히 단순 반복적인 노동을 대체하는 모습은 우리에겐 더 이상 생소하지 않다. 이에 비해 인간의 육체노동이 아닌 정신노동은 기계[인공지능]에 의해 쉽게 대체되기가 어려울 것이라고 여겨졌다. 나아가 인공지능이 인간의 지능을 능가할 수 있으리라고는 생각되지 않았다. 하지만 인공지능 알파고가 바둑 대결에서 승리하자, 사람들은 이런 일들이 이미 현실화되고 있다고 느끼게 되었다. 물론 이는 바둑 게임이라는 한정적인 분야에서 이루어진 일이어서 확대 해석할 필요는 없다고 말할 수도 있다. 하지만 바둑이 단순한 게임이 아니라 고도의 지적인 두뇌 활동을 동반하는 게임이기에 이 사건이 우리 사회에 던진 충격은 적지 않았다.

이 시기 전후에 한국 사회에서는 '4차 산업혁명' 담론이 크게 유행하기 시작하였으며, 이러한 유행은 2019년 현재까지도 지속되고 있다. 그런데 한국에서의 4차 산업혁명 담론은 주로 노동자들의 대규모 실직을 끊임없이 전망하고 예고하는 방식으로 이루어진다. 게다가 이전까지는 주로 육체적 노동, 반복적 노동이 자동화 기계와 로봇에 의해 대체될 것이라는 전망에 따라 인간 노동자들의 재교육과 지식 활동 중심 직업으로의 전환을 요구하는 방식이었다면, 최근에는 인공지능의 발전으로 인해 상당수의 전문직 직업들도 인공지능을 탑재한 로봇이나 자동화 기계로 대체될 것이라는 우려까지 제기되고 있다. 다음 세대의 인간 노동자들은 육체노동의 분야뿐만 아니라 정신노동의 분야에서까지 자동화 기계, 혹은 로봇에게 일자리를 뺏겨서 실직자로 전락하지는 않을까, 하는 사회적 두려움이 확산되고 있는 것이다.

하지만, 기계가 인간을 대체하는 일에 대한 두려움이 과연 최근에 비로소 등장한 것일까? 얼핏 생각해보더라도 이런 두려움은 산업혁명기 즈음부터 각종 기계와 동력 엔진이 발명되어 인간의 고된 노동을 대체하기 시작하면서부터 이미 생겨나기 시작한 것이다. 공장제 방식의 체계가 사회적 생산의 주요한 형태로 등장하면서 두려움은 이미 시작되었던 것이다.

한국 산업 분야의
로봇화 비율

한국은 이미 산업 분야에서 로봇화 비율이 세계 최고의 수준에 이른 국가이다.
한국의 경우, 2016년 현재 고용자 1만 명당 설치된 산업 로봇의 수는 631대
에 이르고 있다. 이는 이웃 나라 일본에 비해서도 두 배가 넘는 수치이다.

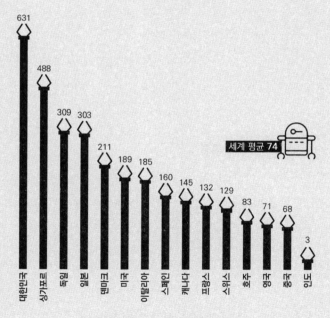

2016년 국가별 노동자 1만 명당 설치된 로봇의 수
(출처: International Federation of Robotics)

질문을 다른 식으로 던져보자. 기계, 로봇이 인간을 대체하는 일이 단지 두려워하기만 해야 하는 일인가? 실제로 역사를 보더라도 인간들은 기계의 등장과 확산에 대해 두려움만을 느끼고 있었던가? 기계가 인간의 중노동을 대신하고 생산성을 높여서 '고된 노동을 더 이상 할 필요가 없는 유토피아'와 같은 사회가 도래할 것이라는 장밋빛 전망도 함께 등장하지 않았던가? 이처럼 기계와 기술에 대한 상상과 두려움, 혹은 선망은 최근에 시작된 것이 아니라 이미 오래된 것이었다.

그렇다면 오늘날 유포되는 두려움은 과거와는 어떻게 다른 것인가? 기계화와 자동화로 인해 인간 노동이 대체될 것이라는 불안한 전망은 어떤 식으로 이해하고 극복해야 할까? 이 글에서는 이러한 점들을 염두에 두고서 기계의 등장과 인간 노동의 변화를 역사적으로 살펴보고 나아가 '인간-기계 관계'의 새로운 양상을 모색하고자 한다.

산업혁명, 기계에 의한
육체노동의 대체

기계에 대한 상상, 혹은 기계인간에 대한 상상은 생각 외로 오래전에 시작되었다.[1] 고대 그리스에서는 언젠가부터 종교의식에서 기계인간을 만들어 사용하였으며, 그리스 신화에서는 탈로스Talos라는 청동 거인의 이야기가 등장한다. 탈로스는 대장장이의 신 헤파이스토스가 제작하였으며, 제우스가 이 청동 거인을 크레타섬의 왕 미노스Minos에게 선물하였다. 탈로스 청동 거인은 섬 지기로서 하루 세 차례 섬을 순시하였으며, 만약 상륙하려고 하는 이방인이 있으면 거대한 돌을 던지거나 자신의 몸을 빨갛게 달군 후에 상대방을 껴안아 죽였다고 한다.

기계와 기계인형에 대한 생각은 단순히 신화적 이야기나 상상적 차원의 수준에 머무르지는 않았다. 고대와 중세시대부터 사람들은 다양한 종류의 기계장치와 자동화 기계, 기계인형, 시계 등을 발명하고 사용하였다.[2] 중국에서는 전국시대에 이르러 묵자墨子로 대표되는 기술자 집단이 등장하여 성벽 방어용 기구 등을 만들었으며, 그리스에서는 기원전 3세기에 아르키메데스Archimedes of Syracuse가 다양한 종류의 기계장치를 발명하고 지렛대의 원리, 도르레의 원리를 발견하기도 하였다. 비슷한 시기에 알렉산드리아의 크테시비우스Ctesibius는 부력을 이용한 자동 물시계인 클렙시드라clepsydra를 최초로 발명하였는데, 이러한 자동 물시계 기법은 동아시아로 전해져 11세기 송나라에서는 소송蘇頌이 거대한 수격식 자동 물시계를 만들었다. 15세기 초 조선에서 장영실이 만든 자격루도 이러한 자동 물시계의 방법을 사용하여 정밀하게 발전시킨 것이었다. 나아가 서양에서는 탈진기와 톱니바퀴 장치 등이

---

1   라틴어 machina는 'fabric, structure'를 의미하였다. 이 단어는 그리스어 mekhos에서 유래하였는데, mekhos는 수단, 편법, 치료법 등을 의미하였다고 한다.

2   고대 그리스와 로마 시대의 연극에서 마지막 장면에서 줄거리를 풀어나가고 해설하기 위해서 '신'이 때맞춰 나타나는데, 이것을 데우스 엑스 마키나Deus ex Machina(기계의 신)라고 표현하였다. 당시 연극에서는 신의 역할을 하는 인물이 기중기를 타고서 하늘에서 내려왔기 때문이다. 이 표현 자체는 아리스토텔레스의 비극론인 『시학』에 등장하는데, 아리스토텔레스는 비극이 그 자체의 필연성과 개연성에 입각해야 하며 기계장치를 타고 내려오는 신과 같은 '외부적인 것의 개입'에 의존해서는 안 된다고 보았다. 니체는 비극뿐만 아니라 세계 속에 존재하는 부조리와 불합리성을 '데우스 엑스 마키나'와 같은 수단을 동원하여 모두 해소하거나 척결하려 해서는 안 된다고 보았다.

발명되면서 17세기 이후에 이르면 자명종과 같은 정밀한 자동화 시계들이 제작되는 데 이르렀다. 일본의 에도시대 말기인 18세기 말~19세기 초 사이에는 카라쿠리からくり 인형과 같은 복잡한 자동화 인형이 만들어지기도 하였다.

그런데 근대 이전까지 만들어진 자동화 기계, 혹은 자동 인형들과 시계 등은 주로 인간의 유희와 관련된 것이었으며 인간의 노동을 직접적으로 그리고 대규모로 대신하는 것은 아니었다. 다만, 자격루와 자명종 같은 자동 시계들이 인간을 대신해 시간을 주기적으로 알려주는 역할을 하면서 차츰 규칙적인 시간 엄수와 시간 계산 등의 관념이 발달하기 시작하였다.

기계가 인간의 노동을 실질적으로 대체하면서 생산 체제의 일대 전환이 일어난 것은 바로 산업혁명의 시기였다. 산업혁명은 여러 가지 다양한 사회적, 경제적 요인들로 인해 발생한 역사적 사건이지만, 기술적으로는 1775년 제임스 와트James Watt가 새로운 고효율의 증기기관을 개발한 즈음부터 시작되었다고 말할 수 있다. 증기기관으로 시작된 엔진은 기계 노동과 공장제 생산체제의 핵심적 요소가 되었으며, 나아가 근대문명의 원동력이 되었다. 쇳덩어리 기계들의 조합으로 만들어져 엄청난 힘을 내뿜는 엔진이 이제 인간의 노동력뿐만 아니라 축력을 급속히 대체하기 시작한 것이다.

한편 산업혁명기에 인간의 노동이 본격적으로 기계로 대체될 수 있었던 것은 증기기관뿐만 아니라 면직물 산업 분야에서 이루어진 여러 혁명적인 자동화 기계의 발명들이 있었기에 가능했다. 인간의 노동이 가장 먼저 자동화, 기계화되면서 공장제 산업의 형태로 발전한 분야는 바로 섬유산업 분야였는데, 이는 섬유산업 분야에서 인간 노동을 기계로 대체할 여지와 필요성이 컸기 때문이었다. 사실 고대로부터 실을 자아서 옷감을 짜고 또 옷감으로 옷을 만드는 작업은 엄청난 노동이 투여되는 작업이었다. 옷감의 재료가 되는 실은 목화나 누에고치에서 나오는 아주 가느다란 섬유들을 조금씩 모으고 손으로 말아서 한 가닥씩 만들어졌으며, 옷감은 그것을 구성하는 수많은 씨줄과 날줄들을 일일이 손으로 한 줄씩 엮어야만 만들어질 수 있었다. 그리고 이 모든 작업은 인간의 손을 거쳐야만 가능한 일이었다. 옷감을 만들기 위해 투여되는 엄청난 노동력은 수동 직조기인 '베틀'이 발명되고 난 뒤에도 그다지 줄지가 않았다. 하지만 1733년에 플라잉 셔틀flying shuttle이 발명되고부터 제니 방적기(1765)와 아크라이트 방적기(1769), 뮬 방적기(1779)와 카트라이트 방직기(1785) 등이 발명되면서 실을 잣고 옷감을 짜는 일에 일대 혁신이 일어난다. 즉 수천 년간 계속된 인간의 고된 노동이 기계로 대체되기 시작한 것이다. 그리고 이들 기계들은 이후 증기기관과 결합하면서 자동화되었고, 기계와 인간이 함께 생산물을 만들어내는 공장이 본격적으로 등장하기 시작하였다.

　흥미로운 점은 면직물 분야에서 방적기와 방직기가 발명되어 기계가 인간의 노동을 줄여주거나 대체하면서 면직물의 가격이 혁신적으로 낮아졌으며, 이는 섬유산업의 급격한 팽창을 가져왔다는 사실이다. 방적기를 발명한 아크라이트Sir Richard Arkwright가 1771년에 크롬포드 공장을 설립한 것을 계기로 영국에서는 면직물 공장의 수와 규모가 급격하게 확대되었는데, 그 결과 1815년을 기준으로 맨체스터에 있는 방적공장의 평균 노동자 수는 300명에 달했으며, 1,600명이 넘는 노동자를 고용한 공장도 있었다.

최초의 엔진 뉴커먼 증기기관과
제임스 와트의 개량

일반적으로 알려진 바와 달리, 증기기관 엔진은 1712년에 토머스 뉴커먼 Thomas Newcomen에 의해 처음으로 발명되었다. 뉴커먼 증기기관은 광산에서 지하에 고이는 물을 퍼내기 위한 용도로 만들어졌는데, 그 크기가 집채만 하였으며 엄청나게 많은 양의 석탄과 물을 소모하였기에 열효율이 아주 낮은 기관이었다. 이러한 이유로 뉴커먼 엔진은 물가이면서 석탄 생산지 부근에서만 설치되고 사용될 수가 있었다.

제임스 와트는 이 뉴커먼 엔진을 토대로 석탄과 물을 적게 소비하면서 열효율이 높은 증기기관을 개량하는 작업을 진행하여 1775년에 새로운 증기기관을 만들었다. 그는 증기기관에서 뜨거운 증기를 순간적으로 응축하여 압축력을 만들어내는 부분을 따로 분리하여 '분리형 응축기 separate condenser'를 고안하여 장착하였다. 이로써 증기기관의 효율성이 급격히 증대하였고, 물가 이외의 지역과 석탄 산출지에서 먼 곳에도 설치가 가능해졌으며 증기기관의 전체 크기도 작아졌다. 이후 증기기관의 개량이 계속 일어나 크기가 수레에 실을 수 있을 정도가 되었으며, 그 결과 마차에서 말의 축력을 증기기관으로 대체함으로써 증기기관차가 만들어졌다.

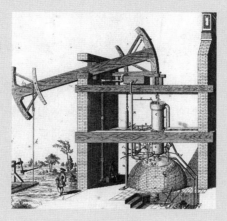

뉴커먼 증기기관.
중간에 있는 사람의 모습으로 크기를 짐작할 수 있다.

제임스 와트의 증기기관을 복원한 것.
크기가 훨씬 작아져서 박물관 내부에 설치할 수 있다.

　　18세기 말 산업혁명기에 영국에 시작된 방직공장의 모습은 과거 1970~1980년대의 한국에서도 비슷한 방식으로 지속되었다. 즉 방직공장에서 여공이 직조기를 조작하고 다루는 모습은 1970~1980년대 한국의 산업화 과정에서 볼 수 있었던 대표적인 풍경이었다. 당시 우리들의 어머니와 언니, 누이들이기도 하였던 여공들이 직조기 옆에 서서 기계를 보조하는 모습은 오늘날에는 베트남과 캄보디아의 방직공장에서 크게 변함없이 되풀이되고 있다.

　　그런데 산업혁명기에 이루어진 기계화는 인간의 노동을 단지 대체하기만 하였다고 말할 수가 없다. 개별 가정에서 수작업의 방식으로, 혹은 수공업 공장에서 소규모로 진행되던 섬유의 생산과 소비는 산업혁명기에 이루어진 면직물 산업의 급격한 발전으로 그 규모가 비약적으로 증가하였다. 우선 자동화와 기계화의 결과로 면직물과 같은 섬유의 가격이 급격하게 하락하였기에 소비자들이 옷감과 옷을 시장에서 과거보다 훨씬 싸게 구입할 수 있게 되었다.[3] 또한 과거에는 존재하지 않았던 방직공장의 임금노동자라는 직업이 새롭게 생겨났고 노동자들 자신도 시장에서 섬유를 구입하는 소비자가 되었다. 물론 이들 노동자들이 과거에는 주로 농촌에서 농사에 종사하던 이들이었기에 농업 노동자가 기계화된 공장에서 일하는 섬유 노동자로 전환되었다고 말할 수도 있을 것이다. 하지만 산업혁명기 이후 인구가 급격히 증가하였고 과거에는 존재하지 않았던 새로운 직업군이 생겨났다는 점을 고려한다면, 이들 노동자들 모두가 농촌을 떠나서 직업을 전환한 이들이라고 말할 수는 없다.

　　앞서 말한 바와 같이 산업혁명기 이후 인간의 노동이 기계와 결합하면서, 혹은 노동의 기계화가 일어나면서 사회적 차원에서

생산력의 엄청난 비약이 일어났다. 그리고 이는 다시 새로운 기계
들과 기구들을 만들어내고 새로운 산업적 분야의 창출로 이어졌
다. 또한 일정한 임금을 받아서 생활하는 노동자 계층이 도시인구
의 주류를 이루기 시작하였으며, 이들의 생활을 뒷받침하기 위해
소비시장이 팽창하게 되었다. 그리고 그것의 원인이자 결과로 세
계의 인구는 산업혁명기에 이르러 급격하게 증가하기 시작하였던
것이다. 그러므로 산업혁명기 이후 등장한 노동자들은 한편으로
는 농촌을 떠나서 도시에 정착할 수밖에 없었던 농민들이기도 하

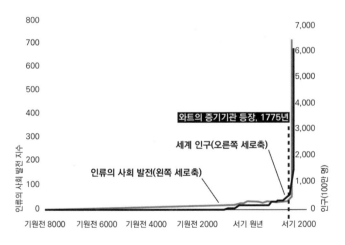

산업혁명기 이후 인구의 급격한 증가를 보여주는 그래프.
(출처: 에릭 브란욜프슨, 앤드루 맥아피, 『제2의 기계시대』)

3　　조선시대까지도 면직물은 시장에서 화폐로 사용되거나 혹은 국가에 내는 세금을 대신하는
　　　것으로 사용되었다. 이런 사실을 통해서도 과거 수작업으로 만들어진 면직물의 가격이
　　　얼마나 비쌌는지를 어렵지 않게 짐작할 수 있다.

였지만, 다른 한편으로 그들은 도시에서 태어난 새로운 세대의 젊은이들이었던 것이다.

결국 산업혁명기에 인간의 노동이 본격적으로 기계로 대체된 것으로 볼 수도 있다. 하지만 한편으로는 인간 노동과 기계가 새로운 방식으로 결합함으로써 새로운 소비시장이 창출되고 새로운 상품이 개발되고 생산·소비되는 사회적 변화가 일어난 것이도 하다. 이런 점들을 생각한다면, 산업혁명기는 인간과 기계의 관계가 완전히 새롭게 설정되기 시작한 시기라고 말할 수 있다. 즉 인간과 기계가 생산의 과정에서 밀접하게 결합하면서 사회적 생산 체제를 대규모화함으로써 삶의 양식을 혁신적으로 변화시킨 것이다.

노동의 종속과 소외:
기계 부속으로서 인간

산업혁명기 이후 인간 노동과 기계의 결합은 다양한 형태로 진행되었지만, 초기에는 기계가 인간의 육체노동을 대신하는 데에 대한 두려움과 경계심이 확산되었다. 즉 기계가 인간의 일자리를 빼앗지나 않을까 하는 두려움이 바로 그것이다. 다른 한편으로는 쉬지 않고 일할 수 있는 기계로 인해 기업주들은 노동자들에게 보다 힘든 노동을 요구하게 된다. 즉 노동자들이 기계와 같이, 혹은 기계에 맞추어서 쉬지 않고 일해주기를 요구하였으며, 만약 그와 같은 요구가 받아들여지지 않으면 인간 노동자는 새롭게 건강한 이들로 쉽게 교체되곤 하였다. 이와 같은 상황에서 기계의 도입에 대한 반감이 확산되었고 일부에서는 기계를 파괴하는 운동이 일어나기도 하였다. 19세기 초 영국의 노팅엄 직물공장 지대에서 일어난 러다이트 운동Luddite Movement이 대표적이다.

비록 기계에 대한 반감과 기계 파괴 운동이 일어나기도 하였지만 그럼에도 불구하고 19세기까지 인간과 기계가 결합하는 공장제 생산 방식은 급격히 발전하였고 전 세계로 확산되었다. 그런데 19세기까지 공장제 생산에서는 인간 노동자와 기계가 협업하거나 상호 보조하는 방식으로 작업이 이루어졌다. 즉 기계가 없으면 공장이 돌아가지 않았지만, 반대로 인간 노동자가 없어도 공장 전체를 가동할 수가 없었던 것이다. 기계는 생산 과정의 주된 부분을 담당하기는 하였지만 생산 과정의 전체를 담당하지는 않았으며 항상 인간에 의해 작동되고 수리되어야 했다. 그리고 작업의 전체 과정은 인간이 시작하고 마무리해야 했다.

하지만 19세기 말과 20세기 초에 이르러 공장제 생산 체제에서 인간 노동과 기계가 결합하는 방식은 새롭게 변화하기 시작하였다. 이는 새로운 기계들, 혹은 더욱 효율적인 기계들이 만들어지고 도입된 결과라고 할 수 있는데, 곧 생산 과정에서 차츰 기계가 중심적 위치를 차지하고 인간 노동이 보조로 전락하는 식으로 작업 형태가 바뀌기 시작한 것이다. 그러면서 '인간이 기계의 부속품으로 전락하는' 모습, 즉 '노동의 소외'라고 할 만한 모습이 생산 현장에서 본격적으로 나타나기 시작하였다.

생산 과정에서 과거와 달리 인간보다는 기계를 보다 우위에 두는 작업 방식이 본격적으로 나타나기 시작한 곳이 바로 20세기 초의 포드 사社의 자동차 공장이었다. 포드 사는 헨리 포드Henry Ford가 11명의 공동 투자자와 함께 1903년에 설립한 자동차 회사로, 수많은 자동차의 부품을 표준화하고 단순화하여 1908년에 T 모델이라는 값싼 자동차를 생산하였으며, 이를 통해 그때까지 귀족이나 부자들의 전유물이었던 자동차를 대중들과 노동자들도 소유할 수 있는 것으로 바꾸기 시작하였다. 1913년에 포드 사는 처음으로 공장에 컨베이어 벨트conveyer belt 시스템을 도입하였는데, 이는 자동차의 뼈대를 가운데 두고 노동자들이 움직이면서 부품을 찾아서 결합시키는 과거의 작업 방식을 혁신한 것이었다. 이제 자동차의 골격이나 엔진과 같은 주요한 부분이 컨베이어 벨트에 실려 움직이게 되었으며, 노동자들은 이 컨베이어 벨트의 좌우에 나란히 선 채 벨트의 속도에 맞춰서 자기 쪽으로 다가오는 골격에 부품을 결합시키는 방식으로 작업하였다. 이런 식의 작업 방식을 정착시키기 위해서 포드는 인간의 작업 과정을 단순화하고 분절화했다. 즉 한 명의 노동자가 여러 작업을 함께 수행하는 것이 아니라 한두 가지의 단순한 작업을 무한히 반복하게 만들었다. 이제 자동차의 골격이 컨베이어 벨트에 실려 움직이는 반면 노동자들은 거의 움직이지 않고 부품을 조립하게 되었으며, 앞의 노동자가 작업을 끝내야만 다음 노동자가 이어서 작업을 진행할 수 있게 되었다. 이렇게 포드 자동차회사에서 시작한 컨베이어 벨트를 이용한 생산 체제를 일반적으로 포디즘Fordism이라고 지칭한다. 하지만 이러한 포디즘의 작업 방식은 인간의 노동을 극단적으로 단순화시키고 무한 반복하게만 만들었다. 인간의 노동은 컨베이어 벨트의 이동 속도에 맞추어야 했으며, 인간의 몸은 기계에 철저히 종속되는 방식으로 움직이게 되었던 것이다.

결국 이 공장의 노동자들이 단순하고 힘겨운 노동을 얼마 버티지 못하고 그만두는 일이 속출하였으며, 노동자들의 이직율이 높아 숙련 노동자가 길러지기 어려웠다. 이에 포드 사의 경영진들은 노동자의 임금을 당시로서는 파격적이었던 '일당 5달러'로 2배 인상하였다. 그 이후 노동자들의 이직율이 낮아졌고 작업의 숙련도는 증가했다. 또한 노동자들은 증가한 임금으로 구매력있는 소비자가 될 수 있었고, 그 결과 노동자가 자신의 임금으로 자동차를 살 수 있는 시대가 열리게 되었다. 사실 포드 사에서 대량 생산된 엄청난 수의 자동차를 구매할 수 있는 소비자들은 과거와 달리 적은 숫자의 귀족과 부자들만이 아니라 '노동자 대중'이었던 것이다.

컨베이어 벨트를 중심으로 작업이 이루어지는 포디즘적인 생산 방식은 그 효율성이 입증되어 차츰 전체 산업 분야로 확대되었다. 하지만 포디즘이라고 불리는 이러한 생산 체제의 변화는 인간 노동의 형태를 과거와는 완전히 다른 방식으로 바꾸어놓았다. 즉 인간이 생산 체제의 중심이 아니라 기계, 즉 컨베이어 벨트가 생산 체제의 근간을 이루게 만들었다는 것이다. 그럼으로써 이제 인간은 거대한 기계의 한 부속품, 혹은 전체 공장의 일부 기계와 다름없는 존재로 전락하였다.

오늘날 한국 사회에서도 저임금 비정규직 노동자들이 거대한 공장의 기계들 속에서 기계 부품과 같이 고되고 단순한 노동을 수행하다가 병들거나 다치거나 혹은 죽어 나간다. 컨베이어 벨트나 기계 부품에 신체 일부가 끼이거나 손상을 입어서 죽는 경우도 비일비재하다. 물론 이렇게 죽어나간 단순 노동자는 또 다른 수많은 저임금 단순 노동자들에 의해 언제든지 교체될 수가 있다. 인간은 마치 기계의 일부분이나 부품과 다름없이 취급받고, 부품과 같이 쉽게 교체될 뿐이다. 기계의 부품으로서의 인간은 다치거나 죽어나가더라도 새로운 인간으로 교체되지만 기계 공장 전체는 끊임

찰리 채플린의 영화
〈모던타임즈〉

1936년에 찰리 채플린이 만든 〈모던 타임즈〉라는 영화는 이러한 공장제 생산 체제에서 인간 노동자가 거대한 기계 공장의 한 부속품처럼 전락한 상황을 희극적으로, 그리고 비판적으로 묘사한 영화이다. 영화는 거대한 톱니바퀴에 끼여서 함께 돌아가는 노동자의 모습과 컨베이어 벨트 옆에서 끊임없이 나사를 돌리다가 미쳐버리는 노동자의 모습을 코믹하지만 씁쓸한 방식으로 보여주고 있다.

영화 〈모던 타임즈〉의 한 장면

없이 움직이면서 생산을 지속하는 것이다.

　'노동의 소외'라는 개념은 이와 같은 산업적 생산 체제의 확산 과정에서 등장했다. 과거에는 인간의 노동이 생산의 전체 과정에서 주도적인 역할을 하였기에 노동 과정 자체를 통해서 인간이 개인적으로 발전하고 무엇인가를 성취한다는 느낌을 얻을 수 있었다. 수공업적 생산에서는 인간 노동이 생산의 전체 과정에 관여하면서 관련된 기술들 모두를 습득할 수 있었다. 그러면서 노동자는 생산의 모든 분야에서 신참자에서 숙련자로 발전하고 나아가 장인으로서 성장할 수 있었던 것이다. 하지만 산업혁명기 이후 인간-기계 관계의 변화로 인간 노동의 가치가 과거와 달리 보잘것없는 것으로 치부되기 시작하였다. 공장제 생산 체제 내에서 인간의 역할은 기계의 보조적인 것으로 변하였으며 나아가 언제든지 대체 가능한 것으로 취급되었다. 인간의 노동은 기계화와 컨베이어 벨트의 흐름에 맞추어 분절화되거나 파편화되었다. 인간 노동자가 생산의 전체 과정을 지휘하거나 혹은 전체 기술을 습득할 수가 없게 된 것이다.

　물론 기계화가 진행된 이후에도 공장 내에서 실제로 이루어지는 작업에서 인간 노동의 역할은 여전히 중요하였다. 인간의 노동이 아주 세분화되고 분절화되었지만, 그럼에도 불구하고 생산 과정 전체를 기획하고 기계를 배치하며 조작하는 일은 인간 노동자에게 맡겨져 있다. 그럼에도 노동의 가치는 저평가되었고 노동자들은 부속품과 같이 교체 가능한 존재가 되면서 저임금과 중노동으로 고생하게 되었던 것이다. 결국 인간 노동의 소외는 인간-기계의 관계 변화 속에서 인간 노동의 역할에 대한 인식과 자리매김이 제대로 이루어지지 못한 결과 생겨난 현상이라고 할 수 있다.

한편 산업혁명 이후 공장제 생산 체제가 사회적 생산의 중심을 차지하게 되는 과정은 다른 한편으로는 임금 노동자들이 사회적 생산과 소비의 주된 주체로서 등장하였음을 의미한다. 그리고이들이 생산과 소비의 주체로서 사회적 대중의 다수를 차지하는상황에서 노동자들은 자신들의 정치적, 경제적 권익을 보호받기위해 다양한 방식으로 요구하고 정치적 주장들을 제기하기 시작하였다. 그 결과 19세기 말에 이르면 산업화된 유럽의 국가들에서부터 노동자들에게 정치적 경제적 권리를 부여하고 권익을 보호할 것을 요구하는 노동운동이 시작되었다. 그리고 이러한 운동은노동자들을 대표하는 정당을 설립하고 나아가 국가의 정치적 권력을 장악하기 위한 혁명적 운동으로 발전하기도 하였다. 마르크스Karl Marx는 이러한 시대적 상황에서 자본과 노동의 관계를 분석하고 자본에 의한 착취와 노동 소외의 문제를 비판하는『자본론』이라는 책을 저술하였던 것이다.[4]

로봇, 감정 없는
기계 노동자의 등장

한편 최근의 '4차 산업혁명' 담론에서 거론되는 '로봇'이라는존재는 흥미롭게도 20세기 초에 고조된 혁명적 노동운동의 분위기 속에서 고안되고 제기된 개념이다. '로봇Robot'이라는 단어는체코의 작가인 카렐 차페크Karel Capek가 지은 희곡『로숨의 유니버설 로봇Rossum's Universal Robots』(약칭『R.U.R』)에서 처음으로 고안

되고 사용되었다.[5] 로봇의 어원인 'robota'는 체코어로 '중노동을
함'을 의미하는데, 차페크는 이러한 의미를 차용하여 로봇을 '중노
동을 대신 해주는 기계인간'으로 설정하고 사용하고 있다. 로봇은
일종의 '감정 없는 노동자'로서 고안되었던 것이다. 차페크의 희곡
에서는 로숨 사에서 만들어진 로봇이 세계 곳곳에 팔려나가 공장
에서 기계들 사이에서 고된 노동을 수행하며 생산을 담당하고 가
정에서도 인간들의 시중들을 드는 모습으로 그려졌다. 인간들은
로봇들을 감정 없는 노예로만 취급하고 가혹하게 대하면서 고장
이 나면 곧장 폐기할 뿐이다. 그런데 이러한 감정 없는 로봇은 '생
각하지 않는 노예'에 불과하였기에 인간의 요구에 적시 적소로 반
응할 수 없었다. 결국 감정 없는 기계인간의 한계를 깨달은 과학자
가 일부 로봇들에게 감정을 주입하고, 감정을 가진 로봇은 생각하
는 기계인간으로 변하게 된다. 그들이 주도한 반란을 통해 로봇 전
체가 인간들의 지배를 벗어나고 나아가 인간들을 통제하게 된다.

　　사실 차페크에 의해 고안된 '감정 없는 기계인간' 로봇은 공
장에서 무한히 일을 하면서도 불평불만을 느끼지 않는 노동자들
을 거느리기를 원하는 당시 자본가들의 욕망을 보여주기 위해 설
정된 것이다. 로봇들은 19세기 말에서 20세기 초 산업의 급성장기

4　　물론 마르크스는 노동 소외의 문제를 비판하고 분석하는 과정에서 인간-기계 관계의 변화와
　　　기계의 역할과 의미에 대해 논의하기도 하였다. 그는 기계의 역사에서 제분기의 역할을
　　　고찰하였으며 정교한 시계의 발전 과정에 주목하였다. 그가 보기에 시계 자체가 기계학을
　　　발전시켰을 뿐만 아니라 동력 전달에 필요한 다양한 장치 및 그 밖의 복잡한 기구들이
　　　발명되도록 촉진하였다고 생각했다. 한편 『자본론』의 전체 제목은 『자본론: 정치경제학
　　　비판』이다. 원어인 독일어명은 'Das Kapital: Kritik der politischen Ökonomie'이며,
　　　영어본 제목은 'Capital: Critique of Political Economy'이다. 1867년에 제 1권이 출간되었다.

5　　카렐 차페크의 희곡 『R.U.R』은 연극으로 만들어져 1921년에 프라하에서 초연되었으며,
　　　이후 유럽의 여러 나라에서도 계속 공연이 되었다.

에 고된 노동과 저임금에 시달리며 착취당했던 노동자들을 상징하고 있다. '로봇'이라는 말 자체가 애초 '중노동하는 자'를 의미하였음을 생각해보면 이 점은 보다 쉽게 이해가 된다. 그러므로 희곡에서 그려진 로봇들의 각성과 반란은 노동자들이 각성하여 노동조합을 결성하고 나아가 정치 권력에까지 도전하는 19세기 유럽의 '혁명적 노동자들'의 모습을 대변하고 있는 것이다.

　실제로 19세기 말과 20세기 초의 산업 현장에서 일부 자본가들은 노동자들이 마치 감정 없는 기계인간인 로봇과 같이 아무런 불평을 하지 않고 끊임없이 일하기를 원했다. 그러면서도 그들은 노동자들에게 충분한 휴식을 제공하지 않았으며 적절한 임금도 지불하지 않고서 착취하였던 것이다. 하지만 인간은 기계가 아니며 인간 노동자는 감정이 없고 불평도 하지 않는 로봇이 될 수가 없었기에, 노동자들에 대한 이런 식의 심한 요구는 계속 유지될 수

연극 〈로숨의 유니버설 로봇〉의 한 장면

가 없었다. 게다가 적절한 휴식을 보장하고 충분한 임금을 지급하는 것이 장기적으로는 노동 생산성을 향상시키고 공장의 생산력을 끌어올리는 데에 유리하다는 인식이 확산되었다. 희곡에서 보여주고 있는 것과 비슷하게 노동자들은 차츰 자신들의 처지와 권리를 자각해나갔고, 정치적인 권리와 사회경제적인 요구들을 해나가게 된 것이다. 결국 이와 같은 노동자들의 정치적 요구들은 차츰 수용되었으며 그들의 권리를 옹호하는 정당들이 다수당의 지위를 차지하여 정치 권력을 획득하는 일도 여러 국가들에서 일어났다.

그런데 21세기 들어 인공지능 기술의 발달로 인해 자동화 기계는 단순히 인간의 육체적 노동을 대신할 뿐만 아니라 인간의 정신적 능력, 즉 지능을 대신할 수 있게 되었다. 컴퓨터는 이미 여러 부문에서 인간의 지능을 대신하기 시작하였으며 인간의 감정을 읽고서 인간의 요구를 곧바로 파악하는 일을 수행하고 있기도 하다. 아이폰의 시리와 같이 스마트폰이나 가전 기기에 실려 있는 '인공지능'은 인간의 질문에 답하고 인터넷 검색을 대신 수행해주며 심지어 인간과 농담을 주고받기도 한다. 구글과 같은 포털들의 검색엔진들은 사용자의 검색 흔적들을 따라가면서 정보를 축적하여 사용자가 사고 싶어할 만한 물건을 미리 골라주거나 권해주기도 한다. 앞에서 소개한 바둑 게임에서의 알파고의 승리는 기계인 인공지능이 인간의 지능을 능가하거나 대신하는 일례일 뿐이다. 이처럼 과거에는 불가능한 것으로 여겨졌던 지적인 분야나 감정적인 영역에서 기계가 인간의 역할을 대신하거나 보조하는 모습을 우리는 실제로 경험하고 있는 것이다.

그러면서 이제 기계가 인간 노동을 육체적 수준에서뿐만 아니라 정신적 수준에서도 대체하면서 인간의 일자리를 빼앗을 거라는 우려가 실질적 위협으로서 제기된다. 특히 4차 산업혁명 담론에서는 인공지능과 로봇의 활용으로 전 세계에서 2020년까지 500만 개 이상의 일자리가 사라질 거라고도 전망하고, 20년 이내에 현재 있는 직업의 47퍼센트가 사라질 거라고 전망하기도 한다. 만약 이런 식의 예상대로라면, 이제 연극이 아닌 현실에서, 노동자들의 비유로서가 아닌 진짜 로봇, 혹은 자동화 기계들이 요란스런 반란을 일으키지 않고도 조용한 방식으로 인간들을 사회에서 몰아내는 일이 일어날지 모른다. 차페크가 희곡에서 비유적으로 그려낸 기계인간 '로봇들의 반란'과 '로봇들에 의해 인간들이 지배당하는' 모습이 오늘날에 이르러 현실적으로 다가오고 실제로 구현되고 있는지 모른다. 이러한 이유로 영화 〈매트릭스〉와 〈터미네이터〉 시리즈의 이야기가 단순한 상상으로만 다가오지 않는 것이다.

로봇화의 문제점과 대안: 로봇세와 기본소득제 논의

최근에 등장하는 4차 산업혁명 담론에서는 자동화, 로봇화로 인해 인간들이 유지할 수 있는 일자리는 단순직과 전문직을 막론하고 급격하게 축소될 것이라고 예견한다. 그렇다면 인간 노동의 축소와 그에 따른 대규모의 실직이 언제까지, 그리고 어느 수준까지 진행될까? 과연 인간들은 자동화 기계와 로봇들에 의해 대체되고 직장에서 쫓겨나 실직자로 전락하여 비참한 삶을 살게 될 것인가?

　하지만 조금 다르게 생각해보면, 이러한 일방적으로 부정적인 전망은 현실적으로는 실현되기에 불가능한 일임을 알 수 있다. 만약 인간 노동자들이 대량으로 해고되어 사회가 실업자로만 넘친다면 이는 곧 시장에서 구매력을 가진 소비자가 사라지거나 혹은 그 숫자가 대폭 축소됨을 의미한다. 정말 그런 일이 일어난다면, 자동화된 기계로 채워지고 로봇들이 일을 하는 공장들에서 찍어낸 수많은 상품들은 과연 누가 구매하겠는가? 구매력을 가진 소비자가 없다면 자동화된 공장에서 물건을 만들어내는 일 자체가 무의미할 것이다. 현대 사회에서는 대다수의 노동자가 곧 대다수의 소비자이기도 한데, 노동자의 대량 실직은 곧 구매력 있는 소비자의 감소를 의미하기 때문이다. 그러므로 인간 노동의 실직에 대비해 다양한 종류의 정치적 사회적 대처 방안이 만들어지지 않으면 인간 노동은 배제된 채로 기계와 로봇으로 완전 자동화된 생산 체제가 원활하게 작동될 수가 없는 것이다.

　사실 자동화와 로봇화가 산업 생산의 전 과정에서 진행된다면, 이는 생산과 소비의 과정에서 차지하는 임금 노동자의 위치를 급격하게 변화시키는 것을 의미한다. 그러므로 사회 전체적으로 따져봤을 때, 산업 생산 체제에서 자동화와 로봇화로 인해 노동자들의 일자리가 대체되어서 사라지는 만큼 노동자들의 임금을 대신하거나 보완해주는 조치가 이루어져야 한다. 이러한 이유로 유럽의 국가들에서는 자동화된 공장에 로봇세를 징수하는 문제나 혹은 노동자들인 일반 국민들에게 일정 수준 이상의 소득을 세금을 이용하여 보장하는 '기본소득' 제도에 대한 논의를 진행하고 있다.

　물론 지금 시점에서 유럽에서 진행되고 있는 로봇세나 기본

소득제에 대한 논의들이 어떤 식으로 결론을 맺을지, 나아가 장기적으로 로봇화와 자동화가 정치적, 사회적으로 어떠한 변화를 가져올지를 미리 예견하기란 쉽지가 않다. 그럼에도 불구하고, 자동화 기계의 확산과 로봇, 인공지능의 발전이 인간 노동의 종말이나 대규모 축소를 야기할 것이라고 부정적 전망만을 강조하는 주장은 사실 '한쪽만을 이야기하고 다른 쪽은 이야기하지 않은 것'임을 알 필요가 있다.

비록 자동화와 로봇화로 인한 생산 체제의 변화와 로봇세와 기본소득 제도에 대한 논의가 어떤 식으로 결론이 날지는 알 수 없지만, 한 가지 분명한 사실은 자동화 기계의 발달과 로봇화, 그리고 인공지능의 발달로 인해 산업혁명 시기 이래 설정된 인간-기계의 관계가 또다시 새롭게 그리고 급격하게 변화하고 있다는 점이다. 그렇다면 우리는 새롭게 변화하는 인간-기계 관계를 어떻게 이해하고 설정해나가야 할 것인가? 단순히 '기계가 인간을 전체적으로 대체할 것'이라는 식의 암울한 미래 전망 외에 다른 식의 전망은 어떤 식으로 가능한가?

인간-기계 관계에 대한
새로운 관점

생각해보면, 근대 이후, 특히 산업혁명기 이후 기계가 인간 사회에 아주 깊숙이 들어와서 생산 체제뿐만 아니라 삶의 다양한 영역에서 중요한 위치를 차지하고 있음에도 정작 우리는 '기계' 자

체에 대해, 나아가 인간-기계의 관계에 대해 본격적으로 논의하
고 탐구해보지 않았다고 말할 수 있다.[6] 우리는 주변에 존재하는
기계와 장치에 대해 단순히 딱딱하게 죽은 채로 있는 물질 덩어리
로만 이해하고, 공장에서 우리의 일자리를 빼앗아갈지도 모르는
존재로만 생각하였던 것이다.

　하지만 이러한 생각들 아래에는 인간-기계의 관계를 바라보
는 아주 오래된 시각이 깔려 있다. 그것은 바로 기계인 사물과 인
간을 철저히 분리된 것으로, 혹은 철저히 별개의 것으로 바라보는
관점이며, 또한 기계와 사물을 '수동적인 존재'로 바라보고 반대로
인간을 '능동적이고 주체적인 존재'로 바라보는 관점이다. '수동
적인 기계'와 '주체적인 인간'이라는 프레임이다. 이러한 관점에
서 기계, 혹은 사물은 단지 죽어 있는 것이며 능동적 행위자가 될
수가 없고 인간이 주체적이고 능동적인 행위자로서 이 기계를 다

6　철학사와 과학사를 살펴보면, 기계를 중심으로 세계의 물질적 존재와 변화를 설명하고자
　하는 관점은 이미 근대 시기부터 제시되었다. 근대 철학자이자 과학자이기도 한 르네
　데카르트가 제시한 기계적 철학Mechanical Philosophy이 그것이다. 그는 물질을 죽어
　있는 것으로서 일정한 위치를 차지하는 외연extension으로서 파악한다. 그에 따르면, 이
　물질들은 접촉과 충돌에 의해서만 서로에게 작용을 가할 수 있다. 그는 정교한 시계와 같은
　기계장치 속에서 톱니바퀴와 크랭크로 연결되어 힘을 전달하면서 작용이 일어나듯이, 인간과
　동물, 나아가 세계는 죽은 물질(외연으로서의 물질)들로 이루어져서 작용을 주고받는 정교한
　기계일 뿐이라고 주장하였다. 데카르트는 또한 신은 애초에 비활성의 물질들로 구성된
　정교한 기계와 같은 세계를 한번 만들고 나서 '최초의 운동'을 부여한 후에 일이 관여하지
　않는다고 보았다. 마치 시계공이 시계를 만들고 나서 태엽을 감고 난 뒤에는 시계가 알아서
　자동으로 돌아갈 뿐이지 시계공이 일일이 작동에 간여하지 않는다는 것과 같다. 그는 이런
　관점에서 애초 신이 물질에 부여한 운동은 영원히 없어지지 않고 충돌이나 접촉으로 다른
　물질에 전달되지 않는 운동은 영원히 계속될 것으로 보았다. 이것이 바로 직선관성 개념이다.
　데카르트의 이러한 기계적 철학은 현대과학과 공학이 기본적으로 채택하고 있는 관점이다.
　데카르트의 기계적 철학에 대해서는 김영식, 『과학혁명』 (아르케, 2001)을 참고할 것.

루고 작용을 가할 뿐이라고 생각한다.[7] 이런 관점에서 흔히 대규모 전쟁이나 환경 파괴, 대규모 사고 등에 대해 '과학과 기술은 나쁘지 않으나 그것을 사용하는 인간이 나빠서 일어나는 일'이라고 파악한다. 또 다른 예로 총은 중립적인데, 그것을 사용하는 인간이 악한지 착한지에 따라서 살인 사건의 도구가 되거나 방어 무기가 된다고 말하는 식이다.

하지만 기계와 사물을 단지 수동적인 것, 혹은 비능동적인 것으로만 보는 관점이 적절할까? 만약 지금 누군가에게 강하게 분노한 자가 있는데, 마침 그의 집에 총이 있어서 그는 이 총으로 상대를 쏴서 죽여버렸다. 하지만 그는 이내 분노를 삭이고 난 뒤에 자신이 사람을 죽인 것을 후회한다. 이 상황에서 분노한 자가 쏘아 죽인 사람은 자기의 집을 침입한 도둑일 수도 있지만 어쩌면 부부 싸움의 상대인 배우자이거나 혹은 재산 다툼의 상대인 형제나 자매일 수도 있다. 만약 그의 집에 총이 아니라 무딘 칼만이 있었다면, 그는 사람을 그렇게 손쉽게 죽일 수는 없었을 것이고, 따라서 분노를 삭이고 난 뒤에 크게 후회할 일은 일어나지 않았을 것이다. 총기를 손쉽게 구할 수 있는 미국에서는 총기 사고가 빈번하게 일어나는데, 심지어 어린 아이가 권총으로 자기 부모를 실수나 장난으로 쏘아서 죽이는 어처구니없는 일이 일어나기도 한다. 하지만 이런 식의 어처구니없는 일은 한국에서는 일어나지 않는다. 총기가 철저히 규제되어 주변에서 구하기 어려운 한국과 같은 나라에서는 총기 사고 자체가 거의 일어나지 않는 것이다. 실제로 우리 주변에서도 부부 싸움 도중에 배우자를 죽이는 일이 간혹 일어난다. 하지만, 주변에 총이 있는지 아니면 칼이 있는지에 따라서 순간적인 분노 때문에 사람이 죽게 되는 일이 벌어질 확률은 아주 달라진다. 다시 말해, 사물인 총기가 오히려 사태를 주되게 규정한다고 말할 수 있는 것이다. 또 다른 예를 들어보자. 우리는 자동차를 타고 가다가 바닥에 '과속방지턱'이 있으면 속도를 줄일 수밖에 없다. 운전자는 속도를 줄이지 않고서 과속방지턱을 넘을 경우 자신의 차가 상하게 됨을 알고서 과속방지턱에 반응을 보이는 것이다. 즉, 과속방지턱이라는 사물이 우리의 행동을 규정하고 있는 것이다.

　　이러한 사실들은 우리 주변에 존재하는 기계와 사물들이 이미 그 존재 자체로서 사태를 특정한 방식으로 결정하고 있음을 말해준다. 생각해보면 우리는 이미 다양한 종류의 사물들과 기계들에 의해 규정되는 삶을 살고 있다. 우리는 전철이나 기차 시간에 맞추어 움직이며 버스의 노선에 맞추어서 우리의 동선을 정한다. 만약 스마트폰이 고장나면 우리는 친구와 만나기로 한 정확한 약속 시간을 확인할 수 없어서 애를 태운다. 학교 강의실에 있는 컴퓨터가 느리거나 고장이 나면 강의를 진행할 수 없게 되기도 한다. 카페나 극장에서 스마트폰이나 자동 주문 키오스크를 이용해서 주문을 할 수 없는 노인들은 자동 주문 키오스크에 익숙한 젊은이들에 비해 보다 오랫동안 줄을 서서 기다려야 한다. 외진 곳에 있는 멋진 카페들도 승용차로 접근할 수 있는 곳이라면 널리 알려져서 손님들이 많이 찾아올 수 있다. 이에 비해 도로가 제대로 개설되어 있지 않은 곳에는 설사 카페를 멋지게 만들어놓았다고 하더라도 많은 손님들이 찾지 않을 것이다. 이처럼 우리의 삶은 이미 사물과 기계에 의해 규정되거나 영향을 받고 있는데, 이를 다르게

7　사물 자체를 죽어 있는 것으로 파악하는 관점은 아주 오래된 것이지만, 다른 한편으로는 사물을 철저히 죽은 것, 비활성의 외연으로 바라보는 데카르트의 기계적 철학에 의해 강화된 것이기도 하다.

말하면 사물과 기계 그 자체가 능동적인 작용성을 가지고서 인간의 삶을 규정하고 있다고 볼 수 있는 것이다.[8]

또 다른 방식으로 생각을 해보자. 사실 기계와 사물은 인간과는 별개의 것이 아니라 어쩌면 이미 인간의 일부이거나 '연장extension'이 되었다고 볼 수 있다. 우리는 '현대 인간'을 단지 인간의 신체 자체만으로 규정할 수 있을까? 현대 인간은 컴퓨터와 스마트폰, 자동차, 가전 제품 등 다양한 기계를 사용하고 있다. 다시 말해 우리가 만든 외부의 사물, 사용하는 기계와 기구, 건물, 스마트폰은 우리를 구성하고 있는 일부인 것이다. 스마트폰을 사용하여 친구와 소통하고 은행 업무를 보며 약속 시간을 잡고 살아가는 현대 도시의 젊은이들은 스마트폰이 뭔지도 잘 모르고 사용할 줄도 모르는 시골에 있는 노인들과는 상당히 다른 종류의 인간이라고 할 수 있다. 이러한 차이는 단순히 세대나 도시-농촌 사이의 차이가 아니다. 아파트에서 살아가는 사람들과 단독주택에서 살아가는 사람들의 삶의 양식은 많은 부분에서 차이가 난다. 인간은 자신을 둘러싼 여러 사물들과 함께 스스로를 구성하고 살아가는 존재인데, 그가 어떠한 사물들과 함께 자신을 구성하느냐에 따라서 삶의 형태는 달라질 것이다.

다른 한편으로, 최근에 와서는 인간과 기계가 실질적으로 결합하고 있기도 하다. 장애인들의 절단된 팔과 다리를 대신하는 금속 골격은 보다 정교하게 기계화되고 있다. 여러 가전 기업들과 IT 회사들은 노동자들의 육체적 작업을 보완하기 위한 근골격 보조 기계를 개발하고 있으며, 몇몇 회사들에서는 이미 노동자들이 근력 보조 기구들을 장착한 채로 작업을 진행하고 있기도 하다.[9] 이미 많은 노인들이 인공관절을 이식받아 보다 건강한 삶을 영위하고 있으며, 인공 심장과 같은 인공 장기를 이식받고서 살아가는 사람들도 전 세계적으로 늘어나고 있다. IT와 결합된 다양한 기계 장치들이 웨어러블^{wearable}의 형태나 혹은 인체 이식의 방법으로 인간과 결합하고 있는 것이다.

그런데 생각해보면 기계와 기구는 이미 근대 이전부터 인간과 더불어 오랫동안 존재하였음을 알 수 있다. '인간은 도구를 사용하는 존재'라는 말에서 알 수 있듯이, 인간은 사물을 도구로 사용하는 순간부터 인간이 되었다. 이런 사실은 영장류가 진화를 통해 인류가 되는 과정을 설명하는 여러 진화론적 연구에서 확인된 것이다. 즉 인류는 호모 에렉투스의 등장 이후부터 도구를 사용하면서 발전하였으며, 호모 사피엔스의 탄생 자체가 도구의 사용과 발전에 따른 결과였다. 이런 사실은 인간은 사물과 도구, 기구와 기계를 이용하여 자신을 새롭게 구성하고 변화시켰음을 의미한다. 인류는 사물과 도구를 통해서 발전하였으며, 이러한 도구와 기계를 발전시키는 과정 자체가 기술의 발전 과정이었다.

따라서 만약 인간-기계, 인간-사물의 관계를 애초부터 상호작용하고 보완하는 것으로 파악한다면, 산업혁명기에 기계가 사

---

8   사물과 기계에 대해 인간과 같은 능동성을 지닌 존재로 파악하는 관점은 최근에 등장한 행위자 네트워크 이론Actor Network Theory, ANT에서 제기하는 관점이다. 여기에 따르면 사물, 혹은 기계와 같은 비인간 존재non-human being들은 인간들과 마찬가지로 능동적 행위자actor로 바라보고자 한다. 인간과 비인간 존재인 사물은 함께 네트워크network를 이루며 상호간에 작용을 통해서 함께 구성되어 있다고 보는 것이다. 행위자 네트워크 이론은 과학철학자인 브루노 라투어Bruno Latour와 같은 이들에 의해 발전하였다. 행위자 네트워크 이론에 대해서는 브루노 라투어 외, 『인간 · 사물 · 동맹-행위자 네트워크 이론과 테크노사이언스』(이음, 2010)을 참고할 것.

9   이미 독일의 자동차 회사 BMW의 자동차 공장에서 일하는 노동자들은 근골격 보조 장치를 착용하면서 작업을 보다 수월하게 하고 있다. 유튜브 동영상을 참고할 것. (https://youtu.be/pGqPjYALB50)

회적 생산 체제에서 핵심적인 역할을 하기 시작한 것은 어떻게 보면 인간과 사물, 인간과 기계의 관계의 장기적인 발전과 변화에 따른 결과라고 볼 수도 있을 것이다. 다만, 산업혁명기에는 워낙 새롭고 강력하며 거대한 기계들이 여럿 등장하여 크나큰 힘을 발휘하였기에 사물인 기계의 '능동성'이나 '행위성'이 강력하게 인식되었고, 그 변화 자체가 급격하고 혁명적인 것으로 여겨졌던 것이다.

그렇다면 다시 앞에서 던졌던 질문으로 돌아가 보자. 자동화 기계와 인공지능이 탑재된 로봇이 개발되고 널리 사용되고 있는 21세기 현재 우리는 인간-기계의 관계를 어떻게 이해하고 또한 새롭게 설정해나가야 할까? 이런 식의 질문에 대해 아직까지는 충분히 만족할 만한 답을 얻어내기 어렵지만, 앞의 논의를 통해서 한 가지 점은 대체적으로 합의할 수 있을 것이다. 그것은 미래에도 과거와 마찬가지로 인간과 기계[사물]는 서로 대립하는 것이 아니고 함께 보완적으로 존재하면서 세계를 구성해나갈 것이라는 점이다. 그리고 이런 점에서 인간과 기계, 인간과 사물을 행위의 능동성과 수동성, 주체성과 피동성의 관점에서 뚜렷이 구분하고 별개의 것으로 바라보는 것은 여러 가지 차원에서 한계가 있으며, 인간과 마찬가지로 기계와 사물도 세계를 함께 구성하고 있는 하나의 '행위자'로 봐야 할 것이다. 로봇의 부상과 자동화 기계의 확장으로 인해 진행되고 있는 인간-기계 관계의 새로운 변화는 우리로 하여금 '인간-기계 관계'와 '기계와 사물' 자체에 대한 새로운 인식을 요구하고 있는 것이다.

인간-기계 관계가 과연 어떻게 변화하고 어떻게 새롭게 설정될지를 지금 미리 구체적으로 예측하기는 쉽지 않다. 다만 인간과, 기계인 인공지능 사이에 교감과 공감이 이루어지는 일은 이미 우리 주위에서 차츰 나타나고 있음을 주목할 필요가 있다. 이와 관련해서 2017년에 일본으로부터 전해진 '로봇 강아지 아이보의 장례식' 뉴스는 인간과 기계가 앞으로 어떻게 교감하고 관계를 맺으며 살아나갈지를 보여주는 흥미로운 일례이다.

로봇 아이보Aibo는 소니가 1999년부터 판매하기 시작한 세계 최초의 오락용 강아지 로봇이다. 아이보는 처음 판매될 당시에 가격이 25만 엔(약 265만 원) 정도였음에도 초판으로 배포된 3,000대가 20분 만에 매진될 정도로 인기가 많았다. 로봇 아이보는 이후 4세대까지 개량되어 전 세계적으로 약 100만대 가량이 판매되었다. 그렇다면 이 로봇 아이보는 단순한 장난감의 용도로만 사용되었을까? 얼핏 생각하면 강아지 로봇은 분명히 일반 강아지와는 다르기에 인간과 어떠한 교감이 이루어질 수 있을까 의심스럽다. 하지만, 아이보에는 비록 낮은 수준이지만 주인과 반응하고 주인의 명령과 행동을 학습할 수 있는 인공지능이 탑재되어 있었다. 그리고 로봇 강아지 아이보들이 이런 교감의 능력으로 인간들에게 많은 도움을 준 곳은 바로 일본의 양로원과 노인들이 있는 가정이었다.

일본의 노인들, 특히 양로원의 노인들은 차츰 아이보를 진짜 강아지들처럼 여겼으며 아이보와 교감하기 시작하였다. 양로원이나 집에서 외롭게 지내던 할아버지와 할머니들에게 로봇 강아지는 많은 위로가 되었고 교감의 상대가 되었던 것이다. 양로원의 답답함과 무료함 속에서 드러날 수도 있는 노인들의 폭력적 성향도 아이보로 인하여 뚜렷하게 감소했다. 그러자 양로원의 요양사들도 로봇 아이보를 환영하며 적극적으로 활용하기 시작하였다.

그런데 2017년에 이르러 소니는 이미 단종된 로봇 아이보의 부품을 더 이상 공급할 수 없다고 발표했고 고장난 로봇 아이보들은 가동을 중단할 수밖에 없었다. 그러자 요양원의 노인들은 더 이상 움직일 수 없는 로봇 아이보의 장례식을 치르며 떠나보냈다. 그들은 로봇 아이보의 죽음을 진심으로 안타까워하고 슬퍼하였던 것이다.

위에서 소개한 로봇 아이보에 관한 이야기는 로봇이 이제 단순한 기계 이상의 역할을 수행하기 시작하였음을 보여준다. 즉 어떤 측면에서는 단순해 보이는 기계가 인간들과 진심으로 교감하고 공감할 수 있음을 보여주었던 것이다. 게다가 지금의 기술 수준과 비교해 보건대 로봇 아이보에 탑재된 인공지능은 낮은 수준의 인공지능이었음을 고려해본다면, 로봇 아이보와 인간 사이의 교감과 공감은 단순히 인공지능의 지적 수준의 높고 낮음에 달려 있는 문제가 아니었음을 알 수 있다. 이처럼 인간과 기계, 인간과 로봇 사이의 교감과 교류, 공감은 생각 외로 어렵지 않게 일어나며, 또한 앞으로 더욱 확대되고 강화될 것이 분명해 보인다. 그리고 실제로 아이폰의 시리나 아마존의 인공지능 알렉스, 구글의 인공지능 검색 서비스, KT의 인공지능 지니 등을 통해서 우리는 기계와의 교감을 이미 행하고 있다. 우리는 이미 다양한 분야에서 다양한 방식으로 도입되고 있는 '인공지능 서비스'들을 통해서 인간-기계 사이의 새로운 관계를 일부, 혹은 상당한 수준으로까지 경험하고 있다.

박권수

참고문헌

김영식, 『과학혁명』, 아르케, 2001.

라투어 외, 『인간 · 사물 · 동맹-행위자 네트워크 이론과 테크노사이언스』, 홍성욱 엮음, 이음, 2010.
브란욜프슨, 에릭, 앤드루 맥아피, 『제2의 기계시대』, 이한음 옮김, 청림출판, 2014.
슈밥, 클라우스, 『제4차 산업혁명』, 송경진 옮김, 새로운 현재, 2016.
차페크, 카렐, 『로숨의 유니버설 로봇』, 김희숙 옮김, 모비딕, 2015.

예술 작품은 우리를 어떻게
성찰하게 하는가

구원을 찾아 서성거리는
인간의 삶과 예술

영화 〈보헤미안 랩소디〉는 퀸과 프레디 머큐리의 삶을 재조명하면서 사람들에게 감동을 불러일으켰다. 프레디 머큐리는 짧은 인생을 살다 갔지만, 그의 강렬한 삶의 체험과 음악은 사람들의 뇌리에 영원히 남을 심미적 울림이 되었다. 프레디 머큐리의 독자적이며 개성적인 삶은 그 자체로 한 편의 영화라고 할 수 있으므로, 스토리와 음악이 강조되는 종합예술인 영화에 맞춤하였고, 이것이 대중적으로 확산된 것이다. 좋은 예술 작품은 시간과 공간을 초월하여 지금 여기로 반복적으로 다시 소환되어 감상된다. 이때 작품의 공유는 사람들에게 감정이입과 정서적 공감을 불러일으키며, 인간의 보편적인 소망과 감정에 대한 상호작용을 넓혀준다. 〈보헤미안 랩소디〉의 가사를 음미해 보면[1] 현실과 환상의 경계에서 서성거리는 문제적 인간을 만날 수 있다. 파국과 난관이 거듭되는 삶의 진실 속[2] 유한한 인간의 전형적인 모습이 담긴 음악은 우리에게 깊은 울림을 준다. 삶의 비밀을 탐색하는 인간에게 영화와 음악과 가사[시]는 인간의 체험 영역을 확장하고 고양한다. 좋은 작품을 감상한다는 것은 스스로 주체가 되어 감성과 사고를 고무하면서 사유를 발생시키는 일이다.

여기 한 편의 그림이 있다. 이 그림을 얼핏 보면, 처형의 위기라는 일촉즉발 상황에 놓인 사람들의 모습이라는 것을 알 수 있다. 두 손을 높이 쳐들고 있는 사람의 모습이 유독 눈에 띈다. 밤하늘의 어두운 색깔과 대비되어 밝은 조명이라도 비추어진 듯 하얀 옷을 입은 사람의 모습이 인상적이다. 그런데 이 그림을 제대로 이해하려면[3] 1808년 스페인의 마드리드에서 프랑스 점령군에 대항한

프란치스코 고야, 〈1808년 5월 3일〉, 1814, 마드리드 프라도 미술관

시민 봉기에 대한 배경지식이 있어야 한다. 죽음을 기다리는 사람들 사이에 공포에 질려 두 팔을 벌린 사내의 손에는 못 자국이 보인다고 한다. 희생자의 모습은 십자가에 달린 목수의 아들과 겹쳐진다.[4] 고야가 그린 이 그림은 역사 속에서 잊히고 말 그날을 우리의 기억 속에 영원히 복원시키고 있다. 처형의 그날이 '5월'이라는 사실은 역사적 비극이 국가를 초월하여 끔찍하게 반복된다는 사실을 상기시킨다. 인류의 역사에서 전쟁과 학살이 수많은 희생자를 뒤로한 채 반복되고 있다는 것을 증언하는 그림이다.

　　그런가 하면 여기 프란츠 카프카의 단편 「법 앞에서Vor dem Gesetz」로 발표됐다가 미완성 장편 『소송』의 9장 '대성당에서'에 신

1　It this the real life? Is this just fantasy?
　이건 현실인가? 이건 환상일 뿐인가?
　Caught in a landslide, no escape from reality
　큰 난관에 갇혀서, 현실로부터 빠져나갈 곳이 없어.
　Open your eyes, look up to the skies and see
　눈을 떠, 하늘을 올려다 봐.
　I'm just a poor boy, I need no sympathy
　난 불쌍한 소년일 뿐, 동정은 필요하지 않아.
　Because I'm easy come, easy go, little high, little low
　난 쉽게 왔다 가고, 약간 기분이 좋거나 나쁘거나 하니까
　Any way the wind blows doesn't really matter to me, to me
　바람이 어떤 식으로 불든지 나와는 상관이 없지.

2　진실을 찾아가는 여정 속에서 가면 뒤에 감춰져 있는 것이 진리가 아니라, 무無이거나
　공포라는 사실은 인간 존재에게 근원적인 연민과 회의를 불러일으킨다. K.해리스,
　『현대미술-그 철학적 의미』, 오병남, 최연희 옮김 (서광사, 1988), 83~86쪽 참조.

3　그림의 코드를 읽는 작업을 도상학이라고 한다. 도상학자 파노프스키는 도상적 지표 단계를
　3단계로 나눈다. 첫 단계는 전도상학적 단계로, 그림을 눈에 보이는 그대로 묘사하는 것이다.
　두 번째 단계는 도상학적 단계로 그림의 관습적 제재subject를 밝히는 것이다.
　세 번째 단계는 도상해석학적 단계로 작품의 메시지를 '해석'하는 단계이다. 여기엔 철학이나
　그 밖의 세계관적인 지식에 기초한 종합적 직관이 필요하다. 진중권, 『서양미술에 나타난
　죽음의 미학-춤추는 죽음2』(세종서적, 1997), 7~16쪽.

4　진중권, 앞의 책, 266~267쪽.

부와 K의 대화 형식으로 삽입되어 있는 이야기가 있다. '법' 안으로 들어가려는 시골 남자와 '법' 안으로 들어가는 것을 막는 문지기가 주요 인물인 우화이다.

한 시골 남자가 '법' 안으로 들어가려 한다. 문지기가 입장을 가로막는다. 시골 남자는 나중에는 들어갈 수 있느냐고 묻는다. 문지기는 나중에는 가능한 일이지만 지금은 안 된다고 말한다. 자신의 '금지'를 어겨서 들어간다 하더라도 그 안에는 더 위력적인 문지기들이 지키고 있기 때문에 안 된다고 위협한다. 시골 남자는 가져온 물품을 뇌물로 주기도 하며 다각적인 시도를 하지만 문지기의 금지를 풀지 못한다. 오랜 시간이 흘러도 그는 법 안으로 들어가지 못한다. 마침내 쇠약해진 그는 최후의 순간에 '법의 문으로부터 꺼질 줄 모르고 흘러나오는 광채'를 알아보게 된다. 그는 문지기에게 왜 이 문을 통해 법으로의 입장을 요청한 다른 사람들이 없었느냐고 묻는다. 문지기는 이 입구는 오로지 당신만을 위해 정해진 곳이라며 문을 닫는다.[5]

위의 이야기는 '법'이라는 문을 사이에 두고, 시골 남자와 문지기의[6] 대립적 구도를 보여주고 있다. '법'은 정치적이며 사회적인 의미만이 아니라 종교적인 진리나 철학적 존재론 혹은 예술적 상징과도 관련된다. 이 이야기는 진리, 정의, 자유 등 그것이 무엇이든지간에 인간이 추구하는 그 무엇에 지금 당장 이르기는 어려운 법이어서 그 과정이 끝없이 지연遲延되고 있음을 나타낸다. 이 구도는 얼핏 욕망과 금지의 대립이라는 의미로 읽히지만, 끝내 모호하게 처리되어 있다. 그러나 삶의 비의에 해당하는 '광채'를 엿본 자, 고단한 삶을 살 수밖에 없는 단독자의 이미지는 예술가의 이미지와 맞물려 있다. 그게 꼭 예술가의 이미지가 아니라고 하더라도 평생 구원을 찾아 삶의 문 앞에서 서성거리는 모든 인간의 알레고리로 읽을 수 있다.

위에서 제시한 영화와 음악, 그림, 우화는 예술적 영역의 다양한 스펙트럼을 보여준다. 영국 사회의 이방인이었던 프레디 머큐리, 스페인의 궁정화가 프란치스코 고야, 유대계의 독일인 작가 프란츠 카프카는 시대와 국가는 달랐지만 끊임없는 실험 정신과 독창성으로 자신들만의 고유한 예술 세계를 열어젖혔다. 예술적 자유 속에서 그들은 거듭나고, 새로운 세계를 만들어내면서 삶의 진실에 다가간다. 그러나 어떤 새로운 것을 창작한다는 것은 무에서 유를 만들어내는 것이 아니라, 기존에 있던 것을 비틀고 낯설게 하여 사람들에게 참신함을 불러일으키는 것이다.

그렇다면 한발 더 나아가서 구체적인 예술 작품의 생생함과 마주하기 위하여, 우리의 시각과 눈높이에서 다시 읽기를 시도해 보겠다. 한 작품은 네덜란드 출신의 화가 빈센트 반 고흐의 〈한 켤레의 신발〉이고, 다른 작품은 한국 작가 이청준의 초기작 「병신과 머저리」이다. 모든 예술 작품이 그러한 것처럼 이들은 작품을 통해서 삶의 어떤 측면을 집요하게 천착하고 있다. 이러한 작품들을

---

5   우찬제, 「법 앞에서, 법 안에서」, 『세계일보』 (2017.03.14.).

6   "문지기는 카프카 소설 속 인물들의 전형적인 특징인 관료를 상징하고 있다. 관료의 모습이란 사회적 신분 유형으로가 아니라 인간의 한 가지 가능성, 근원적 존재 방식의 하나로 연상된다. 관료들로만 구성된 관료주의 세계에서는 첫째, 자발성도 창의성도 행동의 자유가 없다. 있는 것이라고는 단지 명령과 규율뿐이다. 그것은 복종의 세계다. 둘째, 관료에게는 거대한 활동의 목적과 전망이 보이지 않으며 행위가 기계적인 것이 되어 버리고 마는 세계이며 사람들이 자기가 하는 일의 의미를 알지 못하는 세계이다. 셋째, 그것은 추상의 세계이다. (…) 그는 관료주의적 현상을 통해 인간과 인간 조건, 인간 미래의 근본적인 중요성뿐만 아니라 관청의 유형 같은 성격에 내포된 시적 잠재성까지도 보았던 것이다." 밀란 쿤데라, 『소설의 기술』, 권오룡 옮김 (민음사, 2008), 161~162쪽.

살펴봄으로써 작가의 진지하고 성실한 인간과 삶에 대한 탐색을 추적할 것이며, 다양한 해석 방식에 대해서 재검토할 것이다.

고흐의 〈한 켤레의 신발〉
감상하기

그림의 맥락

빈센트 반 고흐는[7] 서양 미술사에서 문학적인 화가로 알려져 있다. 고흐가 동생 테오에게 보낸 수많은 편지는[8] 사랑과 이별, 삶과 예술에 대한 통찰로 빛난다. 반 고흐는 주로 노동자, 농민, 하층

반 고흐, 〈한 켤레의 신발〉

민의 고단한 생활과 풍경을 그린 밀레에게 영향을 받았고,[9] 일본 목판화(우키요에, 14~19세기 일본에서 유행한 서민 목판화)의 생동감과 색감에 영향을 받았으며, 모네와 같은 인상파 화가들에게 영향을 받았다. 고흐의 〈한 켤레의 신발〉(1886)은 밀레의 영향으로부터 자유롭지 못한 우울하고 어두운 느낌을 자아내고 있지만, 일본 목판화와 인상파 화가들의 영향을 받은 후 고흐의 그림은 밝은 느낌의 색채감을 띠는 방향으로 변화한다.

　〈한 켤레의 신발〉은 〈감자 먹는 사람들〉(1885)과 더불어 현실감과 독창성이 강한 빈센트의 초기 대표작이다. 이 그림은 움직이는 장면의 한순간을 포착한 것이 아니라 고정된 사물을 가감 없이 그린 것이다. 투박하고 희뿌연 바탕색으로 둘러싸여 있는 전체적인 분위기는 침묵의 정적 속에 고요하게 가라앉아 있다. 고흐 자신의 신발이라고도 하고 농부의 아내 신발이라고도 하는데, 누구

7　빈센트 반 고흐는 1853년 3월 네덜란드 남부에서 보수적인 목사의 장남으로 태어났다. 죽은 형의 이름을 따서 빈센트라고 지어졌다. 첫 아이의 죽음을 슬퍼하여 어머니의 '대체된 아이'로 마음의 상처를 안고 살아갔다. 1890년 7월, 37년의 짧은 생을 마감했다. 고연선, 「고연선의 미술 감상: 빈센트 윌렘 반 고흐」, 『한국논단』 288권(2013) 참조.

8　"삶이 아무리 공허하고 보잘것없어 보이더라도, 아무리 무의미해 보이더라도, 확신과 힘과 열정을 가진 사람은 진리를 알고 있어서 쉽게 패배하지는 않을 것이다. 그는 난관에 맞서고, 일을 하고, 앞으로 나아간다."(1884년 10월 테오에게 쓴 편지) 빈센트 반 고흐, 『반 고흐, 영혼의 편지』, 신성림 옮기고 엮음(예담, 1999), 115쪽.
　"우리들은 끊임없이 진실한 그리고 정직한 그 무엇을 만들어내야 한다. 우리들은 완전히 한 농민이 되고, 그리고 농민이 느끼거나 생각하는 그대로 농민을 그려야 한다. 예술을 진지하게 생각하고, 인생을 진지하게 생각하는 사람들에게 진지한 마음을 일으키게 할 그림을 만들어 내려고 하지 않는다면, 나는 나 자신을 책망해야 한다." 슈테판 폴라첵, 『빈센트 반 고흐』, 최기원 옮김 (정음문화사, 1990), 321쪽.

9　"반 고흐가 끊임없이 모방하고 재해석한 밀레의 작품들은 〈키질하는 사람〉, 〈이삭 줍는 여인들〉, 〈감자 심는 사람들〉, 〈퇴비 치는 농부〉, 〈겨울-땔감을 나르는 사람들〉, 〈나무 켜기〉와 같이 노동의 신성함을 다루는 주제들이었고, 이는 가난한 자들에 대한 고흐의 연민과 칼빈주의적 가치가 반영된 것이다." 라영환, 「빈센트 반 고흐의 삶과 예술 그리고 프로테스탄트 정신」, 『신앙과 학문』 20권 4호 (기독교학문연구회, 2015), 77쪽.

의 신발인지 밝히는 게 여기서 그리 중요한 것은 아닌 것 같다. 신발의 주인은 고흐만이 알고 있겠지만, 이 그림은 그 신발이 오랜 시간과 많은 공간에서 주인과 함께했을 것이라는 사실을 추측하게 한다. 그 사실은 닳아빠지고 낡을 대로 낡은 신발의 표면을 통해 짐작할 수 있다.[10] 노동자나 농민은 투박하고 질긴 가죽이 다 해지고 닳도록 이 신발을 신고 긴 시간 동안 땀을 흘렸을 것이다.

이처럼 수고로운 시간을 보내고 난 다음, 잠시 짬을 내어 신발 주인은 휴식을 취하고 있었을지도 모른다. 신발은 주인에게서 벗어나 분리되어 있다. 한쪽은 구겨져 있는 것으로 보아 나란히 놓여 있으면서도 불균형을 이루고 있는 상태이다. 또한 신발 끈은 아무렇게나 풀어져서 널브러져 있다. 그것은 긴장의 상태가 아니라 이완의 상태를 의미한다. 신발 끈이 꽉 묶여져서 팽팽하게 있는 상태가 힘찬 노동을 의미한다면, 이처럼 느슨하게 풀어져 있는 상태는 휴식을 의미할 것이다. 따라서 이 그림은 일차적으로 숨 가쁜 일상에서의 노동과 휴식을 이야기하고 있다.

한편 이 남루한 가죽 신발은 사물을 통해 인간 존재의 운명의 심연을 들여다보게 한다. 이 그림은 지속적으로 노동할 수밖에 없는 가난한 자의 눈물겨운 근면, 아무리 노동을 해도 나아지지 않는 형편으로부터 비롯한 노동자의 애환을 연상하게 한다. 이 거친 그림 안에는 밥을 벌어먹으려고 아침부터 저녁까지 쉬지 않고 일하는 노동자의 정직함이 배어 있는데, 그것은 반복해서 돌아보게 하는 정서적인 끌림으로 이어진다. 이 낡은 신발 그림은 이 땅에서 가난한 사람, 노동하는 사람, 소외된 사람, 고독한 사람을 하나의 인격체로 참되게 다시 돌아보게 하는 힘을 지니고 있는 것이다.

사물과 인간의 관계

사물은 인간이 파악해야 할 대상으로만 눈앞에 존재하는 것일까? 경우에 따라서 사물들은 자신들의 신비로운 세계를 열어젖히며 그 고유한 존재를 우리에게 드러낸다. 하이데거는 사물들의 본질은 우리가 사물을 눈앞에 놓고 분석함으로써가 아니라 우리가 사물을 손과 발로 경험할 때 드러난다고 보았다.[11] 어떤 모진 시련 또는 어떤 강도 높은 노동 속에 있더라도 신발은 그 주인과 함께 수없이 많은 시간의 결, 척박한 공간의 틈을 온전하게 공유하고 디뎠을 것이다.

1886년 봄, 고흐가 사물화를 그리기 시작한 것은 순전히 가난 탓이었다. 사물화는 모델료가 적게 들었기 때문이다.[12] 고흐의 화가로서의 인생은 다른 예술가의 인생과 마찬가지로 가난과 외로움으로 점철되어 있었다. 인물화에 전념하고 싶었지만 돈이 없어서 처음에는 꽃들을 대상으로 삼아 색채 연습을 하였다. 고흐의 가장 유명한 꽃 그림은 우리가 익히 아는 것처럼 1888년 아를에서 그린 〈해바라기〉이다. 이처럼 꽃 그림을 그리면서 틈틈이 신발 그림을 그렸는데 이것은 색채 연습을 하기 위한 것만은 아니었다고

---

10   "배운다는 것은 우선 어떤 물질, 어떤 대상, 어떤 존재를 마치 그것들이 해독하고 해석해야 할 기호들을 방출하는 것처럼 여기는 것이다. (⋯) 나무가 내뿜는 기호들에 민감한 사람만이 목수가 된다. 혹은 병의 기호에 민감한 사람만이 의사가 된다. 목수나 의사 같은 이런 천직은 늘 어떤 기호에 대한 숙명이다." 질 들뢰즈, 『프루스트와 기호들』, 서동욱, 이충민 옮김 (민음사, 2004), 23쪽.

11   박찬국, 『삶은 왜 짐이 되었는가』 (21세기북스, 2017), 230쪽.

12   "이 시절 고흐의 그림은 풍경화가 교회나 오두막집을 대상으로 했다면, 정물화는 도기와 병, 그릇을 담백하게 그려냈으며, 인물화의 경우 밭일하는 농부나 그들의 초상을 집중적으로 그렸다." 서성록, 「반 고흐의 〈감자먹는 사람들〉 연구」, 『예술과 미디어』 12권 3호, 한국영상미디어협회, 2013, 13쪽.

전해진다. 다음은 신발 그림에 얽힌 사연이다.

> 고흐의 신발 그림은 네덜란드 시절의 화풍과 정서를 강하게 지니고 있
> 는데, 그는 신발에 대한 남다른 경험이 있었다. 1879년, 6개월 만에 탄광
> 촌의 임시 전도사직에서 쫓겨난 고흐는 미래에 대한 희망을 잃은 채 자
> 포자기의 상태에 빠져 있었다. 오랜 고민 끝에 화가가 되기로 결심한 고
> 흐는 평소 존경해마지 않던 프랑스 사실주의 화가 쥘 브르통Jules Breton
> 의 그림을 보기 위해 프랑스의 쿠리에르에 있는 그의 작업실을 방문하
> 는 길에 나섰다. 차비가 없던 고흐는 1주일을 걸어서 브레통의 작업실을
> 찾아갔으나 그의 작업실을 보고 실망하여 만나지도 않고 돌아왔다. 농
> 민 화가의 작업실로는 너무 호화스럽다고 생각한 것이다. 다시 걸어서
> 보리나주에 돌아왔을 땐 그는 거의 초주검이 된 상태였다. 보리나주의
> 숙소로 되돌아오니 신발은 누더기가 되었고 터진 신발 틈으로 발가락이
> 삐져 나왔다.13

인간이 착용하는 여러 가지 물건들 중 하나인 신발은 대다수
에게 진부할 만큼 친숙해서 관심을 갖지 않는 사물이다. 새것이 아
닌 낡은 사물의 존재를 새롭게 깨닫는다는 것, 그 낡은 신발에서
역설적으로 빛나는 아름다움을 본다는 것은 사물들을 과학적으로
분석하는 것이 아니라, 그 사물의 존재에서 깊이를 발견해내는 일
이다. 세월의 풍화작용을 거치면서 주인이 나이를 먹어가듯 신발
도 변색되고 변질되어간다. 뭉툭하게 깎이고 조금씩 닳고 닳은 사
물의 표면은 인간의 주름이 그러한 것처럼 많은 의미를 내포하고
있다. 반짝이며 빛나는 새 신발이 아니라 낡고 먼지투성이인 헌 신
발에는 인생의 역정이 담겨 있다. 따라서 고흐의 신발 그림은 사물

과 인간의 관계를 다시 보게 한다. 다시 말해 한 켤레의 신발 그림은 고정되어 있는 사물화로 기능하는 것이 아니라, 인간과 유기적으로 연결되어 있는 사물의 힘을 과시하고 있다.

　　화가는 사물의 이면에 자리한 진실을 투시하고 있다. 그렇다면 궁극적으로 이 낡은 신발 그림은 가난한 자에 대한 화가의 사랑이며, 위로이고, 헌사일 것이다. 화가는 사물을 그림으로써 한계가 있는, 한 인간으로서의 범주를 뛰어넘는 숭고한 비전을 예술적으로 구현하고 있다.

낡은 신발에서 성스러운 신발로

　　이 신발 그림에는 눈앞에 현존하는 실재적인 신발을 재현하는 것을 넘어 대지에서 살아가는 농촌 사람들의 투박했던 삶의 세계를 보존하고 있다는 의미가 있다. 낡은 신발을 리얼하게 표출함으로써 평범한 것의 비범함을 보여준다. 그것은 달리 말하면 일상의 사물이 지니고 있는 성스러움 혹은 일상 사물 속에 임하는 거룩함이기도 하다. 하이데거는 고흐의 이 그림이 농부의 고단한 삶, 들길의 고독함, 대지의 말 없는 부름과 거부, 농촌 아낙네의 강인함과 출산모의 산고와 생활고 등과 같은 가난과 고통과 외로움의 세계를 드러나게 함으로써 존재자의 진리를 계시한다[14]고 보았다. 다음은 〈한 켤레의 신발〉에 대한 하이데거의 해석이다.

13　　박우찬, 『고흐와 돈, 그리고 비즈니스』 (도서출판 재원, 2010), 91~92쪽.

14　　류의근, 「반 고흐의 〈낡은 구두〉 해석 논쟁」, 『대동철학』 76집, 대동철학회, 2016, 36쪽.

닳아 삐져나온 신발 도구의 안쪽 어두운 틈새로부터 노동을 하는 발걸음의 힘겨움이 굳어 있다. 신발 도구의 옹골찬 무게 속에는, 거친 바람이 부는 가운데 한결같은 모양으로 계속해서 뻗어 있는 밭고랑 사이를 통과해 나아가는 느릿느릿한 걸음걸이의 끈질김이 차곡차곡 채워져 있다. 가죽 표면에는 땅의 축축함과 풍족함이 어려 있다. 해가 저물어감에 따라 들길의 정적감이 신발 밑창 아래로 밟혀 들어간다. 대지의 침묵하는 부름, 무르익은 곡식을 대지가 조용히 선사함 그리고 겨울 들판의 황량한 휴경지에서의 대지의 설명할 수 없는 거절이 신발 도구 속에서 울리고 있다. 빵을 안전하게 확보하는 데에 대한 불평 없는 근심, 궁핍을 다시 넘어선 데에 대한 말 없는 기쁨, 출산이 임박함에 따른 초조함 그리고 죽음의 위협 속에서의 전율이 이러한 신발 도구를 통해 스며들어 있다. 대지에 이러한 도구가 귀속해 있고 농촌 아낙네의 세계 안에 이 도구가 보호되어 있다.[15]

자연 속에서 대지와 더불어 살아가는 인간 삶의 소박한 희로애락이 눈에 보이는 듯하다. 물론 이 신발이 농촌 아낙네의 것인지 아닌지, 이 신발 주인이 누구인지에 대해서는 논의가 분분하다. 이 신발 그림은 화가 자신이 걸어갔던 인생 역정이나 화가로서의 예술적 고뇌와 좌절과 열망 그리고 그의 종교적 영성을 담고 있고, 화가가 표현하는 자신의 다른 자아[16]로 보면 고흐의 자화상일 수도 있다. 신발 주인이 누구건 그는 가난하지만 자연과 함께 자연의 순리대로 살아가는 사람임에 틀림없을 것이다. 하이데거는 신발을 단순하게 그린 그림인 것처럼 보이는 고흐의 그림에서 어떻게 낡은 신발이 대지의 기운을 끌어모아 성스러운 신발로 탈바꿈하는지를 예의 주시하고 있다. 아울러 화가인 고흐 자신도 단순한 그

림에 영혼을 불어넣으려는 시도를 하고 있었다는 사실을 다음과
같은 편지글을 통해서 이야기하고 있다.

> 예술은 우리 자신의 기교나 지식이나 배움보다 더 위대한, 더 높은 무엇
> 이라는 적극적인 의식에 근거한다는 것일세. 예술은 인간의 손이 만들
> 어내는 것이기는 하지만, 단지 손뿐만 아니라, 더 깊은 원천으로부터, 우
> 리 영혼으로부터 용솟음치는 무엇이라네.[17]

먼 길을 향한 발걸음 떼기

인간은 누구나 신발을 신고 땅바닥에서 떨어질 수 없는 숙명
을 타고 난다. 어린 아기 때 기어다니다가 문득 아장아장 걷기 시작
할 무렵, 주변의 감탄과 축복 속에서 신게 되는 신발은 두 발을 보
호해주고 지탱해주는 역할도 하지만 지속적으로 평생의 노고를 이
어가게 한다. 물론 인간은 신발을 신고 걷는 것에 그치지 않고, 빠
른 속도와 비상에 대한 욕망으로 자동차와 비행기를 만들어내었
다. 하지만 자동차와 비행기가 있는 고도의 현대 문명 속에서도 인
간은 땅에서 한 발도 떨어질 수 없다. 그 점은 신분의 귀천을 막론
하고[18] 신발이 함의하고 있는 평등을 숙고하게 한다. 살아 있는 자

---

15   마르틴 하이데거, 「예술작품의 근원」, 『하이데거의 예술철학』, F.W.폰 헤르만 지음,
      이기상 옮김 (문예출판사, 1997), 573쪽.

16   류의근, 앞의 글, 42쪽.

17   빈센트 반 고흐, 『세상에서 가장 아름다운 편지』, 박홍규 옮김 (아트북스, 2009), 308쪽.

18   "고흐는 본래 '가난한 사람들에게 복음을 전하고' 싶어했지만, 뜻을 이루지 못하고 화가로서
      가난한 사람들과 그들의 삶을 묘출함으로써 사람들에게 연약하고 상처받은 이들에 대한
      의무를 탕감 받고 싶어했다." 클리프 에드워즈, 『하느님의 구두』, 최문희 옮김 (솔, 2007), 36쪽.

는 누구나 생명이 다할 때까지 함부로 신발을 벗어 던질 수 없으며 땅과 접촉하고 있는 신발을 신을 수밖에 없는 것이다.

자기 신발을 신고 뚜벅뚜벅, 한걸음 한걸음 옮기는 인간을 상상해 보라. 인간은 밑창이 닳도록 자기 몫의 짐을 짊어지고 과업을 향해 나아가도록 설계되어 있다. 그것은 아무하고도 나눠질 수 없는 고유한 자기만의 짐이다. 그것은 아무하고도 바꿔 신을 수 없는 고유한 자기만의 신발이다. 이러한 신발은 고흐의 그림 속에서 투박하고 거칠게 아무렇게나 재현되어 있는 것처럼 보이지만, 그 안에서 발하는 반짝임은 화가로서의 고흐의 인생 걸음을 추적하게 함으로써 비로소 보존되는 힘을 지닌다.[19]

다시 한 번 그 낡은 신발이 함의하고 있는 진실은 무엇일까, 질문을 던져본다. 구겨진 신발 한 짝, 낡고 해진 가죽의 광택 없는 표면, 다 풀리지 못한 채 엉켜 있는 끈들은 비루한 인간의 생애가 결코 쉽게 끝날 것 같지 않음을 시사한다. 권태로운 일상을 벗어나고 싶거나 무기력한 삶을 벗어 던지고 싶어도 쉽게 벗어던질 수 없는 것처럼 혹은 내일의 태양이 떠오르면 금방이라도 주워 신고 일터에 다시 나가야 할 것처럼 신발은 인간에게 밀착되어 떨어질 수 없는 어떤 것이다. 그것은 살아 있는 한 끊임없이 노동해야 하는 인간의 생애를 상징하면서 다른 한편으로는 삶의 족쇄와 굴레를 상징하고 있다. 그리하여 그것을 곱고 가지런히 벗어놓은 것은 때로 죽음을 상징한다.

이 낡고 오래된 신발 그림은 낡은 것, 보잘것없는 것, 하찮은 것에 대한 재조명을 통해 어떤 분명한 메시지를 드러낸다. 비루하고 일상적이며 조야하고 추잡하며 불쾌한 것에서 어떤 진실한 것, 즉 영감靈感이[20] 생겨난다고 할 때, 고흐의 이 신발 그림은 낡은 것을 다시 한 번 되돌아봄으로써 삶의 진실에 한걸음 더 다가가게 한다.

「이청준의 「병신과 머저리」
   다시 읽기

병신과 머저리」는[21] 1966년 『창작과 비평』에 발표된 이청준의 초기 단편소설로 1967년에 동인문학상을 받은 작품이다. 이청준의 작품 중에서 「줄」(1966), 「과녁」(1967), 「매잡이」(1971) 등이 그동안 주로 장인 소설[22] 혹은 예술가 소설로 규정되어 조명되었다면, 이와 달리 「병신과 머저리」에 대해서는 세대 간의 환부와 아픔의 차이라는 내용에[23] 초점이 맞추어져 논의되어 왔다. 화가이면서 그림을 그릴 수 없는 동생인 '나'는 의사이면서 소설을 쓰는 형의 소설을 쫓아가며 삶의 진실을 추적한다. 예술가 소설이 주

---

19   "작품의 보존이란 작품 속에서 발생하고 있는 진리의 섬뜩함 안에 냉철하게 서 있음이다"
      (하이데거, 앞의 글, 614쪽)

20   문광훈, 『가면들의 병기창』 (한길사, 2014), 143쪽.

21   이 제목은 육체나 정신의 불구를 의미하는 말로, 모자라는 행동을 하는 사람을 낮잡아
      이르거나 남에게 욕을 할 때 쓴다. 경우에 따라서 보편적이며 중립적인 용어는 아니지만
      작가가 작품의 제목으로 선택하였으므로 오해 없이 읽을 필요가 있다. 텍스트는 다음과 같다.
      이청준, 「병신과 머저리」, 『병신과 머저리』 (열림원, 2001).

22   "이청준이 이들 장인들의 세계를 다루는 보다 근본적인 이유는 장인들의 삶이 교환가치의
      지배를 받지 않는다는 사실, 이들의 쇠퇴가 오늘의 막강한 문명에 기인한다는 사실, 이들이
      피해자일 따름이지 전혀 가해자는 사실, 그리고 그러한 사실의 언어화가 소설의
      탐구적 성격의 중요한 부분일 수 있다는 사실에 있을 것이다." 김치수, 「언어와 현실의 갈등」,
      「이청준 깊이 읽기」, 권오룡 엮음 (문학과지성사), 1999, 97쪽.

23   김병익, 「진실과의 갈등」, 『이청준론』 (삼인행 1991), 191~192쪽.

인공인 예술가와 현실의 갈등을 다루거나 예술가들의 고유한 생활 형식과 전체의 생활 형식의 불화를[24] 다루는 것이라고 할 때, 「병신과 머저리」를 다시 읽는 것은 문제적 작품을 재발견함으로써 예술가 소설의 특징을 재고할 수 있는 계기가 될 것이다.

도대체 무슨 일이 있었는가: 존재 사건의 발발勃發

어느 날 의사인 형에게 존재의 목소리를 듣게 되는 하나의 사건이 발생하게 된다. 신중하고 솜씨가 정확해서 단 한 번도 실수하지 않았던 형이 한 소녀를 죽음에[25] 이르게 한다.

> 형이 소설을 쓴다는 기이한 일은, 달포 전 그의 칼끝이 열 살배기 소녀의 육신으로부터 그 영혼을 후벼내버린 사건과 깊이 관계가 되고 있는 듯했다. 그러나 그 수술의 실패가 꼭 형의 실수라고만은 할 수 없었다. (…) 소녀는 수술을 받지 않았어도 잠시 후에는 비슷한 길을 갔을 것이고, 수술은 처음부터 성공의 가능성이 절반도 못 됐던 경우였다.(58쪽)

열 살배기 소녀의 사망 이후 형은 차츰 병원 일을 등한시하더니 아예 병원 문을 닫고 들어앉아서 10년 전의 패잔과 탈출에 관한 소설을 쓴다. 이를 요약하자면 '소녀가 죽었다. 형이 일을 그만두고 소설을 쓰기 시작한다'이다. 소녀의 사망은 트리거trigger가 되어 의사인 형에게 소설을 쓰게 하는 중대한 사건으로 작용한다. 트리거가 트라우마 경험을 재경험하도록 만드는 자극이라면, 소녀의 사망은 한편으로 형이 쓰는 소설의 서두 부분 중 형의 소년 시절 회상인 노루 사냥 이야기와, 다른 한편으로는 10년 전 형의 패잔과 탈출에 관한 이야기와 중첩되고 연결된다.

> 〈나는 총소리를 듣자 목구멍으로 넘어가던 것이 갑자기 멈춰버린 것 같았다. 싸늘한 음향-분명한 살의와 비정이 담긴 그 음향이 넓은 설원을 메아리처 올 때, 나는 부질없는 호기심에 끌려 사냥을 따라나선 일을 후회하기 시작했다〉 (…) 상처를 입은 노루는 설원에 피를 뿌리며 도망쳤다. 사냥꾼과 몰이꾼은 눈 위에 방울방울 번진 핏자국을 따라 노루를 쫓았다. (…) 〈나〉는 흰 눈을 선연하게 물들이고 있는 핏빛에 가슴을 섬뜩거리며 마지못해 일행을 쫓고 있었다. (…) 〈나〉는 차라리 노루가 쓰러져 있는 것을 보기 전에 산을 내려가 버리고 싶었다.…그리고 〈나〉는 곧 열이 심하게 앓아누웠기 때문에, (…) 노루를 찾아냈다는 이야기는 자리에서 소문으로 듣게 되었다.(65~66쪽)

이처럼 형의 소설 서두 중 노루 사냥 이야기에서 우리는 형이 어떤 성격의 인간인지를 유추할 수 있다. 상처 입은 노루의 핏빛에 섬뜩해 하며 마지못해 일행을 쫓아다니는 형은 나약하고 수동적인 인간 유형이다. 심리적 회피는 육체적 증상을 동반하기도 한다. 이러한 형에게 소녀의 '죽음'은 일상을 멈추게 하는 일대 사건

24　헤르베르트 마르쿠제, 『마르쿠제의 미학사상』, 김문환 옮김 (문예출판사, 1989), 8~9쪽.

25　"하이데거는 인간을 근원적으로 '지성이 뛰어난 동물'이라기보다는, 죽음을 직시하고 사유하여 자기만의 고유한 죽음을 이행할 수 있는 존재자로 본다. 그리고 그렇게 죽을 수 있는 인간만이 자기 존재는 물론이고 타자의 존재를 문제 삼을 수 있으며, 그럼으로써 결국 존재를 밝히고 증언할 수 있다. 이렇듯 죽음으로써 존재를 증언하는 인간, 그런 인간의 본질을 수행하는 자를 하이데거는 '시인'과 '사유자'로 명명한다." 김동규, 『철학의 모비딕-예술, 존재, 하이데거』 (문학동네, 2013), 161쪽.

이[26] 된다. 형은 죽음과의 관계 속에서 삶을 변형시키게 된다. 의사인 형은 내면의 자기 목소리에 귀를 기울이게 되면서 그동안 침묵해 온 이야기를 소설로 쓰는 것이다.

형의 소설 이야기와 '나'의 그림 이야기는 어떻게 상호작용하고 있는가: 의혹의 시선과 탐색의 중층 구조[27]

「병신과 머저리」는 화가인 동생이 의혹의 시선으로 형의 소설을 읽어가며 전개된다. 추측과 상상을 통해 형의 소설 이야기를 따라가는 동생의 시선은 독자의 시선에 다름 아니다. 어떤 진실인지모르지만 베일에 가려져 있던 실체를 밝혀가는 과정은 질문을 던지고 대답을 추구하는 양식과 흡사하다.

형이 쓰는 소설 속 과거 이야기의 핵심적인 에피소드는 다음과 같다.

> 1. 나는 6 · 25사변 전 부대에서 오관모가 김일병을 학대하는 것을 방관한다.(70~72쪽)
> 2. 나는 부상 당한 김일병과 패잔병이 되어 오관모를 다시 만나고, 오관모가 첫눈 오는 날 그를 죽일 거라는 말을 듣는다.(73~76쪽)
> 3. 나는 첫눈 오는 날 김일병의 치명적 상처를 보며 그가 죽어도 좋다고생각한다.(77~79쪽)

전술한 바와 같이 이 소설 속 과거 이야기는 서두 부분인 노루 이야기와 긴밀히 연결되어 있다. 피 흘리는 노루와 매질 당하고부상 당하는 김일병, 추적하는 사냥꾼과 가학적이고 잔인한 오관모는 정확하게 겹쳐진다. 소설 서두에서 어린 형이 노루와 사냥꾼 사이에서 나약한 인간이었던 것처럼 패잔과 탈출 이야기에서 형은 김일병과 오관모 사이에서 그저 지켜만 보는 인간으로 그려진다. 형은 현실에서도 소설의 결말을 선뜻 지어내지 못한 채 주저하고 방황한다.

　　그런데 형이 소설의 결말을 쓰지 못한 채 방황할수록 동생인 '나'도 그림을 그리지 못하는 사태가 발생한다.

　　　나의 화폭이 갑자기 고통스러운 넓이로 변하면서 손을 긴장시켜 버린 것도 분명 그 형의 이야기를 읽기 시작하면서부터였다. 더욱 요즘 형은 내가 가장 궁금하게 여기는 대목에서 이야기를 딱 멈춘 채 앞으로 나아가질 않고 있었다. 문제는 형이 이야기를 멈추고 있는 동안 나는 나의 일을 할 수가 없는 사정이었다. 이야기의 결말을 생각하는 동안 화폭은 며칠이고 선線 하나 더해지지 못하고 고통스러운 넓이로 나를 괴롭히고 있

26　"존재 사건은 사전적 의미로 불현듯 일어나는 사건을 뜻한다. (…) 존재 사건은 순간적으로 돌연히 일어나는 사건으로서 인과적 포착이 불가능한 사건이다. 존재 사건은 시시각각 변화하는 시간에 호응하며 제각각 일어나는 사건이다. (…) 하이데거의 사건은 언제나 새로운 차이 속에서 일어나지만, 그 차이를 통해서 존재[시간]의 동일성을 유지하는 사건이다. (…) '존재 사건의 일어남'이란 근원적으로 주시하다, 즉 불현듯 바라보다, 시선 속에서 스스로를 향해 부르다, 자기화하다를 뜻한다." 김동규, 앞의 책, 172~173쪽.

27　"'중첩 구조' 혹은 '격자 소설'로도 언급되는 중층 구조란, 일인칭 화자가 주인공이 되어 그를 둘러싸고 어떤 사건이 전개되는 평면 구조와 달리, 일인칭 화자가 어떤 사건을 전달하는 무대 속의 무대와 같은 이중 구조를 말한다." 권택영, 「이청준 소설의 중층 구조」, 권오룡 엮음, 『이청준 깊이 읽기』 (문학과지성사, 1999), 162쪽. "이때 안쪽에 담겨진 이야기는 대개 평면적 스토리의 전개로 한 인간의 경험과 삶의 태도에 관한 유형을 보여준다. 그리고 그 이야기를 바라보고 그것과의 교류와 관찰 속에서 우리의 삶에 대한 종합적인 반성과 평가의 역할을 수행해나가는 시선을 또 하나 바깥에 마련한다. 바깥에 마련된 관찰자의 시선은 그러니까 그 안쪽에 진술된 일회적이고 평면적인 경험의 유형을 최종적 진실로 확정지으려는 목적에서가 아니라 그것을 의심하고 시험하며 반성하는 역할의 수행자로서 마련되어지고 있는 것이다." 이청준, 『작가의 작은 손』 (열화당, 1978), 187쪽.

는 것이다.(61쪽)

　　이처럼 화가 동생 '나'는 소녀를 죽인 후 병원 문을 닫은 채 소설을 쓰는 형의 이야기를 읽기 시작하다가 형이 이야기를 멈추자 아무것도 할 수 없는 지경에 이른다. 이야기의 결말을 망설이고 있는 형과 넓은 화폭 앞에 초조히 앉아 있는 나, 그러니까 형의 소설 이야기와 현실의 동생 '나'의 그림 이야기는 맞대응하고 있다. 형이 동생의 그림에 대해서 이야기한 부분을 살펴보면 다음과 같다.

　　"흠! 선생님이 그리는 사람은 외롭구나. 교합 작용이 이루어지는 기관은
　　하나도 용납하지 않았으니….."

　　"뭐, 보기에 따라서는 다 된 그림일 수도 있는 걸…하나님의 가장 진실한
　　아들일지도 몰라. 보지 않고 듣지 않고 오직 하나님의 마음만으로 살아
　　가는. 하지만, 눈과 입과 코…귀를 주면…달라질 테지…"

　　"그 새로 탄생할 인간의 눈은, 그리고 입은 좀더 독이 흐르는 쪽이어야 할
　　것 같은데…"(68쪽)

　　아울러 형은 '귓속과 눈길이 다 깊지 못하고 입술이 얇은 그 여자'와 결혼했는데 동생 '나'는 혜인이라는 여자를 무력하게 떠나보낸다. 동생 '나'는 형의 소설이 나의 그림과 연관되고 있다는 생각에서 벗어나지 못한 채, 혜인과 헤어지고 갑자기 사람의 얼굴이 그리고 싶어진다. 그러나 동생 '나'는 정작 감격으로 화필이 떨리게 하는 얼굴을 찾을 수 없어서 긴장한 선으로 얼굴의 외곽선만

떠 놓고 고심하고 있다.

> 매일 저녁 나는 그 형의 소설을 뒤져보고 어서 끝이 나기를 기다렸지만, 관모는 항상 아직 골짜기 아래서 가물거리고 있었고, 김일병은 김일병 대로 형의 결정을 기다리고만 있었다. 무엇보다 나는 형이 그러고 있는 동안 화실에서 나의 일을 할 수가 없었다.(79쪽)

　형이 소설을 향해 나아가지 못하고 주춤거리는 동안, '나'의 작업 또한 중단되어 있다. 형이 누군가를 죽이지 않는 한, 동생인 '나'는 일을 할 수가 없다. 급기야 노여움과 분노로 기다리지 못한 '나'는 "화풀이라도 하는 마음으로 표범 토끼 잡듯 김일병을 잡"는다. 형의 이야기에 손을 대고서야 동생인 '나'는 드디어 화폭에 손을 댈 수 있다. 하지만 동생의 그런 행동이 못마땅한 형은 동생의 화실로 찾아와 화폭에 구멍을 내 버리고, 동생의 결말과는 다른 판본으로 자신의 소설을 바꾼다. 김일병을 죽인 오관모를 소설 속 형이 죽이는 결말로 마무리한다.
　그러나 이청준이 쓴 「병신과 머저리」마지막 장면은 형이 쓴 결말을 형이 찢고 태우는 것으로 그려진다. 술 취한 형은 소설을 불태우는 이유가 형이 소설 속에서 죽인 관모를 현실에서 만났기 때문이라고 한다. 그리하여 형은 이 모든 것이 쓸데없는 게 되어버렸다고 욕설을 뱉어낸다. 이를 통해 형과 동생 '나'의 결말은 다른 양상으로 매듭지어진다.

　이제 형은 곧 일을 시작하게 될 것이다. 형은 자기를 솔직하게 시인할 용기를 가지고, 마지막에는 관모의 출현이 착각이든 아니든, 사실로서 오는 것에 보다 순종하여, 관념을 파괴해 버릴 수 있는 힘이 있었다. 무엇보다도 형은 그 아픈 곳을 알고 있었으니까. (…) 나의 아픔은 어디서 온 것일까. (…) 나의 화폭은 깨어진 거울처럼 산산조각이 나 있었다. 그것을 다시 시작하기 위하여 나는 지금까지보다 더 많은 시간을 망설이며 허비해야 할는지 모른다. (…) 나의 아픔 가운데에는 형에게서처럼 명료한 얼굴이 없었다.(94쪽)

왜 하필 병신과 머저리인가: 수성獸性과 신성神性 사이

「병신과 머저리」라는 범상치 않은 제목의 의미는 무엇일까? 우선 세 가지 층위에서 살펴보면, 먼저 소설 밖 형과 동생의 층위, 다음으로 소설 안 '나'를 사이에 둔 오관모와 김일병의 층위, 마지막으로 작가 자신의 층위로 나누어 볼 수 있다.

형과 동생은 소설 속에서 각각 환부가 있는 병신, 환부가 없는 머저리로 지칭된다. 욕설인 병신과 머저리는 방향이 바깥의 타인을 향해 있을 때는 비난, 조롱, 울분, 화 등의 의미를 지닌다. 때로 이것은 가학적인 모습으로 그려지기도 한다. 현실에서 형의 칼끝에 소녀의 숨이 끊어진 후 동냥질하는 거지 아이의 손을 형이 구둣발로 무심한 듯 밟고 지나가는 장면이라든가, 형의 소설 속에서 김일병이 오관모에게 끔찍하게 매질 당할 때 '내'가 김일병의 눈빛을 보면서 흥분과 초조감으로 더 세게 관모의 매질을 재촉하는 장면이 그러하다. 동생이 형의 소설 속 부상 당한 김일병을 죽이는 장면에서는 그 가학성이 정점에 이른다. "그저 욕을 하고 싶다는 것, 욕할 생각이라도 하고 있지 않으면 한순간도 견뎌 배길 수 없을 듯한 노여움"으로 동생인 '나'는 관모가 오기 전에 김일병을 끌고 동굴을 나와서 쏘아버리는 것으로 소설을 끝내버리는 것이다.

주인공들이 다른 사람의 시선을 자기 시선으로 내면화하여 바라본다면 이 욕설은 결국 자신을 향해 있는 것이 된다. 따라서 이 욕설은 역설적이게도 다분히 타인에게 전가된 자신의 감정 배출과 연관된다. 자책, 불안, 수치, 연민 등의 소용돌이치는 감정은 자기 혐오와 자기 비하에 가깝다. 왜 나약할 수밖에 없는가? 어째서 언제나 방관자로서 살아가야 하는가? 주저하고 망설인 끝에 형은 동생의 결말과 달리, 김일병을 죽인 오관모를 죽이는 것으로 소설의 결말을 맺는다. 소설 속 형은 그립고 희미한 얼굴을 떠올리며 방아쇠를 당긴다. 그는 오관모를 죽인 후 자신의 얼굴을 만난다. "피투성이의 얼굴이 웃고 있었다. 그것은 나의 얼굴이었다."

결혼식에서 술 취해 돌아온 형이 자신이 쓴 소설을 찢고 태우면서 "병신 새끼"라고 중얼거리는 것이나 동생에게 "머저리 새끼"라고 소리를 지르는 것은 동어반복에 해당한다. 따라서 "이 참새 가슴 같은 것,… 썩 네 굴로 꺼져!"는 형이 동생에게 하는 말이지만 동시에 자기 자신에게 하는 말이기도 하다. 동생인 '나'는 형이 겪는 아픔의 정체가 뚜렷한 반면, '나'의 아픔의 정체는 찾을 수 없다고 이야기한다. 혜인의 편지에 따르면 형은 6·25 전쟁의 전상자이고, 동생인 '나'는 환부다운 환부가 없는 환자이다. 누가 더 위험한 증상을 가졌는지의 여부에 상관없이 형과 동생은 병신이면서 머저리이고, 머저리이면서 병신이다. 즉, 소설이 진행되지 않으면 그림을 그릴 수 없고 서로가 서로의 작품에 깊이 관여하며 서로를 향해 겁쟁이라고 욕을 퍼붓는다는 점에서 똑같이 병신과 머저리이다.

형의 소설 속 인물인 오관모와 김일병도 주인공들을 대변하는 또 다른 유형의 인물들이다. 오관모는 "키가 작고 입술이 푸르며 화가 나면 눈이 세모"가 되는 "배암 같은 인상"을 지닌 자이며, 김일병은 "얼굴의 선이 여자처럼 곱고" 유순한 자이다. 전쟁 전 오관모는 독사처럼 김일병을 두들겨 패거나 괴롭히는 사람이며, 김일병은 "파란 불꽃"의 눈빛으로 매질을 견디는 사람이다. 전쟁이 일어나고 패잔병이 되었을 때, 김일병은 오른팔이 잘린 부상병으로 오관모와 다시 재회한다. 위생병인 소설 속의 '나'는 이 두 사람을 지속적으로 관찰하고 방관한다. 오관모는 지위를 이용하여 김일병을 구타하고 성적으로 유린하는 잔인한 인물인 반면, 김일병은 부조리한 현실에 저항하지 못하는 약자를 대변하는 인물이다. 오관모에게 부상당한 김일병은 입을 줄여야 하는 존재, 쓸모없는 존재, 상처로 냄새나는 존재로 제거 대상이 된다. 결국 소설 속의 '나'는 김일병의 상처 벽이 무너져 가고 있을 때 "김일병이 죽어도 좋다고" 생각하기에 이른다.

인간은 근원적으로 오관모와 같은 욕망을 분출하는 존재이다. 오관모가 지위를 이용하여 약자에게 군림하는 것은 전형적인 악의 모습이며, 오관모와 같은 인물은 도처에서 발견할 수 있다. 김일병은 부조리한 상황에서 상처 입거나 훼손되기 쉬운 인물이다. 위생병인 '나'는 두 인물 사이에서 적극적으로 개입하지 못하는 방관자이면서 구경꾼인 인물이다. 마지막에 소설 속에서 '나'가 김일병을 죽이든지 오관모를 죽이든지 상관없이 '나'의 내면에는 김일병이면서 오관모, 오관모이면서 김일병이 공존한다. 인간의 가학적인 동물적 본성, 피학적인 나약한 본성, 그 한계를 뛰어넘고 극복하고자 '나'는 소설을 쓰는 것이다. 죽을 수밖에 없는 인간이 동물적 본능인 수성獸性을 극복하고 한 줄기 빛과 같은 신성神

性을 향해 나아가고자 할 때, 어떤 양식으로든 예술 작품을 통한 자기 성찰이 동반되어야 한다.

작가 이청준은 자신의 작품 속에서 반복적으로 '병신과 머저리'와 같은, 세계와 불화하는 인물 유형을 다룬다. 이청준의 작품 속에는 '병신'이거나 '환자'인 주인공들이 그들의 상처의 원인이 무엇인지 찾는 과정이 그려진다. 문학은 불행의 그림자를 먹고 사는 괴물이어서 현실의 압력이 가중될수록 이것을 견뎌내려는 정신의 틀이 필요하다는 작가적 진술은[28] 지금 이 순간의 현실에도 문학적 상상력이 유효하다는 사실을 상기시킨다. 작품 곳곳에 있는 부조리하고 모순된 시대와 사회적 상황에서 깨어질 수밖에 없는 인간의 불완전함은 비정한 현실 속에서 글을 통해 증언하려고 분투하는 작가의 모습이 투영된 것이기도 하다. 따라서 '병신' 혹은 '머저리'에는 작가 이청준이 인간의 양심과 동물적인 본능 사이에서 벗어날 수 없어 절망하는 인간을 향한 자조와 자기부정의 정신이 담겨 있는 것이 아닐까?

무엇이 진실인가: 열린 결말의[29] 가능성

소설 속 이야기인 형의 '패잔과 탈출 이야기' 마지막 장면은 동생의 버전과 형의 버전으로 나뉜다. 우선 동생의 버전은 가엾은 김일병을 소설 속 내가 죽이는 결말이다. 다음으로 형의 버전은 김일병을 죽인 오관모를 내가 죽이는 결말이다. 소설 밖 이야기의 마

---

28   이청준, 권오룡, 「시대의 고통에서 영혼의 비상까지」, 『이청준 깊이 읽기』, 권오룡 엮음 (문학과지성사, 1999), 25쪽.

지막 장면으로 미루어 보자면 그것이 형의 소설인 것처럼 두 버전 모두 허구적 설정에 불과하다. 형이 소설 속에서 죽인 오관모를 현실에서 보았다고 이야기하면서 이제 자기가 쓴 소설은 쓸모없는 것이 되어버렸기 때문에 찢어버리고 불태우는 장면이 마지막에 설정되어 있다. 따라서 이 소설은 소설 속 이야기와 소설 밖 이야기를 넘나들면서 단계별로 다음과 같은 부정의 절차를 밟고 있다.

> 1단계: 동생이 김일병을 죽이는 설정
> 2단계: 형이 오관모를 죽이는 설정
> 3단계: 형이 소설을 찢고 불태우는 설정

여기에서 몇 가지 질문을 제기한다면 궁극적인 작가적 의도에 접근할 수 있을 것이다. 첫째, 동생은 왜 김일병을 죽였을까? 김일병은 현실에서의 무력감, 나약함, 불완전함을 대변하는 인물로 그려진다. 동생은 그런 김일병을 형이 소설 속에서 어차피 죽을 수밖에 없는 존재로 그려 놓았기 때문에 어떤 죄의식 없이 자신의 참새 가슴을 부정하듯이 제거해 버린다.[30] 현실에서 그림을 그릴 수 없고 '얼굴'을 찾을 수 없는 동생은 취약하고 불완전한 것에 대한 수치심을 지니고 있다. 수치심은 완전한 통제력을 지니려는 원초적 욕구에서 기원하기 때문에 다른 사람에 대한 어떤 형태의 공격성과 연결될 가능성이 있다.[31] 이러한 수치심을 외부 대상에 투영하여 김일병을 제거하는 것인데, 나르시시즘과 자신의 불완전성에서 생겨난 수치심에 대한 공격적 반응으로 볼 수 있다.[32] 이것은 그림을 그리는 행위 즉, 예술을 통해 완전무결해지려고 하는 소망과 연관되어 있다. 그런데 개별성, 고유성, 정체성, 개성을 의미하는 '얼굴'을 찾으려는 동생은 김일병의 존재를 부인해야 비로소 망가진 정체성을 회복할 수 있을 것이라고 기대한다. 게다가 동생은 형의 소설에 매달리고 의존함으로써 자신의 허약함에서 달아날 수 있는 구실을 마련하려고 분투하고 있다.

둘째, 형은 왜 오관모를 죽였을까? 형에게 오관모는 대면하고 싶지 않은 자신의 또 다른 측면을 표상하고 있는 인물이다. 성욕 과잉의 동물적 존재, 오염을 시키는 자, 혐오를 불러일으키는 자로 인간 존엄성에 대한 훼손을 일삼는 인물이다. 오관모가 김일병을 성적으로 학대하는 것은 침투성과 분비성에 대한 혐오와 연관된

29 "열린 소설이란 한마디로 갈등의 해결점이 작가로부터 제시, 완결되어지는 것이 아니라 독자의 문제로 남겨지는 형식의 소설로 이해하고 있습니다. 거기서는 작가가 문제의 해결사가 아니라 독자를 오히려 문제의 숲속으로 이끌고 들어가는 질문 대행업자 역할을 하는 쪽이 되겠고요. 좋게 말해 작가와 독자가 우리 삶의 문제들을 함께 생각하고 함께 풀어 나가면서, 그 문제의 해결 방식에 있어서도 독자의 탐색과 상상력의 몫을 넓게 둔다는 것입니다. 일견 무책임해 보일 수도 있는 태도 같지만, 그것으로 작가는 상투성에 빠져든 독자의 정신과 삶을 일깨울 수 있는 것이지요. 그 질문이 아프고 충격적일수록, 그 질문의 형식이나 내용이 좋을수록 그 질문 자체 속에 웬만한 해답의 가능성이 내포되어 있는 것 아니겠습니까." 이청준 대담, 이위발 엮음, 「문화의 토양을 이룬 반성의 정신」, 『이청준론』(삼인행, 1991), 156~157쪽.

30 서영채는 형의 행동을 과잉 윤리 혹은 윤리적 포즈로 보고 있다. 윤리적 과잉은 몰윤리를 그림자로 동반한다. 책임질 필요가 없는 것을 책임지겠다고 나서면서 정작 책임져야 할 것은 외면하기도 한다. 서영채, 『죄의식과 부끄러움』(나무나무출판사, 2017), 203~204, 209쪽 참조. 그러면서 김일병(인혜)을 죽인 것(떠나가게 한 것)은 바로 나라는 것, 정확하게는 내가 비겁하게 자인해버린 나의 무능이라는 것이(무능을 핑계 삼아 마땅히 해야 할 일을 하지 않았다) 죄의식의 내용이며 그런 점에서 주인공들이 가해자의 자리를 고수하고 있다는 것이다. 서영채, 앞의 책, 221쪽.

31 마사 너스바움, 『혐오와 수치심』, 조계원 옮김 (민음사, 2015), 378쪽.

32 "그 결과 유약함 자체가 느껴지면 자기 보호적인 공격성으로 되돌아가는 강한 경향성을 지니는 것이다. 정상인은 곁에서 활동하는 장애인을 통해 자신의 유약함을 너무 많이 떠올리게 되기 때문에 얼굴에 유약함을 달고 다니는 사람들에게 공적인 수치심을 안겨서 시야에서 사라지게 하고 싶은 충동을 느낀다." 마사 너스바움, 『혐오와 수치심』, 조계원 옮김 (민음사, 2015), 400쪽.

다.[33] 이런 몹쓸 인간은 연약한 사람인 김일병과 대조를 이룬다. 즉 김일병이 나약해서 수치스러운 인물이었다면 오관모는 잔인해서 죄책감을[34] 불러일으키는 인물에 해당한다. 인간의 동물성에 대한 상징적 존재인 오관모를 죽이는 소설 속 형은 우리가 될 수 없는 이상적이며 불멸하는 존재에 대한 소망이 담긴 허구적 설정의 인물이다.

셋째, 형은 왜 소설을 찢고 불태웠을까? 현실 속에서 인간은 원초적으로 좌절할 수밖에 없고, 오관모 같은 인간성이 어딘가 잠복해 있다가 현실 속으로 튀어나오기 마련이다. 형이 소설 속에서 죽인 오관모를 현실에서 만났다는 것은 형이 쓴 소설의 진실성을 전면적으로 뒤집는 것이다. 완전무결함에 대한 환상, 완벽함에 대한 이상은 모욕과 좌절을 통해 현실에서 늘 전복된다. 그러나 동생의 결말이나 형의 결말은 혹은 동생의 그림이나 형의 소설은 고통스러운 현실 속에서 일말의 예술적 성취를 기대하게 한다. 그것은 순간적 시도로, 예술을 통해 일시적으로나마 불가능성의 가능성을 엿보려는 자들의 지향성을 내포한다. 취약하고, 유한하고, 한계가 분명한 죽을 수밖에 없는 존재인 인간들은 불리한 조건 속에서도 소설을 쓰거나 그림을 그리지 않을 수 없다. 수수께끼 같은 예술적 진리의 순간적 현현顯現을 위해 모호하고 희미한 삶의 의미를 끝없이 그러나 부질없이 찾아야 하는 것이 살아 있는 사람들의 몫이 아닐까?

이러한 문제 제기를 통해 다음과 같은 사실을 유추할 수 있다. 동생이 형의 소설에 개입하여 김일병을 쏘아 죽인다거나 형이 다시 그것을 고쳐서 악의 상징인 오관모를 죽인다는 것은 그야말로 형의 소설에서나 일어날 법한 허구적이며 비현실적인 이야기다. 사실을 바탕으로 한, 가장 현실적인 이야기는 김일병의 생사 여부와 상관없이 두려움에 떨던 형이 혼자서 도망쳤을 것이라는 사실이다.[35] 형은 결국 김일병의 죽음도 외면하고, 오관모의 짐승 같은 행위도 저지하지 못했을 것이다. 그런데 이것은 동생이 인혜의 청첩장을 무효화할 능력이 없고, 결혼식장에 갈 용기조차 없다는 점과 정확하게 겹쳐진다.

형은 시효를 상실해 버린 소설을 찢고 불태움으로써 동생에 비해 아픈 곳을 알고 있는 사람처럼 그려진다면, 동생은 아픔의 원인을 찾기 위해 형의 소설을 쫓아가지만 여전히 아픔이 오는 곳을 알 수 없으며, 작가는 "나의 아픔 가운데에는 형에게처럼 명료한 얼굴이 없었다"라는 문장으로 모호하게 소설을 끝맺는다. 그리하여 형은 관모의 출현이 착각이든 아니든 관념을 파괴해버릴 수 있는 힘이 있으므로 다시 일을 시작하게 될 것인 반면, 동생의 "화폭은 깨어진 거울처럼 산산조각이 나 있었"기 때문에 동생이 일을 다시 시작하기 위하여 얼마나 많은 시간을 허비할지 알 수 없다. 이러한 열린 결말은 독자의 상상력을 자극한다. 독자는 이때 다양한 해석 방식을 가질 수 있으며 해석될 때마다 새롭고 독창적인 전

---

33 "동성애 남성의 응시는 "너는 침투될 수 있어"라는 뜻을 담고 있기 때문에 오염시키는 것으로 여겨지는 것이다. 그리고 이것은 당신이 깨끗한 플라스틱 육체가 아니라 배설물과 정액과 피가 섞인 존재가 될 수 있음을 의미한다(그리고 당신이 곧 죽게 됨을 뜻한다)." 너스바움, 앞의 책, 212쪽.

34 "죄책감은 행위에 초점을 맞추는 반면, 수치심은 인격에 주목한다. 죄에 대한 책임을 묻는 처벌은 '당신은 나쁜 행위를 저질렀습니다.'라고 표명하지만, 수치심을 주는 처벌은 '당신은 결함을 지닌 사람입니다'라고 표명한다." 너스바움, 앞의 책, 420쪽.

35 서영채, 앞의 책, 197쪽.

망을 얻을 수 있다.[36] 동생이 형의 소설에 개입한 것이 자신의 보이지 않는 진실을 찾아가는 여정이었던 것처럼 독자는「병신과 머저리」의 결말에 개입하여 적극적으로 의미를 재구성할 수 있다.

신 없는 시대,
왜 지금 예술인가?

고흐의 그림과 이청준의 단편소설은 각각 겉으로 보이는 아름다움만이 전부가 아니라는 것과 보이지 않는 진실을 찾아가는 것을 통해 일상적 삶의 논리를 벗어날 수 있다는 것을 보여준다. 이때 보이는 것과 보이지 않는 것의 이분법의 경계는 지워진다. 〈한 켤레의 신발〉과「병신과 머저리」는 기존의 틀에서 벗어나 관람자나 독자의 호기심을 자극하는 요소를 지니고 있다. 이 작품들에는 보는 사람들이 끊임없이 질문을 던지면서 의미를 재해석할 수 있는 여지가 있다. 예술가가 기존의 방식과는 다르게 작품을 모호하게 열어두었기 때문에, 관람자나 독자는 언제나 작품에 개입해 능동적인 읽기를 할 수 있다.

한 점의 그림과 한 편의 소설을 다시 읽는 것은 시간과 공간을 가로지르면서 이 작품들이 지닌 독창적이고 고유한 결을 음미할 수 있는 계기가 된다. 그리하여 우리는 이전과는 다른 시선을 갖게 된다. 결과적으로 우리는 두 작품이 서로 다르면서도 다음과 같은 사실을 공통적으로 지니고 있다는 사실을 재인식할 수 있다.

1. 예술은 삶의 한 단면을 카메라로 찍듯 불현듯 포착한다.
2. 작품을 통해 인간은 진실을 향해 지속적으로 질문을 던진다.
3. 저 너머에 아련히 무언가가 있을 것이라는 탐색을
   그치지 않는다.
4. 따라서 예술은 일상과는 다른 시선의 깊이에 이르게 한다.

예술은 하찮고 불완전한 삶에 대한 재조명을 가능하게 하는 장이다. 그 범위는 개인에서 집단까지를 아우른다. 예술가 개개인은 '인생은 짧고 예술은 길다'라는 표현이 빗대듯, 예술적 개인으로서의 존재는 정당화되지만, 궁극적으로 실패할 수밖에 없기에 [죽음] 한 인간으로서는 구원의 불가능성에 갇혀 있다. 그럼에도 그들을 통해 다양한 예술 매체는 유한한 존재인 인간이 신의 영역인 완벽함, 영원함, 무한함을 지향하거나 동경하고 있음을 보여준다. 유한한 인간은 예술을 통해 시공을 초월하여 지금 여기에 소환된다. 진정한 예술 작품은 지속적으로 의미를 생산하면서 긴 여운을 남긴다. 예술의 '낯섦'이나 '이질성'을 '친숙함'으로 전환하여 해석하기 위해서는 지속적인 지성과 감성의 훈련이 선행되어야 한다. 이러한 예술 작품의 감상은 현실 세계를 돌이켜 보게 하는 반성적 사고로 사람들을 이끈다. 또한 현실 세계 너머의 그 어

---

36   "1. '열린' 예술 작품의 특징은 무엇보다 '진행 중인 한' 저자와 함께 작품을 만들자는 요청에서 찾을 수 있으며, 2. 이보다 한층 포괄적인 수준에서 보자면 물리적으로 완결되어 있지만 지속적으로 내적인 관계를 새롭게 할 수 있도록 열린 작품이 있다. 수신자는 안으로 밀려들어오는 자극 전체를 지각하는 행위 속에서 이러한 관계를 드러내고 선택해야 한다. 3. 명시적이든 암시적이든 특정한 시학의 원리에 따라 생산된 모든 예술 작품은 모두 본질적으로는 무수히 많은 독해 방식에 열려 있다. 특정한 취향이나 전망 또는 개인의 독특한 감상 때문에 각각의 독해방식은 작품에 새로운 활력을 불어넣어준다." 움베르토 에코,『열린 예술 작품』, 조형준 옮김 (새물결, 2006), 74쪽.

떤 세계를 향하게 한다. 그럼으로써 이성으로는 도저히 이해하기 어려운 계시의 세계에 이르게 한다.

한편, 우리는 일상에서 예술 작품들을 만날 때 그 찰나적 순간의 아름다움을 감상하면서 매료된다. 찰나적 현현은 일상 속의 한 순간을 드물고도 완벽하게 포착한다.

찰나적 현현은 노먼 맥클린의 『흐르는 강물처럼』에서 시적으로 표현되었다. 호탕한 동생 폴이 송어를 잡아 낚싯줄로 감아올리는 것을 지켜보는 장면에서 노먼은 다음과 같이 생각한다.

"그 순간 나는 확실하고 명백하게 알았다. 완벽함이란 바로 이런 것임을 말이다. (…) 동생은 내 앞에 있었지만, 빅 블랙풋 강둑 위에 있는 것이 아니라, 지구 위에, 모든 법칙에서 자유로이, 마치 예술 작품처럼 전시되어 있었다. (…) 그러나 나는 또한 삶은 예술 작품이 아니라는 사실을, 그리고 그 순간은 지속될 수 없다는 사실을 확실하고 명백하게 알아버렸다."

삶 그 자체는 예술과 동일한 법칙들을 따르지 않는다. 삶은 완벽할 수도 없고 아름답지도 않다. 노먼과 그의 동생이 낚시하던 강과 같이, 삶은 순식간에 지나가며 모든 도덕적인 의미 저편에 존재한다. 하지만 우리는 낚시를 하면서 적어도 일시적으로는 순간적인 것과 신비로운 것을 즐길 수 있다. 예술로서의 삶은 의미와 자율성의 부재를 인식하고 이것들에 응답하는 자기들을 창조하는 일에 끊임없이 그리고 전략적으로 헌신하는 삶이다.[37]

순간은 지속될 수 없고, 삶은 순식간에 지나간다는 사실은 예술적 가치의 영원성을 반증한다. 하지만 삶은 예술 작품이 아니기에 역설적으로 사람들에게 늘 '죽음'과 '유한성'을 상기시킨다. '메멘토 모리Memento Mori'는 소멸과 불멸 사이에서 죽음을 기억하고 반추하라는 의미이다.

> 인간은 불가능의 영점인 죽음에 이르러서야 비로소 본래적인 존재에 도달할 수 있고, 죽음을 모험해야만 무無의 베일에 가린 존재의 언어를 말할 수 있다. 그래서 존재 언어는 인간이 죽음과 만나는 공간, 곧 죽음의 사원이다. 그리고 죽음을 향한 더 큰 모험을 통해 그 신성한 죽음의 사원에 도달한 자가 바로 시인이다. 시인은 죽음의 사원에서 세계 기획 투사의 시를 듣고 그것을 받아 적는 사제이다. 그가 죽음의 사원에서 듣는 시는 '침묵의 시'이고, 이전 세계를 무화시키는 '아님의 부름'이며, 그래서 새롭게 다시 창작할 수 있도록 해주는 '불가능의 노래'다. 결국 창조적인 시인은 인간에게 주어진 가장 위험스러운 죽음의 사원에서, 즉 언어 속에서 죽음을 선구하는 본래적인 현존재에 다름 아니다.[38]

'왜 지금 예술인가?' 루카치는 그의 『소설의 이론』 첫 구절에서 다음과 같이 밝히고 있다. "별이 빛나는 창공을 보고, 갈 수가 있고 또 가야만 하는 길의 지도를 읽을 수 있었던 시대는 얼마나 행복했던가? 그리고 별빛이 그 길을 훤히 밝혀주던 시대는 얼마나 행복했던가?"[39] 길 없는 시대, 반짝이는 별이 없는 시대에 우리는

---

37   재커리 심슨, 『예술로서의 삶』, 김동규, 윤동민 옮김 (갈무리, 2016), 30~31쪽.

38   김동규, 앞의 책, 119쪽.

39   게오르크 루카치, 『소설의 이론』, 김경식 옮김 (문예출판사, 2007), 19쪽.

실패하고 방황하는 여정에 서 있다. 기술 복제 시대, 물질 만능주의 시대, 매스미디어의 시대에 그 어느 때보다도 우리들 삶의 내면과 외면은 공허하고 불안하다. 예술은 삶의 본질에 다가감으로써 [40] 신이 없는 시대에 인간의 유한함을 성찰할 수 있도록 한다.

마희정

---

[40] "예술의 반대는 무신경, 몰개성, 창조성의 결여, 공허한 반복, 무의미한 생활 관습이며, 벙어리 같고, 무표정하고, 무질서하고, 실감 없고, 무의미한 삶이다. (…) 인간은 삶이라는 소재를 변화시켜 그로부터 자신의 본래 체험보다 더 오래 남는 의미와 가치를 얻어 간직하고 그 한계를 초월하는 하나의 세계를 창조할 때에만, 참으로 인간답게 사는 것이다." 루이스 멈포드, 『예술과 기술』, 김문환 옮김 (민음사, 2006), 166~168쪽.

참고문헌

고연선, 「고연선의 미술 감상: 빈센트 윌렘 반 고흐」, 『한국논단』 288권, 2013.
권택영, 「이청준 소설의 중층 구조」, 『이청준 깊이 읽기』, 권오룡 엮음, 문학과지성사, 1999.
김동규, 『철학의 모비딕-예술, 존재, 하이데거』, 문학동네, 2013.
김병익, 「진실과의 갈등」, 『이청준론』, 삼인행, 1991.
김치수, 「언어와 현실의 갈등」, 『이청준 깊이 읽기』, 권오룡 엮음, 문학과지성사, 1999.
라영환, 「빈센트 반 고흐의 삶과 예술 그리고 프로테스탄트 정신」, 『신앙과 학문』 20권
    4호, 기독교세계관학술동역회, 2015.
류의근, 「반 고흐의 〈낡은 구두〉 해석 논쟁」, 『대동철학』 76집, 대동철학회, 2016.
문광훈, 『가면들의 병기창』, 한길사, 2014.
박우찬, 『고흐와 돈, 그리고 비즈니스』, 재원, 2010.
박찬국, 『삶은 왜 짐이 되었는가』, 21세기북스, 2017.
서성록, 「반 고흐의 〈감자먹는 사람들〉 연구」, 『예술과 미디어』 12권 3호,
    한국영상미디어협회, 2013.
서영채, 『죄의식과 부끄러움』, 나무나무출판사, 2017.
우찬제, 「법 앞에서, 법 안에서」, 세계일보, 2017.03.14.
이청준 대담, 「문화의 토양을 이룬 반성의 정신」, 『이청준론』, 이위빌 엮음, 삼인행, 1991.
이청준, 『병신과 머저리』, 열림원, 2001.
이청준, 『작가의 작은 손』, 열화당, 1978.
이청준, 권오룡 대담, 「시대의 고통에서 영혼의 비상까지」, 『이청준 깊이 읽기』,
    권오룡 엮음, 문학과지성사, 1999.
진중권, 『서양미술에 나타난 죽음의 미학-춤추는 죽음2』, 세종서적, 1997.

너스바움, 마사, 『혐오와 수치심』, 조계원 옮김, 민음사, 2015.
들뢰즈, 질, 『프루스트와 기호들』, 서동욱, 이충민 옮김, 민음사, 2004.
루카치, 게오르크, 『소설의 이론』, 김경식 옮김, 문예출판사, 2007.
마르쿠제, 헤르베르트, 『마르쿠제의 미학사상』, 김문환 옮김, 문예출판사, 1989.
멈포드, 루이스, 『예술과 기술』, 김문환 옮김, 민음사, 2006.
반 고흐, 빈센트, 『반 고흐, 영혼의 편지』, 신성림 옮기고 엮음, 예담, 1999.
반 고흐, 빈센트, 『세상에서 가장 아름다운 편지』, 박홍규 옮김, 아트북스, 2009.
심슨, 재커리, 『예술로서의 삶』, 김동규, 윤동민 옮김, 갈무리, 2016.
에코, 움베르토, 『열린 예술 작품』, 조형준 옮김, 새물결, 2006.
쿤데라, 밀란, 『소설의 기술』, 권오룡 옮김, 민음사, 2008.
폴라첵, 슈테판, 『빈센트 반 고흐』, 최기원 옮김, 정음문화사, 1990.
하이데거, 마르틴, 「예술작품의 근원」, 『하이데거의 예술철학』, 폰 헤르만 지음,
    이기상 옮김, 문예출판사, 1997.
해리스, 카스텐, 『현대미술-그 철학적 의미』, 오병남, 최연희 옮김, 서광사, 1988.

비판적 사고

처음 펴낸 날 2020년 2월 28일
4쇄 펴낸 날 2024년 3월 4일

지은이 마희정, 박권수, 박기순, 박정미, 원용준, 한상원
펴낸이 주일우
편집 박우진
디자인 권소연

펴낸곳 이음
등록번호 제2005-000137호
등록일자 2005년 6월 27일
주소 서울시 마포구 월드컵북로 1길 52
전화 02-3141-6126
팩스 02-6455-4207
전자우편 editor@eumbooks.com
홈페이지 www.eumbooks.com

ISBN 978-89-93166-03-3 03100

값 19,000원

이 도서의 국립중앙도서관 출판예정도서목록(CIP)은
서지정보유통지원 시스템 홈페이지(http://seoji.nl.go.kr)와
국가자료공동목록시스템(http://www.nl.go.kr/kolisnet)에서 이용하실 수 있습니다.
(CIP제어번호: CIP2020005673)